極める！
スペイン語の
語彙・表現ドリル

菅原昭江 著

白水社

装丁：阿部賢司（silent graph）

は じ め に

　外国語を学んでいる人の多くが「語彙を増やしたい」、「もっと表現の幅を広げたい」と望んでいるのではないでしょうか。スペイン語の勉強を始めて長い年月が経っている私自身もそのように願い続けていますし、大学の授業で接している学生からも同じような願望をよく聞きます。しかし大学で使用されている大多数の教科書や市販の参考書は文法事項の習得を最優先に考えて作られていますので、それだけで語彙や表現の力を伸ばすのは難しいのが現実です。

　ではどうしたらいいのでしょうか。多読に励む、ドラマを見る、音楽を活用するなど様々な方法があります。いずれも有効ですが、効率的に語彙と表現力を伸ばしたい人にお勧めなのが、その力を伸ばすことを目的とした練習問題に取り組むことです。その際、日本語をスペイン語に訳す、またはその逆の問題を行うだけでなく、単語と表現の意味内容や使い方を正しく理解していないと解けないような問題や答えにたどり着くためにひと手間かかるような問題も併せて解いてみてください。そうすれば、より記憶に残るからです。さらに、ジャンルごとにまとまった問題を解くと頭の整理がしやすくなり、語彙や表現のアウトプットがスムーズに行えるようになるでしょう。

　本書は 35 のジャンルから成り、ジャンルごとに関連する語彙とよく用いられる表現を身につけられるような練習問題が多数掲載されています。問題を解く過程で答えとなる単語だけでなく、関連語も併せて覚えられるような工夫もされています。各課の最初にはジャンルごと、巻末にはアルファベット順の語彙と表現のリストがありますので、それらも是非活用してください。

　語彙や表現は私たちの頭の中で複雑に繋がりながらひとつの世界を形成していて、それはまるで様々な動植物が共存している森のようです。「極めるシリーズ」第 4 弾のこのドリルが、みなさんのスペイン語の語彙と表現の豊かな森づくりのために少しでもお役に立てば、これほど幸せなことはありません。

　この本の校閲は、スペイン語の語彙と表現に造詣が深く、スペイン語教育の経験が豊富な Vicente Otamendi 先生にお願いし、貴重なご助言を数多くいただきました。白水社の鈴木裕子さんには、語彙と表現の森の土壌作りに当たる非常に骨の折れる作業を手伝っていただきました。お二人に心より感謝申し上げます。

著　　者

目　次

1 国名・地名

zonas, países		gentilicio	
☐ Asia	アジア	asiático	
☐ Oriente Medio / Medio Oriente	中東	medioriental / mediooriental	
☐ Europa	ヨーロッパ	europeo	
☐ África	アフリカ	africano	
☐ Norteamérica	北米	norteamericano	
☐ Centroamérica	中米	centroamericano	
☐ Sudamérica	南米	sudamericano	
☐ Oceanía	オセアニア	oceánico	**capital**
☐ Japón	日本	japonés	Tokio
☐ China	中国	chino	Pekín
☐ Corea del Sur	韓国	surcoreano	Seúl
☐ Filipinas	フィリピン	filipino	Manila
☐ Tailandia	タイ	tailandés	Bangkok
☐ Singapur	シンガポール	singapurense	Singapur
☐ India	インド	indio	Nueva Delhi
☐ Indonesia	インドネシア	indonesio	Yakarta*1
☐ Vietnam	ベトナム	vietnamita	Hanói
☐ Arabia Saudita [Saudí]	サウジアラビア	saudita / saudí	Riad
☐ Irán	イラン	iraní	Teherán
☐ Israel	イスラエル	israelí	Jerusalén
☐ Turquía	トルコ	turco	Ankara
☐ España	スペイン	español	Madrid
☐ Portugal	ポルトガル	portugués	Lisboa
☐ Italia	イタリア	italiano	Roma
☐ Francia	フランス	francés	París
☐ Alemania	ドイツ	alemán	Berlín
☐ Inglaterra*2	イギリス	inglés	Londres
☐ Grecia	ギリシャ	griego	Atenas
☐ Suiza	スイス	suizo	Berna
☐ Austria	オーストリア	austriaco / austríaco	Viena
☐ Dinamarca	デンマーク	danés	Copenhague
☐ Bélgica	ベルギー	belga	Bruselas

☐ Países Bajos	オランダ	neerlandés	Ámsterdam
☐ Suecia	スウェーデン	sueco	Estocolmo
☐ Noruega	ノルウェー	noruego	Oslo
☐ Polonia	ポーランド	polaco	Varsovia
☐ Rusia	ロシア	ruso	Moscú
☐ Marruecos	モロッコ	marroquí	Rabat
☐ Egipto	エジプト	egipcio	El Cairo
☐ Sudáfrica	南アフリカ	sudafricano	Pretoria*³
☐ Guinea Ecuatorial	赤道ギニア	guineano	Malabo
☐ Canadá	カナダ	canadiense	Ottawa
☐ Estados Unidos	アメリカ合衆国	estadounidense	Washington D.C.
☐ México	メキシコ	mexicano	Ciudad de México
☐ Guatemala	グアテマラ	guatemalteco	Ciudad de Guatemala
☐ El Salvador	エルサルバドル	salvadoreño	San Salvador
☐ Honduras	ホンジュラス	hondureño	Tegucigalpa
☐ Nicaragua	ニカラグア	nicaragüense	Managua
☐ Costa Rica	コスタリカ	costarricense	San José
☐ Panamá	パナマ	panameño	Ciudad de Panamá
☐ Cuba	キューバ	cubano	La Habana
☐ Puerto Rico	プエルトリコ	puertorriqueño	San Juan
☐ República Dominicana	ドミニカ共和国	dominicano	Santo Domingo
☐ Venezuela	ベネズエラ	venezolano	Caracas
☐ Colombia	コロンビア	colombiano	Bogotá
☐ Ecuador	エクアドル	ecuatoriano	Quito
☐ Perú	ペルー	peruano	Lima
☐ Bolivia	ボリビア	boliviano	Sucre, La Paz
☐ Paraguay	パラグアイ	paraguayo	Asunción
☐ Uruguay	ウルグアイ	uruguayo	Montevideo
☐ Chile	チリ	chileno	Santiago
☐ Argentina	アルゼンチン	argentino	Buenos Aires
☐ Brasil	ブラジル	brasileño	Brasilia
☐ Australia	オーストラリア	australiano	Camberra
☐ Nueva Zelanda	ニュージーランド	neozelandés	Wellington

*¹ 2024 年に Nusantara へ移転予定　　*² 公式の表現では Gran Bretaña

*³ Bloemfontein, Ciudad del Cabo も首都

練 習 問 題 (解答 p.10)

1 例にならって、次の都市が首都の国名を書きましょう。

例 Tokio → Japón

1. Madrid
2. Buenos Aires
3. Lima
4. Lisboa
5. Roma
6. Berlín
7. Atenas
8. Moscú
9. Pekín
10. Seúl
11. Camberra
12. Washington D. C.

2 例にならって、それぞれの枠内から該当する語句を選びましょう。

例 Japón, hemisferio norte, Asia

1. Suiza
2. Canadá
3. Nueva Zelanda
4. Filipinas
5. Austria
6. Israel
7. Nicaragua
8. Sudáfrica
9. Arabia Saudita
10. Venezuela
11. Egipto
12. México

| hemisferio norte |
| hemisferio sur |

| Asia   Oriente Medio   Europa |
| África Norteamérica Centroamérica |
| Sudamérica   Oceanía |

3 例にならって、次の国籍の人を書きましょう。

例 Japón → 男 japonés 女 japonesa

1. Colombia
2. Inglaterra
3. Canadá
4. Brasil
5. Chile
6. Francia
7. Bélgica
8. Panamá
9. Marruecos
10. Suecia
11. Tailandia
12. Singapur

8

4 例にならって、次の都市が首都の国名を枠内から選び、その国籍の人を書きましょう。

> **例** Tokio → Japón 圀japonés 囡japonesa

1. Ámsterdam　　2. Ankara　　3. Oslo　　4. Nueva Delhi
5. Copenhague　　6. Teherán　　7. El Cairo　　8. Hanói
9. La Habana　　10. Varsovia　　11. Quito　　12. Montevideo

> Cuba　Dinamarca　Ecuador　Egipto　India　~~Japón~~　Irán
> Noruega　Países Bajos　Polonia　Uruguay　Turquía　Vietnam

5 例にならって、次の都市や地域の人を書きましょう。

> **例** Madrid → 圀madrileño 囡madrileña

1. París　　2. Londres　　3. Lisboa　　4. Roma
5. Moscú　　6. Pekín　　7. Tokio　　8. Buenos Aires
9. Granada　　10. Sevilla　　11. Toledo　　12. Barcelona
13. Cataluña　　14. Andalucía　　15. País Vasco

6 日本語の意味になるように、正しい選択肢を選びましょう。

1. 自在スパナ　　llave (alemana / inglesa / francesa)
2. ジェットコースター　　montaña (rusa / suiza / sudafricana)
3. わけのわからない話　　cuento (árabe / coreano / chino)
4. 一列になって　　en fila (india / inglesa / alemana)
5. スケープゴート　　cabeza de (turco / polaco / israelí)
6. あいさつしないで帰る　　despedirse a la (española / francesa / italiana)
7. わからないふりをする　　hacerse el (sueco / noruego / danés)
8. 眠れぬ夜を過ごす　　pasar una noche (madrileña / sevillana / toledana)
9. あらゆる手段を尽くす　　revolver (Roma / París / Viena) con Santiago
10. 難しいことをやってのける　　poner una pica en (Milán / Flandes / Nápoles)
11. 本題からそれる　　irse por los cerros de (Granada / Córdoba / Úbeda)
12. がっかりする　　quedarse en la luna de (Barcelona / Valencia / Sevilla)

1 1. España　　2. Argentina　　3. Perú
4. Portugal　　5. Italia　　6. Alemania
7. Grecia　　8. Rusia　　9. China
10. Corea del Sur　　11. Australia　　12. Estados Unidos

2 1. hemisferio norte, Europa　　2. hemisferio norte, Norteamérica
3. hemisferio sur, Oceanía　　4. hemisferio norte, Asia
5. hemisferio norte, Europa　　6. hemisferio norte, Oriente Medio
7. hemisferio norte, Centroamérica　　8. hemisferio sur, África
9. hemisferio norte, Oriente Medio　　10. hemisferio norte, Sudamérica
11. hemisferio norte, África　　12. hemisferio norte, Norteamérica

3 1. colombiano, colombiana　　2. inglés, inglesa
3. canadiense, canadiense　　4. brasileño, brasileña
5. chileno, chilena　　6. francés, francesa
7. belga, belga　　8. panameño, panameña
9. marroquí, marroquí　　10. sueco, sueca
11. tailandés, tailandesa　　12. singapurense, singapurense

4 1. Países Bajos, holandés, holandesa　　2. Turquía, turco, turca
3. Noruega, noruego, noruega　　4. India, indio, india
5. Dinamarca, danés, danesa　　6. Irán, iraní, iraní
7. Egipto, egipcio, egipcia　　8. Vietnam, vietnamita, vietnamita
9. Cuba, cubano, cubana　　10. Polonia, polaco, polaca
11. Ecuador, ecuatoriano, ecuatoriana　　12. Uruguay, uruguayo, uruguaya

5 1. parisino, parisina　　2. londinense, londinense
3. lisboeta, lisboeta　　4. romano, romana
5. moscovita, moscovita　　6. pekinés, pekinesa / pequinés, pequinesa
7. tokiota, tokiota　　8. porteño, porteña
9. granadino, granadina　　10. sevillano, sevillana
11. toledano, toledana　　12. barcelonés, barcelonesa
13. catalán, catalana　　14. andaluz, andaluza
15. vasco, vasca

6 1. inglesa　　2. rusa　　3. chino　　4. india
5. turco　　6. francesa　　7. sueco　　8. toledana
9. Roma　　10. Flandes　　11. Úbeda　　12. Valencia

2 地　理

☐	océano	大洋	☐	roca	岩
☐	mar	海	☐	desierto	砂漠
☐	costa	海岸	☐	mundo	世界
☐	playa	浜辺	☐	continente	大陸
☐	golfo	湾	☐	zona	地域
☐	bahía	湾、入江	☐	país	国
☐	cabo	岬	☐	región	地方
☐	estrecho	海峡	☐	provincia	県
☐	canal	運河	☐	municipio	市、町、村
☐	península	半島	☐	ciudad	都市
☐	isla	島	☐	pueblo	村
☐	archipiélago	群島、列島	☐	aldea	村
☐	río	川	☐	capital	首都
☐	arroyo	小川	☐	población	人口
☐	orilla	岸	☐	habitante	住民
☐	lago	湖	☐	superficie	面積
☐	laguna	小さな湖、潟湖	☐	frontera	国境
☐	pantano	沼、湿地	☐	territorio	領土
☐	catarata	滝	☐	hemisferio	半球
☐	cascada	滝	☐	polo	（地球の）極
☐	monte	山	☐	ecuador	赤道
☐	montaña	山	☐	norte	北
☐	cordillera	山脈	☐	sur	南
☐	sierra	山脈	☐	este	東
☐	colina	丘	☐	oeste	西
☐	volcán	火山	☐	noreste	北東
☐	cumbre	山頂	☐	noroeste	北西
☐	bosque	森	☐	sureste	南東
☐	meseta	台地	☐	suroeste	南西
☐	llanura	平原	☐	levante	東
☐	vega	沃野	☐	oriente	東
☐	valle	谷	☐	poniente	西
☐	cuenca	流域、盆地	☐	occidente	西

1 仲間外れの語をひとつ選びましょう。

1. playa　cordillera　sierra　　　　2. meseta　golfo　bahía

3. isla　archipiélago　arroyo　　　4. catarata　canal　cascada

5. laguna　desierto　pantano　　　6. ciudad　pueblo　bosque

2 実在する名称にするために枠内の語を全て用いて下線部を埋めましょう。

1. el .... Atlántico　　　　2. el .... Titicaca

3. el .... Amazonas　　　　4. el .... de Gobi

5. el .... Kilimanjaro　　　6. el .... Caspio

7. la .... de Maui　　　　8. el .... Pérsico

9. la .... Escandinava　　10. el .... de Yosemite

11. el .... Gibraltar　　　12. el .... de Buena Esperanza

cabo	desierto	estrecho	golfo	isla	lago
mar	monte	océano	península	río	valle

3 スペイン語にしましょう。

1. 太平洋　　　　2. 地中海　　　　3. 富士山　　　　4. イースター島

5. イベリア半島　6. 黄河　　　　　7. パナマ運河　　8. ロッキー山脈

4 意味を成す文にするために、枠内の語を適切な形にして下線部を埋めましょう。

1. La .... de Perú es Lima.

2. España tiene cincuenta ....

3. China e India comparten una .... de 3500 kilómetros.

4. ¿Es verdad que México tiene más de 120 millones de .... ?

5. Entre los países de la Unión Europea, Francia tiene la mayor ....

6. La .... mundial se ha duplicado en medio siglo.

capital	frontera	habitante	población	provincia	superficie

5 正しい選択肢を選びましょう。

1. Japón está en el (norte / sur / este / oeste) de Asia.
2. Yamagata limita al (norte / sur / este / oeste) con el mar del Japón.
3. Taiwán está al (noreste / sureste / noroeste / suroeste) de Japón.
4. Berlín está en el (noreste / sureste / noroeste / suroeste) de Alemania.
5. México está en el hemisferio (norte / sur).
6. El Polo (Norte / Sur) es un océano congelado.

6 次のことをするのに最も適した場所をひとつ選びましょう。

1. nadar (desierto / río / península)
2. pasear (arroyo / pantano / orilla)
3. escalar (laguna / canal / montaña)
4. pescar (valle / lago / llanura)
5. broncearse (bosque / playa / catarata)
6. bucear (volcán / vega / mar)

7 日本語の意味になるように、正しい選択肢を選びましょう。

1. タツノオトシゴ   caballo de (lago / río / mar)
2. 辛いこの世   (desierto / cumbre / valle) de lágrimas
3. あの世   la otra (costa / orilla / colina)
4. 質屋   (volcán / sierra / monte) de piedad

8 日本語の意味になるように、枠内の全ての語を用いて下線部を埋めましょう。

1. 大事に至らない   no llegar la sangre al _____
2. 馬の耳に念仏   predicar en el _____
3. 余計な骨折りをする   llevar leña al _____
4. 無駄骨を折る   arar en el _____
5. 危険な状態にある   estar (sentado) sobre un _____
6. 苦境を脱する   salir del _____

> desierto   mar   monte   pantano   río   volcán

1 1. playa　2. meseta　3. arroyo　4. canal　5. desierto　6. bosque

2 1. océano　2. lago　3. río　4. desierto　5. monte　6. mar
　　7. isla　8. golfo　9. península　10. valle　11. estrecho　12. cabo

3 1. el océano Pacífico　　　2. el mar Mediterráneo
　　3. el monte Fuji　　　　　　4. la isla de Pascua
　　5. la península Ibérica　　　6. el río Amarillo
　　7. el canal de Panamá　　　　8. las montañas Rocosas

4 1. capital　2. provincias　3. frontera　4. habitantes　5. superficie　6. población

5 1. este　2. oeste　3. suroeste　4. noreste　5. norte　6. Norte

6 1. río　2. orilla　3. montaña　4. lago　5. playa　6. mar

7 1. mar　2. valle　3. orilla　4. monte

8 1. río　2. desierto　3. monte　4. mar　5. volcán　6. pantano

3 職業・労働

☐ profesor	教師、先生	☐ guitarrista	ギタリスト
☐ maestro	先生	☐ violinista	バイオリニスト
☐ entrenador	トレーナー	☐ pintor	画家
☐ estudiante	学生	☐ escultor	彫刻家
☐ alumno	生徒	☐ diseñador	デザイナー
☐ médico	医者	☐ modista	婦人服デザイナー
☐ enfermero	看護師	☐ dramaturgo	脚本家、劇作家
☐ dentista	歯科医	☐ actor	俳優
☐ cirujano	外科医	☐ cómico	喜劇俳優
☐ psicólogo	心理学者	☐ bailarín	ダンサー
☐ veterinario	獣医	☐ cantante	歌手
☐ farmacéutico	薬剤師	☐ modelo	モデル
☐ abogado	弁護士	☐ fotógrafo	カメラマン
☐ fiscal	検察官、検事	☐ peluquero	美容師
☐ juez	裁判官、判事	☐ guía	ガイド
☐ gestor	行政書士	☐ traductor	翻訳者
☐ bibliotecario	司書	☐ intérprete	通訳
☐ arquitecto	建築家	☐ banquero	銀行家
☐ científico	科学者	☐ empresario	企業主
☐ economista	経済学者	☐ gerente	支配人、経営者
☐ ingeniero	技師	☐ jefe	上司
☐ periodista	ジャーナリスト	☐ empleado	従業員
☐ corresponsal	特派員	☐ personal	スタッフ
☐ editor	編集者	☐ obrero	労働者
☐ escritor	作家	☐ funcionario	公務員
☐ novelista	小説家	☐ secretario	秘書
☐ poeta	詩人	☐ político	政治家
☐ biógrafo	伝記作家	☐ alcalde	市（町・村）長
☐ locutor	アナウンサー	☐ concejal	市（町・村）議会議員
☐ artista	芸術家	☐ diplomático	外交官
☐ músico	音楽家	☐ embajador	大使
☐ compositor	作曲家	☐ bombero	消防士
☐ pianista	ピアニスト	☐ policía	警察官

☐ aduanero	税関の職員		☐ futbolista	サッカー選手
☐ detective	探偵		☐ árbitro	審判
☐ vigilante	監視員、警備員		☐ ama de casa*	主婦
☐ guardia	警備員		☐ profesión	職業
☐ piloto	パイロット		☐ ocupación	職業
☐ azafato	客室乗務員		☐ oficio	職業
☐ astronauta	宇宙飛行士		☐ trabajo	仕事
☐ taxista	タクシー運転手		☐ teletrabajo	テレワーク
☐ camionero	トラック運転手		☐ empleo	職
☐ conductor	運転手		☐ cargo	役割
☐ cartero	郵便配達員		☐ obra	仕事、工事
☐ cocinero	コック		☐ faena	仕事、労働
☐ camarero	ウェイター		☐ labor	労働
☐ recepcionista	受付		☐ plaza	地位、職、ポスト
☐ comerciante	商人		☐ puesto	ポスト、職
☐ librero	書店員		☐ reunión	会議、集会
☐ zapatero	靴の製造 (修理・販売) 人		☐ entrevista	面接
☐ verdulero	青果商人		☐ contrato	契約
☐ panadero	パン職人、パン屋の店員		☐ jornada	労働時間
☐ cajero	会計係		☐ vacaciones	休暇
☐ dependiente	店員		☐ salario	給料、賃金
☐ vendedor	販売員		☐ sueldo	給料
☐ carpintero	大工		☐ paga	給料
☐ albañil	左官		☐ paro	失業
☐ fontanero	配管工		☐ desempleo	失業
☐ mecánico	機械工、整備士		☐ huelga	ストライキ
☐ jardinero	庭師		☐ jubilación	退職
☐ agricultor	農業従事者		☐ compañía	会社
☐ ganadero	畜産業者		☐ empresa	企業
☐ pescador	漁師		☐ oficina	事務所
☐ minero	鉱山労働者		☐ sede	本店
☐ torero	闘牛士		☐ sucursal	支店
☐ deportista	スポーツ選手		☐ despacho	事務室

* ama de casa 以外の職業は、男性の場合の語が記載されています。

練 習 問 題 (解答 p.20)

1 仲間外れの語をひとつ選びましょう。

1. azafata   carpintero   piloto
2. cocinero   camarero   cómico
3. profesor   cantante   estudiante
4. banquero   médico   enfermero
5. dramaturgo   cajero   actor
6. bibliotecario   dentista   cirujano
7. arquitecto   abogado   fiscal
8. fotógrafo   modelo   recepcionista

2 例にならって表を完成させましょう。

	♂	♀		♂	♀
例	médico	médica	例	profesor	profesora
1.		funcionaria	2.	guía	
3.	traductor		4.	corresponsal	
5.	vigilante		6.	torero	
7.		intérprete	8.	agricultor	
9.		editora	10.		astronauta
11.	alcalde		12.	concejal	

3 次のものと関係の深い職業の人を右から選び、1対1で結び付けましょう。

1. cámara   ・
2. micrófono   ・
3. peine   ・
4. partitura   ・
5. ladrillo   ・
6. pincel   ・
7. silbato   ・
8. código penal   ・
9. manguera   ・
10. martillo   ・

・ a. albañil
・ b. árbitro
・ c. carpintero
・ d. fotógrafo
・ e. jardinero
・ f. juez
・ g. peluquero
・ h. pianista
・ i. pintor
・ j. locutor

4 例にならって、次の場所で働いている人を枠内から重複しないように選び、その女性形も書きましょう。

> **例** fábrica → ingeniero 囡 ingeniera

1. hospital 2. bar 3. laboratorio 4. calle 5. oficina
6. teatro 7. campo de fútbol 8. tienda 9. juzgado 10. comisaría

abogado	actor	camarero	científico	dependiente	enfermero
~~ingeniero~~	futbolista		policía	secretario	taxista

5 例にならって、枠内の語を適切な形にして下線部を埋めましょう。

> **例** Paula escribe libros. Es escritora.

1. Juan prepara comidas. Es ....
2. Mónica da clases de español. Es ....
3. Carlos actúa en películas. Es ....
4. Pablo reparte cartas y paquetes. Es ....
5. Sara cuida a animales enfermos. Es ....
6. Sergio apaga incendios. Es ....
7. Marta vende y prepara medicamentos. Es ....
8. Diego arregla tuberías. Es ....
9. Ana realiza labores domésticas de su casa. Es ....
10. Paula informa de lo que pasa en el mundo. Es ....

actor	ama de casa	bombero	cartero	cocinero	~~escritor~~
farmacéutico	fontanero	periodista	profesor	veterinario

6 日本語の意味になるように、正しい選択肢を選びましょう。

1. 敢えて異を唱える人　（funcionario / profesor / abogado）del diablo
2. ほんの短時間の訪問　visita de（político / médico / enfermero）
3. めちゃくちゃな考え　ideas de（actor / pintor / bombero）
4. 判読しがたい文字　letra de（médico / policía / torero）

7 日本語の意味になるように、頭文字をヒントに下線部に職業名を入れましょう。

1. 公平でない　　　　　　　　　ser **j**＿＿＿＿＿＿ y parte
2. 昔取った杵柄　　　　　　　　haber sido **c**＿＿＿＿＿＿ antes que fraile
3. 粗野な言葉づかいをする　　　hablar peor que una **v**＿＿＿＿＿＿
4. 自分の持ち場を守れ　　　　　**Z**＿＿＿＿＿＿ a tus zapatos.

8 日本語の意味になるように、枠内の語を全て用いて下線部を埋めましょう。

1. 肉体労働　　　＿＿＿＿＿ físico
2. 自由業　　　　＿＿＿＿＿ liberal
3. 高官職　　　　alto ＿＿＿＿＿
4. 欠員　　　　　＿＿＿＿＿ vacante
5. 特別手当　　　＿＿＿＿＿ extra
6. 年俸　　　　　＿＿＿＿＿ anual
7. 雇用調整　　　regulación de ＿＿＿＿＿
8. 人手　　　　　mano de ＿＿＿＿＿

| cargo | empleo | obra | paga | plaza | profesión | sueldo | trabajo |

9 スペイン語にしましょう。

1. フルタイムの仕事　　2. アルバイト　　3. 職業癖　　4. 最低賃金
5. 有給休暇　　　　　　6. 早期退職　　　7. 国家公務員　8. 客員教授

10 意味を成す文にするために枠内の語句を全て用いて下線部を埋めましょう。

1. Para ganar un buen sueldo tengo que hacer ＿＿＿＿＿.
2. Mi padre ya no trabaja. Está ＿＿＿＿＿.
3. No me renovaron el ＿＿＿＿＿ y estoy en ＿＿＿＿＿.
4. No es fácil encontrar un ＿＿＿＿＿ en mi especialidad.
5. Los sindicatos han convocado una ＿＿＿＿＿ para pedir un aumento de

＿＿＿＿＿.

| contrato | horas extras | huelga | jubilado |
| paro | puesto de trabajo | | sueldo |

1 1. carpintero　　2. cómico　　　　3. cantante　　　4. banquero
　　5. cajero　　　6. bibliotecario　7. arquitecto　　8. recepcionista

2 1. funcionario　2. guía　　　　　3. traductora　　4. corresponsal
　　5. vigilante　　6. torera　　　　7. intérprete　　8. agricultora
　　9. editor　　　10. astronauta　　11. alcaldesa　　12. concejala

3 1.-d.　2.-j.　3.-g.　4.-h.　5.-a.　6.-i.　7.-b.　8.-f.　9.-e.　10.-c.

4 1. enfermero, enfermera　　　　2. camarero, camarera
　　3. científico, científica　　　　4. taxista, taxista
　　5. secretario, secretaria　　　　6. actor, actriz
　　7. futbolista, futbolista　　　　8. dependiente, dependienta
　　9. abogado, abogada　　　　　10. policía, policía

5 1. cocinero　2. profesora　3. actor　　4. cartero　　5. veterinaria
　　6. bombero　7. farmacéutica　8. fontanero　9. ama de casa　10. periodista

6 1. abogado　2. médico　　3. bombero　　4. médico

7 1. juez　　　2. cocinero　3. verdulera　4. Zapatero

8 1. trabajo　　2. profesión　3. cargo　　4. plaza　　5. paga
　　6. sueldo　　7. empleo　　8. obra

9 1. trabajo de jornada entera [completa]　2. trabajo por horas
　　3. deformación profesional　　　　4. salario [sueldo] mínimo
　　5. vacaciones pagadas　　　　　　6. jubilación anticipada
　　7. funcionario del Estado　　　　8. profesor invitado

10 1. horas extras　　2. jubilado　　3. contrato, paro　　4. puesto de trabajo
　　5. huelga, sueldo

4 家　族

☐ familia	家族	☐ bisabuelo/bisabuela	曾祖父／曾祖母
☐ familiar	家族、親戚	☐ tatarabuelo/tatarabuela	高祖父／高祖母
☐ pariente	親戚	☐ nieto/nieta	孫
☐ parentesco	血縁、親族	☐ bisnieto/bisnieta	曾孫
☐ clan	一族	☐ tataranieto/tataranieta	玄孫
☐ linaje	血統、血筋	☐ tío abuelo/tía abuela	大おじ／大おば
☐ árbol genealógico	家系図	☐ tío/tía	おじ／おば
☐ matrimonio	結婚、夫婦	☐ primo/prima	いとこ
☐ cónyuge	配偶者	☐ primo segundo/prima segunda	はとこ
☐ marido	夫	☐ hermano/hermana	兄弟／姉妹
☐ mujer	妻	☐ hermano mayor	兄
☐ esposo/esposa	夫／妻	☐ hermana mayor	姉
☐ pareja	パートナー	☐ hermano menor	弟
☐ padre	父	☐ hermana menor	妹
☐ madre	母	☐ cuñado/cuñada	義兄（弟）／義姉（妹）
☐ papá	お父さん、パパ	☐ suegro/suegra	義父／義母
☐ mamá	お母さん、ママ	☐ yerno	婿、娘の夫
☐ padre adoptivo	養父	☐ nuera	嫁、息子の妻
☐ madre adoptiva	養母	☐ novio/novia	恋人
☐ padrastro	継父	☐ prometido/prometida	婚約者
☐ madrastra	継母	☐ heredero/heredera	相続人
☐ paterno	父親の、父方の	☐ antepasado	祖先、先祖
☐ materno	母親の、母方の	☐ ascendiente	祖先、先祖
☐ hijo/hija	息子／娘	☐ descendiente	子孫
☐ hijo adoptivo	養子	☐ soltero	独身の
☐ hija adoptiva	養女	☐ casado	既婚の
☐ hijastro/hijastra	継子	☐ divorciado	離婚した
☐ gemelo/gemela	双生児	☐ separado	別居した
☐ mellizo/melliza	双子	☐ viudo	配偶者に死なれた
☐ trillizo/trilliza	三つ子	☐ casado en segundas nupcias	再婚した
☐ primogénito	長男		
☐ primogénita	長女		
☐ abuelo/abuela	祖父／祖母		

1 対になる語を書いて表を完成させましょう。

1.	padre		2.		tía
3.		hija	4.	primo	
5.	abuelo		6.	marido	
7.		nieta	8.		suegra
9.	hermano		10.	yerno	

2 スペイン語にしましょう。

1. 結婚生活
2. 新婚の女性
3. 夫（妻）の実家
4. 実兄（弟）
5. 離婚
6. 内縁関係のカップル
7. 母方の祖父
8. 大家族
9. 遠い親戚
10. 未婚の母
11. ひとり親家庭
12. 同性婚

3 下線部を埋めましょう。

1. Los hijos de mi hermano son mis ....
2. La madre de mi abuela es mi ....
3. La mujer de mi hijo es mi ....
4. Las hijas de mi tía son mis ....
5. El cuñado de mi mujer es mi ....
6. La hija de mi nuera es mi ....
7. Los padres de mi marido son mis ....
8. La hermana de mi marido es mi ....
9. La madre del hermano de mi padre es mi ....
10. Los hijos de la hermana de mi madre son mis ....
11. Los hijos de la hija de mi hijo son mis ....
12. Mi tío es el .... de mi abuelo.

4 家系図を見て、枠内の語を適切な形にして下線部を埋めましょう。

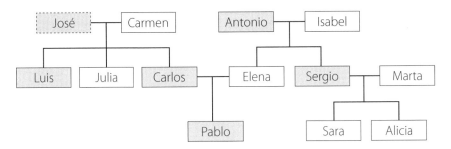

1. Carlos está _____ con Elena, pero su hermana es _____ .
2. José murió hace dos años. Carmen es _____ .
3. Luis es _____ . Su exmujer vive en el extranjero.
4. Carmen tiene tres _____ .
5. Sara tiene una _____ , pero Pablo no tiene _____ .

| casado | divorciado | hermana | hermano | hijo | soltero | viudo |

5 上の **4** の家系図を見て、以下のことを言っている人の名前を全て書きましょう。

1. Julia es mi hermana.
2. Alicia es mi prima preferida.
3. Carmen es mi suegra.
4. Sara y Alicia son nuestras nietas.
5. Elena es mi cuñada.
6. Soy hijo único.

6 日本語の意味になるように、正しい選択肢を選びましょう。

1. 核心　　　　　　　　　(el padre / la madre / la familia) del cordero
2. お金持ちのお坊ちゃん　hijo de (mamá / madre / papá)
3. 米国政府　　　　　　　(Abuelo / Padre / Tío) Sam
4. 誰でも、皆　　　　　　cada (hijo / nieto / primo) de vecino
5. 人をイライラさせる　　sacar de (suegra / madre / marido) a alguien
6. 自慢しすぎる　　　　　no necesitar (nieta / nuera / abuela)
7. 簡単に騙される　　　　hacer (el abuelo / el yerno / el primo)
8. 打つ手がない　　　　　No hay tu (hermana / tía / bisabuela).
9. くつろいでください　　Usted es como de (la familia / la pareja / la madre).
10. そんなことあるはずない　Cuéntaselo a tu (madre / mamá / abuela).

1 1. madre 2. tío 3. hijo 4. prima 5. abuela 6. mujer
7. nieto 8. suegro 9. hermana 10. nuera

2 1. vida matrimonial 2. mujer recién casada
3. familia política 4. hermano carnal
5. divorcio 6. pareja de hecho
7. abuelo materno 8. familia numerosa
9. pariente lejano 10. madre soltera
11. familia monoparental 12. matrimonio entre personas del mismo sexo

3 1. sobrinos 2. bisabuela 3. nuera 4. primas 5. hermano
6. nieta 7. suegros 8. cuñada 9. abuela 10. primos
11. bisnietos 12. hijo

4 1. casado, soltera 2. viuda 3. divorciado 4. hijos 5. hermana, hermanos

5 1. Carlos y Luis 2. Pablo 3. Elena 4. Antonio e Isabel
5. Marta, Julia y Luis 6. Pablo

6 1. la madre 2. papá 3. Tío 4. hijo 5. madre
6. abuela 7. el primo 8. tía 9. la familia 10. abuela

5 生 き 物

☐	animal	動物	☐	murciélago	コウモリ
☐	mamífero	哺乳類	☐	oso	クマ
☐	ardilla	リス	☐	oso panda	パンダ
☐	ballena	クジラ	☐	oveja	雌羊
☐	búfalo	バッファロー	☐	perro	犬
☐	burro	ロバ	☐	rata	ネズミ
☐	caballo	馬、雄馬	☐	ratón	ハツカネズミ
☐	cabra	ヤギ	☐	reno	トナカイ
☐	camello	ラクダ	☐	rinoceronte	サイ
☐	canguro	カンガルー	☐	tigre	トラ
☐	carnero	羊、雄羊	☐	topo	モグラ
☐	castor	ビーバー	☐	toro	雄牛
☐	cebra	シマウマ	☐	vaca	雌牛
☐	cerdo	豚	☐	yegua	雌馬
☐	chimpancé	チンパンジー	☐	zorro	キツネ
☐	ciervo	鹿	☐	ave	鳥
☐	conejo	ウサギ	☐	pájaro	鳥
☐	cordero	子羊	☐	águila	ワシ
☐	delfín	イルカ	☐	avestruz	ダチョウ
☐	elefante	象	☐	búho	フクロウ
☐	erizo	ハリネズミ、ウニ	☐	buitre	ハゲタカ、ハゲワシ
☐	foca	アザラシ	☐	canario	カナリア
☐	gato	猫	☐	cigüeña	コウノトリ
☐	gorila	ゴリラ	☐	cisne	白鳥
☐	hipopótamo	カバ	☐	cuco	カッコウ
☐	jabalí	イノシシ	☐	cuervo	カラス
☐	jirafa	キリン	☐	faisán	キジ
☐	koala	コアラ	☐	gallo	雄鶏
☐	león	ライオン	☐	gallina	雌鶏
☐	lince	オオヤマネコ	☐	ganso	ガチョウ
☐	lobo	オオカミ	☐	gaviota	カモメ
☐	mono	サル	☐	golondrina	ツバメ
☐	mulo	ラバ	☐	gorrión	スズメ

☐	grulla	ツル	☐	gusano	虫
☐	halcón	タカ、ハヤブサ	☐	abeja	ハチ
☐	loro	オウム	☐	araña	クモ
☐	paloma	ハト	☐	avispa	スズメバチ
☐	pato	アヒル	☐	ciempiés	ムカデ
☐	pavo	シチメンチョウ	☐	cigarra	セミ
☐	perdiz	ヤマウズラ	☐	cucaracha	ゴキブリ
☐	pingüino	ペンギン	☐	escarabajo	コガネムシ
☐	ruiseñor	ウグイス	☐	grillo	コオロギ
☐	urraca	カササギ	☐	hormiga	蟻
☐	anfibio	両生類	☐	libélula	トンボ
☐	rana	カエル	☐	mariposa	蝶
☐	sapo	ヒキガエル	☐	mosca	ハエ
☐	reptil	爬虫類	☐	mosquito	蚊
☐	cocodrilo	ワニ	☐	pulga	ノミ
☐	lagarto	トカゲ	☐	saltamontes	バッタ
☐	serpiente	ヘビ	☐	macho	雄
☐	tortuga	カメ	☐	hembra	雌
☐	pez	魚	☐	aullar	犬・オオカミなどが遠吠えする
☐	anguila	ウナギ	☐	balar	羊・ヤギ・鹿などが鳴く
☐	arenque	ニシン	☐	barritar	象・サイが鳴く
☐	atún	マグロ	☐	cacarear	鶏が鳴く
☐	bacalao	タラ	☐	croar	カエルが鳴く
☐	besugo	マダイ	☐	ladrar	犬が吠える
☐	bonito	カツオ	☐	maullar	猫がニャーニャー鳴く
☐	caballa	サバ	☐	mugir	牛が鳴く
☐	carpa	コイ	☐	piar	小鳥がピーピー鳴く
☐	lenguado	シタビラメ	☐	relinchar	馬がいななく
☐	lubina	スズキ	☐	rugir	猛獣が吠える
☐	merluza	メルルーサ	☐	cuerno	角（つの）
☐	rape	アンコウ	☐	hocico	（哺乳動物の）鼻口部
☐	salmón	サケ	☐	pico	（鳥の）くちばし
☐	tiburón	サメ	☐	ala	翼、羽
☐	trucha	マス	☐	pata	（動物の）脚
☐	insecto	昆虫、虫	☐	cola	尾、しっぽ

練習問題 （解答 p.29)

1 枠内の語を分類して該当するところに書きましょう。

mamíferos	
reptiles	
aves	
peces	

> águila   arenque   atún   ballena   besugo   búho   caballa   canguro
> cocodrilo   conejo   lagarto   oso   paloma   pato   serpiente   tortuga

2 例にならって表を完成させましょう。

		♂	♀			♂	♀
例	犬	perro	perra	例	キリン	jirafa macho	jirafa hembra
1.	サル			2.	ライオン		
3.	キツネ			4.	トラ		
5.	牛			6.	ゴリラ		
7.	馬			8.	パンダ		
9.	羊			10.	アヒル		
11.	象			12.	鶏		

3 以下のような人を動物にたとえて何というか枠内から選びましょう。

1. おしゃべりな人　　　　2. おとなしくて従順な人　　　3. 頭の切れる人
4. 臆病者　　　　　　　　5. 陰険な人　　　　　　　　6. 真似をする人
7. 頑固な人　　　　　　　8. 働き者、倹約家　　　　　9. マドリード生まれの人
10. ボディーガード　　　　11. ベビーシッター　　　　　12. スパイ

> burro   canguro   cordero   gallina   gato   gorila
> hormiga   lince   loro   mono   serpiente   topo

4 例にならって、鳴き方に合う動物を枠内から重複しないように選びましょう。

　例　rugir → león

1. aullar　　　2. balar　　　3. barritar　　　4. cacarear　　　5. croar
6. ladrar　　　7. maullar　　　8. mugir　　　9. piar　　　10. relinchar

caballo	elefante	gallina	gato	~~león~~
lobo	oveja	pájaro	perro	rana	vaca

5 日本語の意味になるように、正しい選択肢を選びましょう。

1. 横断歩道　　　　　paso de (camello / cabra / cebra)
2. 本の虫　　　　　　(ratón / pulga / araña) de biblioteca
3. 偽りの涙、そら涙　lágrimas de (hipopótamo / rinoceronte / cocodrilo)
4. 思春期　　　　　　edad del (cuervo / pingüino / pavo)
5. 事なかれ主義　　　política del (faisán / canario / avestruz)
6. 内容のない話　　　diálogo de (merluzas / anguilas / besugos)
7. 議論の争点　　　　(caballo / león / zorro) de batalla
8. くびれた腰　　　　cintura de (abeja / mosca / avispa)
9. 重要人物　　　　　(animal / insecto / pez) gordo
10. はみ出し者　　　　(oveja / ardilla / tortuga) descarriada

6 日本語の意味になるように、枠内の語を全て用いて下線部を埋めましょう。

1. 犬猿の仲である　　　　　llevarse como el ＿＿＿＿＿＿ y el ＿＿＿＿＿＿
2. 恋をしている　　　　　　sentir ＿＿＿＿＿＿ en el estómago
3. 大食いする　　　　　　　comer como una ＿＿＿＿＿＿
4. 用心して疑ってかかる　　estar con la ＿＿＿＿＿＿ en la oreja
5. 一番下っ端だ　　　　　　ser el último ＿＿＿＿＿＿
6. 進んで危険に身をさらす　meterse en la boca del ＿＿＿＿＿＿
7. 抜群の記憶力をもっている　tener una memoria de ＿＿＿＿＿＿
8. 正面から困難に立ち向かう　coger al ＿＿＿＿＿＿ por los cuernos

| gato | elefante | mariposas | lobo | mono | mosca | perro | toro | vaca |

1 mamíferos: ballena, canguro, conejo, oso
reptiles: cocodrilo, lagarto, serpiente, tortuga
aves: águila, búho, paloma, pato
peces: arenque, atún, besugo, caballa

5

2 1. mono, mona
2. león, leona
3. zorro, zorra
4. tigre, tigresa /tigra
5. toro, vaca
6. gorila macho, gorila hembra
7. caballo, yegua
8. oso panda, osa panda
9. carnero, oveja
10. pato, pata
11. elefante, elefanta
12. gallo, gallina

3 1. loro   2. cordero   3. lince   4. gallina   5. serpiente
6. mono   7. burro   8. hormiga   9. gato   10. gorila
11. canguro   12. topo

4 1. lobo   2. oveja   3. elefante   4. gallina   5. rana
6. perro   7. gato   8. vaca   9. pájaro   10. caballo

5 1. cebra   2. ratón   3. cocodrilo   4. pavo   5. avestruz
6. besugos   7. caballo   8. avispa   9. pez   10. oveja

6 1. perro, gato   2. mariposas   3. vaca   4. mosca   5. mono
6. lobo   7. elefante   8. toro

6 植 物

☐ planta	植物、草木	☐ césped	芝生
☐ flor	花	☐ trébol	クローバー
☐ amapola	ヒナゲシ、ケシ	☐ trigo	小麦
☐ azalea	ツツジ	☐ musgo	こけ
☐ azucena	白百合	☐ árbol	木
☐ begonia	ベゴニア	☐ abeto	モミ
☐ botón de oro	キンポウゲ	☐ álamo	ポプラ
☐ camelia	ツバキ	☐ albaricoque/	アンズの木
☐ ciclamen	シクラメン	albaricoquero	
☐ clavel	カーネーション	☐ almendro	アーモンドの木
☐ cosmos	コスモス	☐ arce	カエデ
☐ crisantemo	菊	☐ bambú	竹
☐ dalia	ダリア	☐ castaño	栗の木
☐ diente de león	タンポポ	☐ cedro	杉
☐ geranio	ゼラニウム	☐ cerezo	サクランボの木、桜
☐ gerbera	ガーベラ	☐ ciruelo	プラムの木
☐ girasol	ヒマワリ	☐ ciprés	糸杉
☐ glicina	フジ	☐ cocotero	ココヤシの木
☐ hortensia	アジサイ	☐ encina	オーク、樫
☐ jacinto	ヒヤシンス	☐ granado	ザクロ
☐ lila	リラ、ライラック	☐ haya	ブナ
☐ lirio	アヤメ	☐ higuera	イチジクの木
☐ loto	ハス	☐ laurel	月桂樹
☐ margarita	マーガレット	☐ manzano	リンゴの木
☐ narciso	スイセン	☐ melocotón/	桃の木
☐ nomeolvides	ワスレナグサ	melocotonero	
☐ orquídea	ラン	☐ naranjo	オレンジの木
☐ pensamiento	パンジー	☐ nogal	クルミの木
☐ rosa	バラ	☐ olivo	オリーブの木
☐ tulipán	チューリップ	☐ olmo	ニレ
☐ violeta	スミレ	☐ palma	ヤシ
☐ cactus	サボテン	☐ peral	梨の木
☐ hierba	草	☐ pino	松

☐	roble	オーク、樫	☐	manguera	ホース
☐	sauce	柳	☐	pala	シャベル、スコップ
☐	vid	ブドウの木	☐	florero	花瓶
☐	arcedo	カエデの林	☐	maceta	植木鉢
☐	hayal / hayedo	ブナの林	☐	tiesto	植木鉢
☐	manzanal	リンゴ畑（園）	☐	abono	肥料
☐	olivar	オリーブ畑	☐	cosecha	収穫
☐	palmeral	ヤシ林（園）	☐	cultivo	耕作、栽培
☐	pinar	松林	☐	florecimiento	開花
☐	robledal / robledo	オーク（樫）の林	☐	germinación	発芽
☐	saucedal	柳林	☐	marchitamiento	草花がしおれること
☐	trigal	小麦畑	☐	moho	かび
☐	bosque	森	☐	poda	剪定
☐	selva	密林、ジャングル	☐	riego	水まき、灌漑
☐	brote	芽、発芽	☐	siembra	種まき
☐	bulbo	球根	☐	tala	伐採
☐	capullo	つぼみ	☐	trasplante	植え替え
☐	corteza	樹皮	☐	abonar	肥料を施す
☐	espina	とげ	☐	brotar	芽を出す
☐	estambre	雄しべ	☐	germinar	芽を出す
☐	pistilo	雌しべ	☐	cavar	耕す、鋤き返す
☐	hoja	葉	☐	cultivar	耕す、栽培する
☐	pétalo	花弁、花びら	☐	cosechar	収穫する
☐	polen	花粉	☐	esquejar	挿し木する
☐	raíz	根	☐	florecer	開花する
☐	rama	枝	☐	marchitarse	枯れる
☐	semilla	種	☐	plantar	植える
☐	tallo	茎	☐	podar	剪定する
☐	tocón	切り株	☐	regar	水をやる、灌漑する
☐	tronco	幹	☐	sembrar	種をまく
☐	leña	薪	☐	talar	伐採する
☐	regadera	じょうろ、スプリンクラー	☐	trasplantar	植え替える

6

練 習 問 題 （解答 p.35）

1 枠内の語を分類して該当するところに書きましょう。

flores	
árboles	

azucena	ciprés	crisantemo	girasol	haya
pensamiento	pino	roble	rosa	tulipán

2 例にならって表を完成させましょう。

		fruto	árbol
例	プラム	ciruela	ciruelo
1.	リンゴ		
2.	オレンジ		
3.	梨		
4.	イチジク		
5.	ブドウ		
6.	サクランボ		
7.	栗		
8.	クルミ		
9.	アーモンド		
10.	オリーブ		

3 仲間外れの語句をひとつ選びましょう。

1. tronco tallo moho rama
2. bambú hortensia clavel violeta
3. maceta florero tiesto musgo
4. pétalo bosque capullo polen
5. semilla raíz brote manguera
6. nomeolvides hoja de aluminio botón de oro diente de león

4 意味を成す文にするために枠内の語を全て用いて下線部を埋めましょう。

1. En Tokio los cerezos suelen .... a finales de marzo.
2. ¿Cuál es el mejor mes para .... girasoles?
3. Gracias a las abundantes lluvias, podremos .... mucho trigo.
4. No hay que .... este cactus todos los días.
5. Por este calor horrible las plantas van a ....
6. Es necesario .... las ramas secas.

| cosechar florecer marchitarse podar regar sembrar |

5 例にならって表を完成させましょう。

	verbo	significado	sustantivo
例	sembrar	種をまく	siembra
1.	cosechar		
2.	cultivar		
3.	trasplantar		
4.	regar		
5.	brotar		

6 例にならって、以下の木から成る畑または林を書きましょう。

例　olivo（オリーブ）→ olivar（オリーブ畑）

1. manzana　　　　2. pino　　　　　3. trigo　　　　　4. roble
5. haya　　　　　 6. arce　　　　　 7. palma　　　　　8. sauce

7 スペイン語にしましょう。

1. シダレヤナギ　　　　2. 紅葉　　　　　　3. 薬用植物
4. 常緑樹　　　　　　　5. 野の花　　　　　6. 雑草

8 日本語の意味になるように、正しい選択肢を選びましょう。

1. ぼんやりしている　　　　estar en (el pinar / la higuera / el trigal)
2. できないことを望む　　　pedir peras al (naranjo / olivo / olmo)
3. 過去の栄光の上にあぐらをかく

　　　　　　　　　　　　　dormirse en (los laureles / las hojas / los pétalos)
4. とても強い、がっしりしてびくともしない

　　　　　　　　　　　　　estar más fuerte que (un pino / un abeto / un roble)
5. 人を非難する　　　　　　poner a alguien como (semilla / hoja / tallo) de perejil
6. 健康的である　　　　　　estar como una (rosa / azucena / violeta)
7. 自画自賛する　　　　　　echarse (espinas / flores / capullos)
8. 隣の芝生は青い　　　　　(césped / árbol / fruta) del cercado ajeno

9 日本語の意味になるように、枠内の語を全て用いて下線部を埋めましょう。

1. 一丸となる　　　　　　　formar una _____
2. 絶えず動いている　　　　no criar _____
3. 危惧の念を抱かせる　　　dar mala _____
4. 的外れなことを言う　　　regar fuera del _____
5. 遠回しに言う　　　　　　irse por las _____
6. ぐっすり眠る　　　　　　dormir como un _____
7. あっけない　　　　　　　ser _____ de un día
8. 話題を変える　　　　　　volver la _____
9. 逃げ出す、退散する　　　tomar el _____
10. 定住する　　　　　　　　echar _____
11. 憎まれっ子世にはばかる　Mala _____ nunca muere.
12. 人はその行いで判断される　Cada _____ se conoce por sus frutos.

árbol	espina	flor	hierba	hoja	moho
olivo	piña	raíces	ramas	tiesto	tronco

1 flores: azucena, crisantemo, girasol, pensamiento, rosa, tulipán
árboles: ciprés, haya, pino, roble

6

2 1. manzana, manzano   2. naranja, naranjo
　 3. pera, peral   4. higo, higuera
　 5. uva, vid   6. cereza, cerezo
　 7. castaña, castaño   8. nuez, nogal
　 9. almendra, almendro   10. oliva / aceituna, olivo

3 1. moho   2. bambú   3. musgo   4. bosque   5. manguera   6. hoja de aluminio

4 1. florecer   2. sembrar   3. cosechar   4. regar   5. marchitarse   6. podar

5 1. 収穫する　cosecha   2. 耕す、栽培する　cultivo
　 3. 植え替える　trasplante   4. 水をやる、灌漑する　riego
　 5. 芽を出す　brote

6 1. manzanal   2. pinar   3. trigal   4. robledal, robledo
　 5. hayal, hayedo   6. arcedo   7. palmeral   8. saucedal

7 1. sauce llorón   2. hojas rojas [otoñales / coloradas]
　 3. planta medicinal   4. árbol de hoja perenne
　 5. flor silvestre   6. mala hierba

8 1. la higuera   2. olmo   3. los laureles   4. un roble   5. hoja
　 6. rosa   7. flores   8. fruta

9 1. piña   2. moho   3. espina   4. tiesto   5. ramas
　 6. tronco   7. flor   8. hoja   9. olivo   10. raíces
　 11. hierba   12. árbol

7 身体・五感

☐	cuerpo	身体		☐	cerebro	脳
☐	cabeza	頭		☐	tronco	胴
☐	cabello	毛髪		☐	hombro	肩
☐	pelo	毛		☐	espalda	背中
☐	cara	顔		☐	pecho	胸
☐	frente	額		☐	mama	乳房
☐	ceja	まゆげ		☐	teta	乳房
☐	entrecejo	眉間		☐	seno	乳房
☐	sien	こめかみ		☐	pezón	乳首
☐	ojo	目		☐	vientre	腹
☐	párpado	まぶた		☐	barriga	腹
☐	pestaña	まつげ		☐	abdomen	腹
☐	pupila	瞳		☐	tripa	腹、腸
☐	oído	内耳		☐	ombligo	へそ
☐	oreja	外耳		☐	costado	脇腹
☐	lóbulo	耳たぶ		☐	flanco	脇腹
☐	tímpano	鼓膜		☐	cadera	腰
☐	nariz	鼻		☐	riñones	腰部
☐	boca	口		☐	cintura	ウエスト
☐	labio	唇		☐	culo	尻
☐	lengua	舌		☐	trasero	尻
☐	diente	歯		☐	glúteo	臀部
☐	muela	奥歯		☐	brazo	腕
☐	encía	歯茎		☐	antebrazo	前腕
☐	mejilla	頬		☐	axila	わきの下
☐	barbilla	あご		☐	sobaco	わきの下
☐	mandíbula	あご		☐	codo	肘
☐	mentón	あご先		☐	mano	手
☐	bigote	口ひげ		☐	muñeca	手首
☐	barba	ひげ、あごひげ		☐	palma	手のひら
☐	nuca	うなじ		☐	dorso	背、裏
☐	cuello	首		☐	puño	こぶし
☐	garganta	喉		☐	dedo	指

☐ (dedo) pulgar [gordo/grande]	親指	☐ vértebra	脊髄	
☐ (dedo) índice	人差し指	☐ nervio	神経	
☐ (dedo) medio [corazón]	中指	☐ tráquea	気管	
☐ (dedo) anular	薬指	☐ faringe	咽頭	
☐ (dedo) meñique	小指	☐ pulmón	肺	
☐ uña	爪	☐ corazón	心臓	
☐ muslo	もも	☐ esófago	食道	
☐ pierna	脚	☐ estómago	胃	
☐ entrepierna	股	☐ diafragma	横隔膜	
☐ rodilla	膝	☐ hígado	肝臓	
☐ pantorrilla	ふくらはぎ	☐ bazo	脾臓	
☐ pie	足	☐ páncreas	膵臓	
☐ tobillo	くるぶし	☐ duodeno	十二指腸	
☐ talón	かかと	☐ intestino	腸	
☐ planta	足の裏	☐ riñón	腎臓	
☐ hueso	骨	☐ apéndice	盲腸	
☐ cráneo	頭蓋骨	☐ uretra	尿道	
☐ pómulo	頬骨	☐ vejiga	膀胱	
☐ clavícula	鎖骨	☐ ano	肛門	
☐ omóplato/omoplato	肩甲骨	☐ útero	子宮	
☐ columna vertical	背骨	☐ ovario	卵巣	
☐ costilla	肋骨	☐ vagina	膣	
☐ articulación	関節	☐ testículo	睾丸	
☐ músculo	筋肉	☐ pene	陰茎	
☐ piel	皮膚、肌	☐ vaso sanguíneo	血管	
☐ arruga	しわ	☐ sentido	感覚	
☐ mancha	しみ	☐ gusto	味覚	
☐ lunar	ほくろ	☐ oído	聴覚	
☐ ojera	(目の下の) 隈	☐ olfato	嗅覚	
☐ arteria	動脈	☐ tacto	触覚	
☐ vena	静脈	☐ vista	視覚	

7

練 習 問 題 （解答 p.41）

1 枠内の語を該当するところに書きましょう。

	acción	sentido	parte del cuerpo
1.	oler		
2.	tocar		
3.	ver		
4.	oír		
5.	saborear		

> gusto　lengua　manos　nariz　ojos　oído　olfato　orejas　tacto　vista

2 左の動詞に関連する身体の部分を右から選び、1対1で結び付けましょう。

1. respirar　　　・　　　　　・ **a.** manos
2. pensar　　　　・　　　　　・ **b.** piernas
3. caminar　　　・　　　　　・ **c.** garganta
4. coger　　　　・　　　　　・ **d.** pulmones
5. besar　　　　・　　　　　・ **e.** dientes
6. abrazar　　　・　　　　　・ **f.** cerebro
7. morder　　　・　　　　　・ **g.** labios
8. hacer gárgaras ・　　　　・ **h.** brazos

3 例にならって、枠内の語を該当するところに書きましょう。

1.	Tenemos uno:　ombligo
2.	Tenemos una:
3.	Tenemos dos:
4.	Tenemos diez en las manos:
5.	Tenemos veinte:
6.	Tenemos más de doscientos:

> cara　　corazón　　cuello　　dedo　　frente　　hombro
> hueso　　labio　　músculo　　nariz　　~~ombligo~~　　rodilla　　uña

4 意味を成す文にするために最も適切な選択肢を選びましょう。

1. El corazón está en (la cabeza / el vientre / el pecho).
2. Me lavo (los dientes / la nuca / los codos) después de comer.
3. No puedo andar. Me duelen (las rodillas / las cejas / las pestañas).
4. Necesito una crema hidratante. Tengo (la vértebra / la boca / la piel) seca.
5. (El sudor / La sangre / La saliva) circula por las venas y las arterias.
6. Al bajar por las escaleras mi padre se torció (el ombligo / la garganta / un tobillo).
7. Antes de hacer deporte hay que calentar bien (los músculos / la barbilla / la sien).
8. A Juan no le cabe este pantalón porque tiene (mucho celebro / mucho cabello / mucha barriga).

5 日本語の意味になるように、枠内の語を全て用いて下線部を埋めましょう。

1. リンゴの芯　　　　　　　　　　..................... de la manzana
2. オリーブの種　　　　　　　　　..................... de aceituna
3. こくのあるワイン　　　　　　vino de mucho ....
4. 爪楊枝　　　　　　　　　　　　palillo de ....
5. 鍵穴　　　　　　　　　　　　　..................... de la cerradura
6. コインの表　　　　　　　　　　..................... de una moneda
7. オーバーの襟　　　　　　　　　..................... del abrigo
8. 写真の説明文、キャプション　..................... de una fotografía
9. 特効薬　　　　　　　　　　　　..................... de santo
10. 弱点　　　　　　　　　　　　　..................... de Aquiles

cara corazón cuello cuerpo dientes hueso mano ojo pie talón

6 スペイン語にしましょう。

1. だんご鼻　　　2. 親知らず　　　3. 二重あご　　　4. 上唇
5. のどぼとけ　　6. 腹筋　　　　　7. 手のひら　　　8. 手の甲
9. 足の裏　　　　10. 土踏まず　　　11. みぞおち　　　12. 大腸

7 日本語に訳しましょう。

1. sonrisa de oreja a oreja
2. respiración boca a boca
3. hablar cara a cara
4. trabajar codo con codo
5. tener algo entre ceja y ceja
6. ojo por ojo, diente por diente

8 日本語の意味になるように、正しい選択肢を選びましょう。

1. 幸先のいいスタートを切る　empezar con buen (ojo / pie / cerebro)
2. 絶え間なくしゃべる　hablar por (la lengua / los codos / los pulmones)
3. 厚かましい　tener mucha (cara / cabeza / boca)
4. 堂々としている　ir con la (nariz / barbilla / cabeza) muy alta
5. 歓迎する　recibir con los (brazos / dedos / ojos) abiertos
6. 何かに口をはさむ　meter (la boca / la cara / las narices) en algo
7. 問題の核心を突く　poner (las uñas / el dedo / los dientes) en la llaga
8. 一睡もしない　no pegar ni (una oreja / una mejilla / una pestaña)
9. 惜しみなく力を貸す　arrimar (el hombro / la cintura / la barriga)
10. 散歩する　estirar (las piernas / la espalda / las rodillas)
11. 夜更かしして勉強する　quemarse (los ojos / el cuello / las cejas)
12. 疲れ切っている　estar con (el hígado / la lengua / el hueso) fuera

9 日本語の意味になるように、枠内の語を全て用いて下線部を埋めましょう。

1. 誰かを見下す　mirar a alguien por encima del ....
2. おなかがペコペコである　tener el .... en los ....
3. 仲がいい　ser carne y ....
4. 懇願する　pedir de ....
5. 深みにはまっている　estar con el agua al ....
6. 枕を高くして眠る　dormir a .... suelta
7. やきもきしている　tener el .... en un puño
8. 何もしないでいる　estar de .... cruzados
9. 仕事に取り掛かる　poner .... a la obra
10. 眠る　planchar la ....

brazos	corazón	cuello	estómago	hombro
manos	oreja	pierna	pies	rodillas	uña

40

1 1. olfato, nariz　2. tacto, manos　3. vista, ojos　4. oído, orejas　5. gusto, lengua

2 1.-d.　2.-f.　3.-b.　4.-a.　5.-g.　6.-h.　7.-e.　8.-c.

3 1. corazón, cuello　　2. cara, frente, nariz　　3. hombro, labio, rodilla

4. dedo　　　　　5. uña　　　　　6. hueso, músculo

4 1. el pecho　　2. los dientes　3. las rodillas　　4. la piel

5. La sangre　6. un tobillo　7. los músculos　8. mucha barriga

5 1. corazón　2. hueso　3. cuerpo　4. dientes　5. ojo

6. cara　7. cuello　8. pie　9. mano　10. talón

6 1. nariz chata　　　　2. muela del juicio/muela cordal

3. papada　　　　　　4. labio superior

5. nuez [bocado] de Adán　6. músculos abdominales

7. palma (de la mano)　8. dorso de la mano

9. planta (del pie)　　10. arco del pie

11. boca del estómago　12. intestino grueso

7 1. 満面の笑み　　　　2. マウス・トゥー・マウス人工呼吸法

3. 面と向かって話す　4. 力を合わせて働く

5. 何かにこだわる　　6. 目には目を、歯には歯を

8 1. pie　　2. los codos　　3. cara　　4. cabeza　　5. brazos

6. las narices　7. el dedo　　8. una pestaña　9. el hombro　10. las piernas

11. las cejas　12. la lengua

9 1. hombro　2. estómago, pies　3. uña　　4. rodillas　5. cuello

6. pierna　7. corazón　8. brazos　9. manos　10. oreja

8 人の描写（性格・特徴）

☐	abierto	率直な、あけっぴろげな	☐	despierto	頭のきれる
☐	aburrido	つまらない	☐	despistado	うっかりした
☐	activo	活動的な	☐	detallista	よく気がつく
☐	agradable	感じのいい	☐	dinámico	活動的な
☐	agresivo	攻撃的な	☐	diplomático	外交的な
☐	alegre	陽気な	☐	discreto	慎み深い
☐	alto	背の高い	☐	divertido	面白い
☐	amable	親切な	☐	educado	礼儀正しい、育ちのよい
☐	ambicioso	野心的な	☐	eficiente	有能な
☐	antipático	感じの悪い	☐	egoísta	利己的な
☐	apasionado	情熱的な、熱心な	☐	emprendedor	積極的な
☐	aplicado	勤勉な	☐	encantador	魅力的な
☐	astuto	抜け目のない	☐	espabilado	機転の利く、賢い
☐	atento	思いやりのある	☐	estudioso	勉強家の
☐	atrevido	大胆な	☐	exigente	要求の多い
☐	austero	厳格な	☐	extrovertido	外向的な
☐	bajo	背の低い	☐	falso	不誠実な
☐	bobo	愚かな	☐	famoso	有名な
☐	bondadoso	親切な、温厚な	☐	feliz	幸せな
☐	bonito	きれいな	☐	feo	醜い
☐	bueno	善良な	☐	fiel	忠実な
☐	callado	無口な	☐	flaco	やせた、きゃしゃな
☐	cariñoso	愛情深い、優しい	☐	fuerte	強い
☐	charlatán	おしゃべりな	☐	generoso	寛大な、気前のよい
☐	cobarde	臆病な	☐	gordo	太った
☐	comilón	食いしん坊の	☐	gracioso	面白い、愛嬌のある
☐	cortés	礼儀正しい	☐	guapo	きれいな
☐	cruel	残酷な	☐	hablador	おしゃべりな
☐	culto	教養のある	☐	hermoso	美しい
☐	curioso	好奇心の強い	☐	holgazán	怠惰な
☐	débil	弱い	☐	honrado	正直な、誠実な
☐	delgado	やせた	☐	hospitalario	親切な
☐	desconfiado	疑い深い	☐	humilde	謙虚な

☐	ignorante	無知な	☐	popular	人気のある
☐	iluso	騙されやすい	☐	presumido	うぬぼれた
☐	impertinente	無礼な	☐	presuntuoso	うぬぼれた
☐	impetuoso	衝動的な	☐	prudente	慎重な
☐	independiente	独立心の強い	☐	puntual	時間厳守の
☐	infeliz	不幸な	☐	quieto	静かな、おとなしい
☐	informal	当てにならない、不真面目な	☐	rebelde	反抗的な
☐	ingenuo	無邪気な、お人よしの	☐	responsable	責任感のある
☐	inquieto	落ち着きのない	☐	rico	金持ちの
☐	inteligente	頭のよい	☐	romántico	ロマンチックな
☐	introvertido	内向的な	☐	sabio	学識のある
☐	irresponsable	無責任な	☐	sano	健康な
☐	joven	若い	☐	sensato	良識のある
☐	leal	忠実な、誠実な	☐	sensible	感受性豊かな
☐	listo	賢い	☐	serio	真面目な
☐	llorón	泣き虫の	☐	simpático	感じのよい
☐	luchador	努力家の	☐	sincero	誠実な
☐	maduro	経験を積んだ	☐	sociable	社交的な
☐	maleducado	行儀の悪い	☐	solitario	孤独な
☐	malo	意地悪な	☐	tacaño	けちな
☐	mayor	年上の、年配の	☐	terco	頑固な
☐	mentiroso	嘘つきの	☐	testarudo	頑固な
☐	miedoso	怖がりの	☐	tímido	内気な
☐	miserable	哀れな	☐	tonto	ばかな
☐	modesto	謙虚な	☐	torpe	動作や反応ののろい
☐	necesitado	困窮した	☐	tozudo	頑固な
☐	nervioso	神経質な	☐	trabajador	勤勉な
☐	noble	気高い	☐	tranquilo	落ち着いた
☐	optimista	楽観的な	☐	triste	陰気な
☐	orgulloso	誇り高い	☐	vago	怠惰な
☐	perezoso	怠惰な	☐	valiente	勇敢な
☐	pesado	しつこい	☐	viejo	年を取った
☐	pesimista	悲観的な	☐	violento	乱暴な
☐	pobre	貧乏な	☐	vital	バイタリティのある

8

1 反対語を枠内から選んで書きましょう。

1. bajo   2. delgado   3. joven   4. rico   5. malo
6. antipático   7. divertido   8. trabajador   9. serio   10. sincero
11. callado   12. pesimista   13. cobarde   14. orgulloso   15. tranquilo

aburrido	alegre	alto	bueno	gordo
hablador	mayor	mentiroso	modesto	nervioso
optimista	perezoso	pobre	simpático	valiente

2 左右が同様の意味になるように、枠内の語を適切な形にして下線部を埋めましょう。

1. una chica guapa   = una chica ....
2. un actor delgado   = un actor ....
3. una alumna estudiosa   = una alumna ....
4. una vecina habladora   = una vecina ....
5. un hombre fiel   = un hombre ....
6. una familia pobre   = una familia ....
7. un señor prudente   = un señor ....
8. una persona miedosa   = una persona ....
9. un chico abierto   = un chico ....
10. una niña tranquila   = una niña ....

charlatán	cobarde	extrovertido	flaco	hermoso
leal	necesitado	quieto	sensato	trabajador

3 仲間外れの語をひとつ選びましょう。

1. inteligente   sabio   agradable   culto
2. ignorante   encantador   amable   cariñoso
3. terco   tozudo   testarudo   gracioso
4. perezoso   generoso   holgazán   vago
5. despierto   listo   espabilado   cruel

4 左右の語句が同じ意味になるように、1対1で結び付けましょう。

1. ser un cielo · · **a.** astuto
2. ser un pato · · **b.** inteligente
3. ser un terremoto · · **c.** presuntuoso
4. ser un cabezota · · **d.** torpe
5. ser un cuco · · **e.** miserable
6. ser un borde · · **f.** bondadoso
7. ser una eminencia · · **g.** impertinente
8. ser un fantasma · · **h.** terco
9. ser un viva la Virgen · · **i.** inquieto
10. ser un muerto de hambre · · **j.** informal e irresponsable

5 例にならって、「極めて〜」という意味になるように枠内の語を全て用いて下線部を埋めましょう。

例 ser más _pobre_ que las ratas　ネズミより貧しい → 極めて貧しい

1. ser más .... que el pan
2. ser más .... que el hambre
3. ser más .... que el plomo
4. ser más .... que una mula
5. ser más .... que Judas
6. ser más .... que Picio
7. ser más .... que Matusalén
8. ser más .... que la chaqueta de un guardia

| bueno　falso　feo　listo　pesado　~~pobre~~　terco　vago　viejo |

6 左の文に続く文を右から選び、1対1で結び付けましょう。

1. Marta siempre llega a tiempo. · · **a.** Es muy curiosa.
2. Sara hace amigos con facilidad. · · **b.** Es muy optimista.
3. Eva se toma las cosas por el mejor lado. · · **c.** Es valiente.
4. Ana siempre anda con pies de plomo. · · **d.** Es puntual.
5. Juana suele meter el hocico en todo. · · **e.** Es muy prudente.
6. Begoña tiene agallas. · · **f.** Es extrovertida.

1 1. alto　　2. gordo　　3. mayor　　4. pobre　　5. bueno
6. simpático　　7. aburrido　　8. perezoso　　9. alegre　　10. mentiroso
11. hablador　　12. optimista　　13. valiente　　14. modesto　　15. nervioso

2 1. hermosa　　2. flaco　　3. trabajadora　　4. charlatana　　5. leal
6. necesitada　　7. sensato　　8. cobarde　　9. extrovertido　　10. quieta

3 1. agradable　　2. ignorante　　3. gracioso　　4. generoso　　5. cruel

4 1.-f.　2.-d.　3.-i.　4.-h.　5.-a.　6.-g.　7.-b.　8.-c.　9.-j.　10.-e.

5 1. bueno　2. listo　3. pesado　4. terco　5. falso　6. feo　7. viejo　8. vago

6 1.-d.　2.-f.　3.-b.　4.-e.　5.-a.　6.-c.

9 街の中やその周辺にあるもの

☐ barrio	地区	☐ aeropuerto	空港
☐ zona	地帯	☐ terminal	ターミナル
☐ centro	中心地	☐ estación	駅
☐ casco antiguo	旧市街	☐ parada	停留所
☐ manzana	ブロック	☐ boca de metro	地下鉄の入り口
☐ plaza	広場	☐ edificio	建物
☐ autopista	高速道路	☐ ayuntamiento	市役所
☐ autovía	高速道路	☐ comisaría (de policía)	警察署
☐ carretera	幹線道路	☐ parque de bomberos	消防署
☐ avenida	大通り	☐ oficina de correos	郵便局
☐ paseo	通り、遊歩道	☐ palacio de congresos	国会議事堂
☐ calle	通り	☐ juzgado	裁判所
☐ callejón	路地	☐ embajada	大使館
☐ travesía	抜け道	☐ consulado	領事館
☐ camino	道	☐ legación	公使館
☐ glorieta	ロータリー	☐ oficina de turismo	観光案内所
☐ fuente	噴水	☐ universidad	大学
☐ semáforo	信号 (機)	☐ colegio	(小・中) 学校
☐ farol	街灯	☐ escuela	学校
☐ farola	(大型の) 街路灯	☐ academia	専門学校
☐ paso de cebra	横断歩道	☐ guardería	保育園
☐ calle [zona] peatonal	歩行者天国	☐ laboratorio	研究所
☐ acera	歩道	☐ biblioteca	図書館
☐ calzada	車道	☐ auditorio	公会堂
☐ cuesta	坂	☐ cine	映画館
☐ pasarela	歩道橋	☐ teatro	劇場
☐ paso a nivel	踏切	☐ tablao	タブラオ
☐ puente	橋	☐ museo	博物館
☐ túnel	トンネル、地下道	☐ galería	ギャラリー
☐ aparcamiento	駐車場	☐ discoteca	ディスコ
☐ gasolinera	ガソリンスタンド	☐ acuario	水族館
☐ puerto	港	☐ zoo	動物園
		☐ jardín botánico	植物園

9

☐	parque	公園	☐ prisión	刑務所
☐	parque de atracciones	遊園地	☐ reformatorio	少年院
☐	parque temático	テーマパーク	☐ centro de internamiento	収容施設
☐	planetario	プラネタリウム		
☐	piscina	プール	☐ mercado	市場
☐	gimnasio	体育館、ジム	☐ supermercado	スーパーマーケット
☐	polideportivo	総合スポーツセンター	☐ hipermercado	郊外型スーパー
			☐ tienda de conveniencia	コンビニエンスストア
☐	estadio	スタジアム		
☐	plaza de toros	闘牛場	☐ local	店舗、施設
☐	casino	カジノ	☐ tienda	店
☐	fábrica	工場	☐ (tienda de) todo a cien	100円ショップ
☐	taller	修理工場		
☐	hospital	病院	☐ centro comercial	ショッピングセンター
☐	centro de salud	保健センター	☐ grandes almacenes	デパート
☐	clínica	診療所	☐ estanco	切手及びタバコ屋
☐	sanatorio	療養所	☐ quiosco / kiosco	キオスク
☐	(centro de) urgencias	救急センター	☐ panadería	パン屋
☐	centro de acogida	保護施設	☐ pastelería	ケーキ屋
☐	tanatorio	葬儀場	☐ charcutería	豚肉加工品店
☐	iglesia	教会	☐ farmacia	薬局
☐	mezquita	モスク	☐ tintorería	クリーニング店
☐	sinagoga	シナゴーグ	☐ peluquería	美容院
☐	templo	寺院	☐ salón de belleza	美容院
☐	banco	銀行	☐ bar	バル
☐	caja rural	地方銀行	☐ cafetería	カフェテリア
☐	agencia	代理店	☐ café	カフェ
☐	consultorio	相談所	☐ taberna	居酒屋
☐	bufete	弁護士事務所	☐ mesón	居酒屋
☐	hotel	ホテル	☐ comedor	食堂
☐	residencia universitaria	大学の寮	☐ restaurante	レストラン
☐	residencia de ancianos	老人ホーム	☐ hamburguesería	ハンバーガー屋
☐	asilo	福祉施設	☐ cartel	ポスター
☐	centro de día	デイセンター	☐ bandera	旗
☐	cárcel	刑務所		

練習問題 (解答 p.51)

1 仲間外れの語をひとつ選びましょう。

1. bar　mesón　taberna　piscina
2. semáforo　calle　avenida　carretera
3. universidad　comedor　colegio　escuela
4. clínica　cine　museo　teatro
5. iglesia　mezquita　biblioteca　sinagoga
6. legación　embajada　consulado　juzgado
7. panadería　pastelería　charcutería　tintorería
8. terminal　estanco　parada　estación

2 次の語と関係の深い場所を右から選び、1対1で結び付けましょう。

1. libro　・	・ **a.** acuario
2. fútbol　・	・ **b.** aeropuerto
3. concierto ・	・ **c.** auditorio
4. yoga　・	・ **d.** ayuntamiento
5. tiburón　・	・ **e.** biblioteca
6. tigre　・	・ **f.** estación
7. alcalde　・	・ **g.** estadio
8. médico　・	・ **h.** gimnasio
9. metro　・	・ **i.** hospital
10. azafata　・	・ **j.** zoo

3 スペイン語にしましょう。

1. 住宅地　　　　　　　　　2. 国道
3. タクシー乗り場　　　　　4. バスターミナル
5. 大学病院　　　　　　　　6. 卸売市場
7. 土産物店　　　　　　　　8. 考古学博物館
9. 仏教寺院　　　　　　　10. 在スペイン日本大使館

4 意味を成す表現にするために左右の語句を 1 回ずつ用いて結び付け、日本語に訳しましょう。

1. parada	•	• **a.** de metro
2. agencia	•	• **b.** de transportes
3. paso	•	• **c.** de autobús
4. parque	•	• **d.** de policía
5. boca	•	• **e.** de bomberos
6. comisaría	•	• **f.** de guardia
7. farmacia	•	• **g.** de salud
8. carretera	•	• **h.** de peaje
9. oficina	•	• **i.** de cebra
10. centro	•	• **j.** de correos

5 次のことをする場所を枠内から重複しないように選びましょう。

1. hacer la compra
2. ir de paseo
3. ver películas
4. comprar periódicos, revistas, etc.
5. comer y cenar
6. comprar una medicina
7. ver obras de arte
8. ir de compras, ir al cine, tomar un café
9. comprar sellos, tabaco, etc.
10. abrir una cuenta, ahorrar dinero, cambiar dinero

banco	centro comercial	cine	estanco	farmacia
museo	parque	quiosco	restaurante	supermercado

6 日本語の意味になるように正しい選択肢を選びましょう。

1. すごいマンション　piso de (museo / cine / teatro)
2. 紛れもない真実　　una verdad como (una iglesia / un templo / una mezquita)
3. ものごとに行き詰っている

　　　　　　　　　　estar en (un hospital / una biblioteca / un callejón) sin salida

1 1. piscina　　2. semáforo　　3. comedor　　4. clínica　　5. biblioteca

6. juzgado　　7. tintorería　　8. estanco

2 1.-e.　2.-g.　3.-c.　4.-h.　5.-a.　6.-j.　7.-d.　8.-i.　9.-f.　10.-b.

3 1. zona residencial　　　　2. carretera nacional

3. parada de taxis　　　　4. terminal de autobuses

5. hospital universitario　　6. mercado mayorista

7. tienda de recuerdos　　8. museo arqueológico

9. templo budista　　　　10. Embajada de Japón en España

4 1.-c. バス停　　　2.-b. 運送会社　　　3.-i. 横断歩道

4.-e. 消防署　　　5.-a. 地下鉄の入り口　6.-d. 警察署

7.-f.（当番で夜間や休日に営業している）救急薬局

8.-h. 有料道路　　9.-j. 郵便局　　　　10.-g. 保健センター

5 1. supermercado　2. parque　　3. cine　　4. quiosco

5. restaurante　6. farmacia　7. museo　　8. centro comercial

9. estanco　　10. banco

6 1. cine　2. un templo　3. un callejón

9

10 買 い 物

☐ compra	買い物、購入	☐ artículo	品物、商品
☐ venta	販売	☐ producto	製品
☐ tienda	店	☐ servicio	サービス
☐ pescadería	鮮魚店	☐ escaparate	ショーウィンドウ
☐ carnicería	精肉店	☐ sección de venta	売り場
☐ pollería	鶏肉店	☐ probador	試着室
☐ verdulería	青果店	☐ caja	レジ
☐ frutería	果物店	☐ mostrador	カウンター
☐ panadería	パン屋	☐ precio	値段
☐ pastelería	ケーキ屋	☐ pago	支払い
☐ confitería	菓子店	☐ efectivo	現金
☐ heladería	アイスクリーム屋	☐ tarjeta de crédito	クレジットカード
☐ bodega	酒屋	☐ a plazos	分割で
☐ librería	書店	☐ gastos	費用
☐ papelería	文房具店	☐ gratis	ただで
☐ juguetería	玩具店	☐ pedido	注文
☐ lencería	ランジェリーショップ	☐ factura	請求書
☐ mercería	手芸品店	☐ recibo	領収 (書)
☐ peletería	毛皮製品店	☐ tique [ticket] de compra	(買い物の) レシート
☐ zapatería	靴屋	☐ vuelta	おつり
☐ joyería	宝石店	☐ anticipo	前払金
☐ relojería	時計店	☐ descuento	値引き
☐ óptica	眼鏡店	☐ oferta	特売、特別提供品
☐ farmacia	薬局	☐ rebajas	バーゲンセール
☐ droguería	ドラッグストア	☐ liquidación	大安売り
☐ perfumería	化粧品店	☐ garantía	保証
☐ floristería	花屋	☐ devolución	返却、返品、払戻
☐ tienda de muebles	家具屋	☐ cambio	交換、おつり
☐ ferretería	金物屋	☐ suscripción	サブスクリプション
☐ cadena	チェーン店	☐ consumo	消費
☐ cliente	顧客	☐ caducidad	期限切れ
☐ dependiente	店員		

1 例にならって表を完成させましょう。

	artículo	tienda	persona dedicada a la venta o la producción
例	pan	panadería	panadero, panadera
1.	libro		
2.	pastel		
3.	carne		
4.	pescado		
5.	fruta		
6.	verdura		
7.	zapatos		
8.	joya		
9.	flor		
10.	fármaco, medicamento		

10

2 次の商品が売られている店を右から選び、1対1で結び付けましょう。

1. champú ·		· a. bodega
2. helado ·		· b. carnicería
3. tulipán ·		· c. confitería
4. bolígrafo ·		· d. droguería
5. pera ·		· e. floristería
6. vino ·		· f. frutería
7. pollo ·		· g. heladería
8. atún ·		· h. juguetería
9. ternera ·		· i. óptica
10. botas ·		· j. papelería
11. caramelos ·		· k. pescadería
12. tomate ·		· l. pollería
13. oso de peluche ·		· m. verdulería
14. lentes de contacto ·		· n. zapatería

3 例にならって、枠内の語句をデパートの売り場案内の該当するところに書きましょう。

4.ª	JUGUETES BEBÉS	
3.ª	ELECTRODOMÉSTICOS	
2.ª	HOGAR Y DECORACIÓN MERCERÍA	
1.ª	MODA Y ACCESORIOS	
Baja	PERFUMERÍA Y COSMÉTICA	
Sótano	ALIMENTACIÓN	pan

aguja	aspiradora	biberón	botón
cartera	chaqueta	colonia	cojín
cuna	frigorífico	guantes	infusión
lavadora	marco de fotos	~~pan~~	queso
sartén	sombra de ojos		videojuegos

4 スペイン語にしましょう。

1. オンラインショッピング
2. 注文履歴
3. 雑誌の定期購読
4. クレジットカード払い
5. 小売価格
6. 在庫一掃セール
7. お客様相談カウンター
8. 消費期限
9. ディスカウントショップ
10. スポーツ用品

5 意味を成す表現にするために左右の語句を1回ずつ用いて結び付け、日本語に訳しましょう。

1. descuento   ·   · a. de un año
2. gastos de envío   ·   · b. a domicilio
3. garantía   ·   · c. a plazos
4. fecha   ·   · d. gratis
5. servicio   ·   · e. del diez por ciento
6. pago   ·   · f. de consumo preferente

1 1. librería, librero, librera   2. pastelería, pastelero, pastelera

3. carnicería, carnicero, carnicera   4. pescadería, pescadero, pescadera

5. frutería, frutero, frutera   6. verdulería, verdulero, verdulera

7. zapatería, zapatero, zapatera   8. joyería, joyero, joyera

9. floristería, florero, florera   10. farmacia, farmacéutico, farmacéutica

2 1.-d. 2.-g. 3.-e. 4.-j. 5.-f. 6.-a. 7.-l. 8.-k. 9.-b. 10.-n.

11.-c. 12.-m. 13.-h. 14.-i.

3 4.ª JUGUETES   BEBÉS: biberón, cuna, videojuegos

3.ª ELECTRODOMÉSTICOS: aspiradora, frigorífico, lavadora

2.ª HOGAR Y DECORACIÓN   MERCERÍA: aguja, botón, cojín, marco de fotos, sartén

1.ª MODA Y ACCESORIOS: cartera, chaqueta, guantes

Baja PERFUMERÍA Y COSMÉTICA: colonia, sombra de ojos

Sótano ALIMENTACIÓN: infusión, queso

4 1. compra(s) en línea   2. historial de pedidos

3. suscripción a revistas   4. pago con tarjeta de crédito

5. precio al por menor / precio de venta al público   6. liquidación (total)

7. mostrador de atención al cliente   8. fecha de caducidad

9. tienda de descuento   10. artículos de deporte

5 1.-e. 10%の割引、1割引   2.-d. 送料無料   3.-a. 1年の保証

4.-f. 賞味期限   5.-b. 宅配サービス   6.-c. 分割払い

10

11 衣服・装飾品

☐ ropa	衣服	☐ bañador	水着
☐ prenda	衣類	☐ calzado	履物、靴
☐ vestido	衣類、ドレス	☐ zapatos	靴
☐ traje	スーツ	☐ zapatillas	スニーカー、スリッパ
☐ abrigo	コート、オーバー	☐ botas	ブーツ
☐ impermeable	レインコート	☐ sandalias	サンダル
☐ gabardina	コート	☐ complementos	付属品、小物
☐ cazadora	ジャンパー	☐ sombrero	（つばのある）帽子
☐ chaqueta	上着	☐ gorra	ふちのある帽子
☐ americana	ブレザー	☐ gorro	ふちなし帽子
☐ camisa	シャツ	☐ boina	ベレー帽
☐ blusa	ブラウス	☐ casco	ヘルメット
☐ camiseta	Tシャツ	☐ corbata	ネクタイ
☐ jersey	セーター	☐ pañuelo	ハンカチ、スカーフ
☐ chaleco	ベスト、チョッキ	☐ bufanda	マフラー
☐ falda	スカート	☐ guantes	手袋
☐ pantalones	ズボン	☐ cinturón	ベルト
☐ vaqueros	ジーンズ	☐ bolso	ハンドバッグ
☐ uniforme	制服	☐ bolsa	袋、手提げ
☐ mono	つなぎ	☐ mochila	リュックサック
☐ ropa interior	下着	☐ maletín	アタッシェケース
☐ bragas	パンティー	☐ maleta	スーツケース
☐ calzoncillos	ブリーフ、トランクス	☐ paraguas	傘
☐ medias	ストッキング	☐ bastón	杖
☐ calcetines	ソックス	☐ reloj	時計
☐ sujetador	ブラジャー	☐ gafas	めがね
☐ sostén	ブラジャー	☐ lentillas	コンタクトレンズ
☐ pijama	パジャマ	☐ lentes de contacto	コンタクトレンズ
☐ camisón	ネグリジェ	☐ accesorios	アクセサリー
☐ bata	ガウン	☐ collar	ネックレス
☐ delantal	エプロン	☐ colgante	ペンダント
☐ chándal	ジャージ（上下）	☐ pendientes	イヤリング、ピアス
☐ sudadera	スウェットシャツ	☐ broche	ブローチ

☐ anillo	指輪	☐ coral	サンゴ
☐ sortija	指輪	☐ ámbar	琥珀
☐ alianza	結婚指輪	☐ oro	金
☐ pulsera	ブレスレット	☐ plata	銀
☐ gemelos	カフスボタン	☐ bronce	ブロンズ
☐ moda	流行、ファッション	☐ platino	プラチナ
☐ diseño	デザイン	☐ liso	無地の
☐ marca	ブランド	☐ estampado	プリント柄の
☐ talla	サイズ	☐ de rayas	ストライプの
☐ número	サイズ	☐ de lunares	水玉の
☐ tamaño	サイズ、大きさ	☐ de cuadros	チェックの
☐ cuello	ネック、衣服の首回り	☐ de flores	花柄の
☐ escote	襟ぐり	☐ corto	短い
☐ manga	袖	☐ largo	長い
☐ bolsillo	ポケット	☐ ancho	幅の広い
☐ botón	ボタン	☐ estrecho	幅の狭い
☐ cremallera	ファスナー	☐ ajustado	ぴったりした
☐ cordón	ひも	☐ arrugado	しわのよった
☐ tirantes	肩ひも	☐ plegable	折り畳める
☐ tacón	ヒール	☐ plisado	ひだのついた
☐ algodón	綿	☐ reversible	リバーシブルの
☐ lino	亜麻布、リネン、麻	☐ ponerse	〜を着る
☐ seda	絹、シルク	☐ quitarse	〜を脱ぐ
☐ lana	羊毛、ウール	☐ vestirse	服を着る、身支度する
☐ pana	コーデュロイ	☐ desvestirse	服を脱ぐ
☐ fibra sintética	合成繊維	☐ abrocharse	ベルトを締める、ボタンを掛ける
☐ nailon/nylon	ナイロン		
☐ paja	麦わら	☐ desabrocharse	ベルトやボタンを外す
☐ cuero	なめし革	☐ calzarse	履く
☐ piel	皮、毛皮	☐ descalzarse	履物を脱ぐ
☐ joya	宝石	☐ abrigarse	着込む
☐ diamante	ダイヤモンド	☐ desabrigarse	上に着ているものを脱ぐ
☐ esmeralda	エメラルド	☐ cambiarse	着替える
☐ rubí	ルビー	☐ probarse	試着する
☐ perla	真珠	☐ disfrazarse	変装する

11

練習問題 (解答 p.61)

1 枠内の語を分類して該当するところに書きましょう。

ropa de vestir	
ropa interior	
ropa deportiva	
calzado	
complementos	

> abrigo　　blusa　　bolso　　botas　　bragas
> calzoncillos　camisa　chándal　chaqueta　cinturón
> colgante　pañuelo　sudadera　sujetador　zapatos

2 枠内の語を最も関係のある身体部分のところに書きましょう。

cabeza	
cuello	
mano, muñeca	
pies	

> anillo　boina　bufanda　calcetines　collar　corbata　gorra
> guantes　pulsera　reloj　sandalias　sombrero　zapatillas

3 仲間外れの語をひとつ選びましょう。

1. talla　número　diseño　tamaño
2. pijama　americana　traje　chaqueta
3. bata　lino　seda　lana
4. bolso　mochila　maletín　delantal
5. desvestirse　descalzarse　disfrazarse　quitarse

4 Tシャツの柄の表現を枠内から選び、適切な形にして下線部を埋めましょう。

1.	2.	3.	4.	5.	6.
camiseta	camiseta	camiseta	camiseta	camiseta	camiseta

....

> liso　estampado　de flores　de rayas　de lunares　de cuadros

5 意味を成す表現にするために左右の語句を 1 回ずつ用いて結び付け、日本語に訳しましょう。

1. zapatos ・ ・ a. con escote
2. paraguas ・ ・ b. de sol
3. falda ・ ・ c. de perlas
4. collar ・ ・ d. de tacones altos
5. sombrero ・ ・ e. de paja
6. gafas ・ ・ f. plisada
7. jersey ・ ・ g. cortos
8. pantalones ・ ・ h. plegable

6 次の状況で身に付けたり持って行ったりするのに最もふさわしいものをひとつ選びましょう。

1. asistir a un funeral　　　　　　(traje blanco / impermeable rojo / vestido negro)
2. ir a una entrevista de trabajo　　(camiseta / traje / chándal)
3. ir de vacaciones de verano a la playa　(abrigo / bañador / jersey de lana)
4. asistir a una boda　　　　　　　(vestido largo / vaqueros / sudadera)

7 スペイン語にしましょう。

1. 80年代のファッション　　　　　2. 内ポケット
3. しわになったスカート　　　　　　4. 半袖
5. ハイネック　　　　　　　　　　　6. 綿 100 パーセント
7. レインシューズ　　　　　　　　　8. ぴったりしたズボン

8 左の動詞の意味を右から選び、1対1で結び付けましょう。

1. abrigarse　・
2. abrocharse　・
3. cambiarse　・
4. descalzarse　・
5. probarse　・

・**a.** quitarse los zapatos
・**b.** ponerse una ropa distinta
・**c.** ponerse una prenda para ver cómo le queda
・**d.** cerrar una prenda con broches, botones, etc.
・**e.** protegerse del frío

9 日本語の意味になるように、正しい選択肢を選びましょう。

1. 敬意を示す　　quitarse (el sombrero / la gorra / el gorro)
2. 服などが人にぴったり合う

　　　　　　　　quedarle como (un bañador / un traje / un guante)
3. お節介を焼く　meterse en (bolsillo / camisa / impermeable) de once varas
4. 大喜びである　estar como un niño con (pantalones / vaqueros / zapatos) nuevos
5. 殉職する　　　morir con las (botas / medias / gafas) puestas
6. 寛大である　　tener (camiseta /manga / sudadera) ancha
7. (家庭内の) 主導権を握る　llevar (la cazadora / los pantalones / el casco)
8. 世間は狭い　　El mundo es (una gabardina / un pijama / un pañuelo).
9. 後の祭りだ　　A buenas horas (mangas / botones / cordones) verdes.
10. もうけるどころか大損する　ir por (seda/ lana / lino) y volver trasquilado

10 日本語の意味になるように、枠内の語句を全て用いて下線部を埋めましょう。

1. □をすべらせない　　　　no soltar _____
2. (街頭でのパフォーマンス後に) 金を集める　　pasar _____
3. おあつらえ向きだ　　　　venir como _____ al dedo
4. □を閉ざす　　　　　　　echar _____
5. 出費を切り詰める　　　　apretarse _____
6. 浪費家である　　　　　　tener un agujero en _____
7. 試合で一生懸命戦う　　　sudar _____
8. 一文無しになる　　　　　perder hasta _____

anillo	prenda	el bolsillo	la gorra
la camisa	la camiseta	el cinturón	la cremallera

60

1 ropa de vestir: abrigo, blusa, camisa, chaqueta
ropa interior: bragas, calzoncillos, sujetador
ropa deportiva: chándal, sudadera
calzado: botas, zapatos
complementos: bolso, cinturón, colgante, pañuelo

2 cabeza: boina, gorra, sombrero
cuello: bufanda, collar, cortaba
mano, muñeca: anillo, guantes, pulsera, reloj
pies: calcetines, sandalias, zapatillas

3 1. diseño   2. pijama   3. bata   4. delantal   5. disfrazarse

4 1. de rayas   2. de lunares   3. lisa   4. estampada   5. de cuadros   6. de flores

5 1.-d. ハイヒール   2.-h. 折り畳み傘   3.-f. プリーツスカート
4.-c. 真珠のネックレス   5.-e. 麦わら帽子   6.-b. サングラス
7.-a. 胸元のあいたセーター   8.-g. 半ズボン

6 1. vestido negro   2. traje   3. bañador   4. vestido largo

7 1. moda de los (años) ochenta   2. bolsillo interior
3. falda arrugada   4. manga corta
5. cuello alto   6. algodón cien por cien
7. botas de lluvia [agua/goma]   8. pantalones ajustados

8 1.-e.   2.-d.   3.-b.   4.-a.   5.-c.

9 1. el sombrero   2. un guante   3. camisa   4. zapatos   5. botas
6. manga   7. los pantalones   8. un pañuelo   9. mangas   10. lana

10 1. prenda   2. la gorra   3. anillo   4. la cremallera
5. el cinturón   6. el bolsillo   7. la camiseta   8. la camisa

11

12 家の中やその周辺にあるもの

☐ vivienda	住居	
☐ casa	家	
☐ hogar	家庭	
☐ piso	マンション、階	
☐ apartamento	アパート	
☐ chalé	別荘	
☐ inmobiliaria	不動産会社	
☐ alquiler	賃貸	
☐ habitación	部屋	
☐ cuarto	部屋	
☐ sala	居間	
☐ salón	居間	
☐ cuarto de estar	居間	
☐ dormitorio	寝室	
☐ estudio	書斎	
☐ cocina	台所	
☐ comedor	食堂	
☐ cuarto de baño	浴室、トイレ	
☐ despensa	食料貯蔵室	
☐ sótano	地下室	
☐ ático	屋根裏部屋	
☐ pasillo	廊下	
☐ portal	玄関	
☐ entrada	入口、玄関	
☐ recibidor	玄関ホール	
☐ terraza	ベランダ	
☐ balcón	バルコニー	
☐ azotea	屋上	
☐ garaje	ガレージ	
☐ jardín	庭	
☐ patio	中庭	
☐ portería	管理人室	
☐ ascensor	エレベーター	

☐ escalera	階段、はしご	
☐ descansillo	踊り場	
☐ tejado	屋根	
☐ techo	天井	
☐ pared	壁	
☐ suelo	床	
☐ columna	柱	
☐ puerta	ドア	
☐ pomo	（ドアなどの）取っ手	
☐ mirilla	のぞき穴（窓）	
☐ ventana	窓	
☐ interruptor	スイッチ	
☐ enchufe	コンセント	
☐ mueble	家具	
☐ cama	ベッド	
☐ cuna	揺りかご	
☐ mesilla	サイドテーブル	
☐ armario	洋服だんす	
☐ cajón	引き出し	
☐ estantería	棚、本棚	
☐ estante	棚、棚板	
☐ mesa	机	
☐ escritorio	事務机	
☐ silla	椅子	
☐ sillón	肘掛け椅子	
☐ sofá	ソファー	
☐ taburete	スツール	
☐ mecedora	ロッキングチェア	
☐ tocador	鏡台	
☐ fregadero	流し、シンク	
☐ horno	オーブン	
☐ hornillo de gas	コンロ	
☐ tostadora/tostador	トースター	

☐ cafetera	コーヒーメーカー	☐ alfombra	じゅうたん
☐ microondas	電子レンジ	☐ colchón	マットレス
☐ frigorífico	冷蔵庫	☐ colcha	ベッドカバー
☐ nevera	冷蔵庫	☐ sábana	シーツ
☐ congelador	冷凍庫	☐ almohada	枕
☐ lavaplatos	食器洗浄機	☐ manta	毛布
☐ lavavajillas	食器洗浄機	☐ edredón	羽根布団
☐ bañera	浴槽	☐ cojín	クッション
☐ ducha	シャワー	☐ peluche	ぬいぐるみ
☐ lavabo	洗面台、洗面所	☐ juguete	おもちゃ
☐ retrete	便器	☐ papelera	くずかご
☐ inodoro	水洗トイレ、便器	☐ paragüero	傘立て
☐ bidé	ビデ	☐ perchero	洋服掛け、コート掛け
☐ espejo	鏡	☐ percha	ハンガー
☐ toallero	タオル掛け	☐ cuadro	絵
☐ alfombrilla	マット	☐ marco	枠、額縁
☐ grifo	蛇口	☐ reloj	時計
☐ (tubo de) desagüe	排水管	☐ despertador	目覚まし時計
☐ aire acondicionado	エアコン	☐ timbre	呼び鈴
☐ chimenea	暖炉、煙突	☐ interfono	インターホン
☐ calefacción	暖房	☐ videoportero	モニター付きインターホン
☐ estufa	ストーブ		
☐ ventilador	扇風機、換気扇	☐ alarma	警報装置
☐ televisor	テレビ	☐ llave	鍵
☐ televisión	テレビ	☐ cerradura	かんぬき、錠
☐ equipo de música	ステレオコンポ	☐ panel solar	ソーラーパネル
☐ vídeo / video	ビデオ	☐ placa solar	ソーラーパネル
☐ aspiradora	掃除機	☐ toldo	日よけ
☐ plancha	アイロン	☐ buzón	郵便受け
☐ lavadora	洗濯機	☐ planta	(鉢植えの) 植物、階
☐ lámpara	電灯、電気スタンド	☐ maceta	植木鉢
☐ cortina	カーテン	☐ jarrón	壺、花瓶
☐ persiana	ブラインド		

12

1 間取り図を見て、それぞれの場所の名前を枠内から選んで書きましょう。

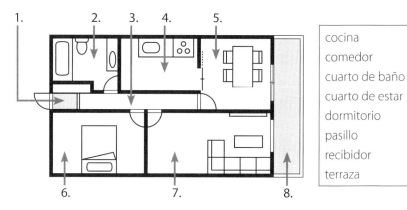

1.　　2.　　3.　　4.　　5.

6.　　　　7.　　　　8.

cocina

comedor

cuarto de baño

cuarto de estar

dormitorio

pasillo

recibidor

terraza

2 左のことをするために使うものを右から選び、1対1で結び付けましょう。

1. dormir　　　　　　　　　・　　　　　　　・ **a.** armario

2. escribir y comer　　　　・　　　　　　　・ **b.** silla

3. calentar la comida　　　・　　　　　　　・ **c.** cama

4. guardar la ropa　　　　 ・　　　　　　　・ **d.** espejo

5. colocar los libros　　　 ・　　　　　　　・ **e.** persiana

6. tirar cosas inservibles　・　　　　　　　・ **f.** mesa

7. subir o bajar la temperatura ・　　　　　・ **g.** microondas

8. dejar o no dejar pasar la luz ・　　　　　・ **h.** estantería

9. sentarse　　　　　　　 ・　　　　　　　・ **i.** papelera

10. mirarse　　　　　　　 ・　　　　　　　・ **j.** aire acondicionado

3 通常次の場所にあるものを枠内から2つずつ選びましょう。

1. dormitorio　　2. cocina　　　3. cuarto de baño　　4. salón

5. recibidor　　　6. garaje　　　7. balcón　　　　　　8. jardín

cama	césped	coche	frigorífico	lavabo	lavaplatos
maceta	mesilla de noche	moto	paragüero	perchero	
piscina	retrete	sillón	televisor	toldo	

4 左の語句と関係の深い語句を右から選び、1対1で結び付けましょう。

1. puerta	•	• a. sábana
2. mesa	•	• b. despertador
3. armario	•	• c. panel solar
4. sofá	•	• d. alfombra
5. cama	•	• e. mantel
6. ventana	•	• f. cuadro
7. tejado	•	• g. percha
8. pared	•	• h. conserva
9. suelo	•	• i. grifo
10. mesilla de noche	•	• j. cortina
11. fregadero	•	• k. mirilla
12. despensa	•	• l. cojín

5 日本語に訳しましょう。

1. piso piloto
2. ciudad dormitorio
3. sin techo
4. cortina de agua
5. robot de cocina
6. ropa de cama
7. mesa de tijera
8. armario de luna
9. baño (de) María
10. casa de tócame Roque

6 スペイン語にしましょう。

1. 借家
2. 集合住宅
3. テラスハウス
4. 高級マンション
5. 引き戸
6. 掛け時計
7. 作り付けのたんす
8. システムキッチン
9. 電気オーブン
10. 床暖房
11. コードレス掃除機
12. スチームアイロン

7 意味を成す表現にするために左右の語句を 1 回ずつ用いて結び付け、日本語に訳しましょう。

1. cama   •   • **a.** de música
2. escalera •   • **b.** de voz
3. lámpara •   • **c.** de hidromasaje
4. equipo   •   • **d.** de emergencia
5. tabla   •   • **e.** de pie
6. buzón   •   • **f.** de desagüe
7. bañera •   • **g.** de matrimonio
8. tubo   •   • **h.** de planchar

8 日本語の意味になるように、正しい選択肢を選びましょう。

1. 限界に達する   tocar (puerta / balcón / techo)
2. カミングアウトする   salir del (armario / garaje / dormitorio)
3. とても安い   estar (en el descansillo / por los suelos / debajo de la alfombra)
4. 本末転倒なことをする   empezar la casa por (la pared / la entrada / el tejado)
5. 散財する   echar la casa por (la ventana / la entrada / el portal)
6. 他人のことをとやかく言える立場ではない

        tener (el tejado / las ventanas / el timbre) de vidrio

9 日本語の意味になるように、枠内の語句を全て用いて下線部を埋めましょう。

1. 長居する   calentar _____
2. 秘密をあばく   tirar de _____
3. かんかんに怒る   subirse por _____
4. 熟考する   consultar con _____
5. 子供を過保護に育てる   criar en _____
6. 経済的援助を止める   cerrar _____
7. 逃げ道を残しておく   dejar _____ abierta
8. 機が熟していない   no estar _____ para bollos

la almohada	estufa	el grifo	el horno
la manta	las paredes	una puerta	la silla

1 1. recibidor　2. cuarto de baño　3. pasillo　　4. cocina
5. comedor　6. dormitorio　　7. cuarto de estar　8. terraza

2 1.-c.　2.-f.　3.-g.　4.-a.　5.-h.　6.-i.　7.-j.　8.-e.　9.-b.　10.-d.

3 1. cama, mesilla de noche　　2. frigorífico, lavaplatos
3. lavabo, retrete　　4. sillón, televisor
5. paragüero, perchero　　6. coche, moto
7. maceta, toldo　　8. césped, piscina

4 1.-k.　2.-e.　3.-g.　4.-l.　5.-a.　6.-j.　7.-c.　8.-f.　9.-d.　10.-b.　11.-i.　12.-h.

5 1. モデルルーム　　2. ベッドタウン
3. ホームレス　　4. 土砂降りの雨
5. フードプロセッサー　　6.（シーツ、ベッドカバーなどの）寝具
7. 折り畳み式テーブル　　8. 姿見付きのたんす
9. 湯煎　　10. 無秩序な場所

6 1. casa de alquiler　　2. vivienda plurifamiliar
3. chalé adosado　　4. piso de lujo
5. puerta corrediza　　6. reloj de pared
7. armario empotrado　　8. muebles de cocina
9. horno eléctrico　　10. calefacción por suelo radiante
11. aspiradora sin cable　　12. plancha de vapor

7 1.-g. ダブルベッド　　2.-d. 非常階段　　3.-e. フロアスタンド
4.-a. システムコンポ　　5.-h. アイロン台　　6.-b. ボイスメール
7.-c. ジャグジーバス　　8.-f. 排水管

8 1. techo　　2. armario　　3. por los suelos　　4. el tejado
5. la ventana　6. el tejado

9 1. la silla　　2. la manta　　3. las paredes　　4. la almohada
5. estufa　　6. el grifo　　7. una puerta　　8. el horno

12

13 生活用品

☐	higiene	衛生	☐	sombra de ojos	アイシャドウ
☐	champú	シャンプー	☐	colorete	チーク
☐	acondicionador	リンス	☐	pintalabios	口紅
☐	jabón	石鹸	☐	lápiz de labios	リップスティック
☐	esponja	スポンジ	☐	rímel	マスカラ
☐	gorro de ducha	シャワーキャップ	☐	desmaquillador	クレンジング
☐	toalla	タオル	☐	perfume	香水
☐	alfombrilla de baño	バスマット	☐	colonia	コロン
☐	secador	ドライヤー	☐	esmalte de uñas	マニキュア
☐	cepillo de pelo	ヘアブラシ	☐	quitaesmaltes	除光液
☐	peine	くし	☐	desodorante	脱臭剤、制汗剤
☐	horquilla	ヘアピン	☐	bronceador	サンオイル
☐	cepillo de dientes	歯ブラシ	☐	solución	溶液
☐	pasta de dientes	練り歯磨き	☐	limpieza	掃除
☐	dentífrico	歯磨き粉	☐	aspiradora	掃除機
☐	hilo dental	デンタルフロス	☐	escoba	ほうき
☐	enjuague bucal	マウスウォッシュ	☐	recogedor	ちりとり
☐	maquinilla (de afeitar)	安全カミソリ、電気カミソリ	☐	plumero	はたき
			☐	fregona	モップ
☐	cuchilla	カミソリの刃	☐	cubo	バケツ
☐	máquina de afeitar	電気カミソリ	☐	bolsa de basura	ゴミ袋
☐	cortaúñas	爪切り	☐	trapo	ふきん、ぞうきん
☐	pinza	毛抜き、洗濯挟み	☐	estropajo	たわし、スポンジ
☐	papel higiénico	トイレットペーパー	☐	lavavajillas	食器用洗剤
☐	compresa	生理用ナプキン	☐	detergente	洗剤
☐	pañal	おむつ	☐	suavizante	柔軟剤
☐	pañuelo	ハンカチ	☐	lejía	漂白剤
☐	pañuelo de papel	ティッシュ	☐	cera	ワックス
☐	mascarilla	マスク	☐	naftalina	ナフタリン
☐	cosmético	化粧品	☐	insecticida	殺虫剤
☐	crema	クリーム	☐	ambientador	芳香剤
☐	loción	ローション	☐	bombilla	電球
☐	base de maquillaje	ファンデーション	☐	pila	電池

☐	cerilla	マッチ		☐	cremallera	ファスナー
☐	vela	ロウソク		☐	botón	ボタン
☐	apósito	傷の手当用品		☐	cordón	ひも
☐	algodón	コットン		☐	cadena	鎖、チェーン
☐	venda	包帯		☐	cinta	リボン、テープ
☐	gasa	ガーゼ		☐	encaje	レース
☐	tirita	絆創膏		☐	tela	布
☐	bastoncillo	綿棒		☐	sello	切手
☐	alcohol	アルコール		☐	postal	絵葉書
☐	medicamento	薬		☐	bricolaje	日曜大工
☐	pastilla	錠剤		☐	clavo	釘
☐	antibiótico	抗生物質		☐	tornillo	ねじ
☐	antiséptico	消毒薬		☐	destornillador	ドライバー
☐	calmante	鎮静剤、鎮痛剤		☐	martillo	ハンマー
☐	tranquilizante	鎮静剤		☐	alicate	ペンチ
☐	somnífero	睡眠薬		☐	sierra	のこぎり
☐	jarabe	シロップ		☐	taladro	ドリル
☐	vitamina	ビタミン		☐	rodillo	ローラー
☐	pomada	軟膏		☐	metro	巻き尺、ものさし
☐	supositorio	座薬		☐	pala	シャベル、スコップ
☐	gotas para los ojos	目薬		☐	pico	つるはし
☐	bolsa de hielo	氷のう		☐	azulejo	タイル
☐	biberón	哺乳瓶		☐	cemento	セメント
☐	chupete	おしゃぶり		☐	hormigón	コンクリート
☐	balanza	秤		☐	cristal	ガラス
☐	termómetro	温度計、体温計		☐	vidrio	ガラス
☐	costura	裁縫		☐	ladrillo	レンガ
☐	aguja	針		☐	madera	木
☐	hilo	糸		☐	metal	金属
☐	tijeras	はさみ		☐	piedra	石
☐	alfiler	ピン		☐	papel	紙
☐	pin	ピン		☐	aluminio	アルミニウム
☐	imperdible	安全ピン				

13

練 習 問 題 （解答 p.73）

1 枠内の語句を分類して該当するところに書きましょう。

medicamento	
cosmético	
limpieza	
costura	
bricolaje	

antibiótico	base de maquillaje	botón	destornillador	detergente
martillo	pintalabios	tela	tranquilizante	trapo

2 左のことと関係の深い語を右から選び、1対1で結び付けましょう。

1. cortar   ·   · **a.** acondicionador
2. secarse   ·   · **b.** balanza
3. pesar   ·   · **c.** calmante
4. tranquilizar el dolor   ·   · **d.** horquilla
5. proteger pequeñas heridas   ·   · **e.** peine
6. suavizar el cabello   ·   · **f.** tijeras
7. sujetar el pelo   ·   · **g.** tirita
8. desenredar el pelo   ·   · **h.** toalla

3 日本語の意味になるように、枠内の語句を全て用いて下線部を埋めましょう。

1. 点眼薬   ＿＿＿＿＿ para ＿＿＿＿＿
2. 咳止めシロップ   ＿＿＿＿＿ para ＿＿＿＿＿
3. オーデコロン   ＿＿＿＿＿ de ＿＿＿＿＿
4. シャワーキャップ   ＿＿＿＿＿ de ＿＿＿＿＿
5. アルミホイル   ＿＿＿＿＿ de ＿＿＿＿＿
6. 電気カミソリ   ＿＿＿＿＿ de ＿＿＿＿＿

afeitar	agua	aluminio	colonia	ducha	gorro
gotas	jarabe	máquina	papel	la tos	los ojos

4 仲間外れの語句をひとつ選びましょう。

1. biberón   bronceador   chupete   pañal
2. antiséptico   somnífero   cortaúñas   supositorio
3. espejo   venda   gasa   tirita
4. hilo   aguja   termómetro   tijeras
5. sombra de ojos   colorete   lápiz de labios   insecticida
6. escoba   pinza   aspiradora   fregona

5 意味を成す表現にするために左右の語を1回ずつ用いて結び付け、日本語に訳しましょう。

1. papel   •   • **a.** ambiental
2. jabón   •   • **b.** dentífrica
3. lápiz   •   • **c.** bucal
4. crema   •   • **d.** anticaspa
5. pasta   •   • **e.** higiénico
6. champú   •   • **f.** hidratante
7. desodorante   •   • **g.** líquido
8. enjuague   •   • **h.** labial

6 意味を成す表現にするために左右の語句を1回ずつ用いて結び付け、日本語に訳しましょう。

1. bolsa   •   • **a.** de algodón
2. cepillo   •   • **b.** de cocina
3. jabón   •   • **c.** de seguridad
4. loción   •   • **d.** de dientes
5. pin   •   • **e.** de hielo
6. bastoncillo   •   • **f.** para lentes de contacto
7. solución   •   • **g.** para después del afeitado
8. balanza   •   • **h.** en polvo

7 スペイン語にしましょう。

1. ハンドタオル
2. ヘアブラシ
3. 中性洗剤
4. ビニール袋
5. 充電池
6. 超薄型生理用ナプキン
7. チェーンソー
8. 使い捨てマスク
9. LED 電球
10. ゴミバケツ

8 日本語の意味になるように、正しい選択肢を選びましょう。

1. さじを投げる　　　　　　tirar (la cuchara / el plumero / la toalla)
2. 不可能なことを試みる　　buscar (una aguja / un cordón / un botón) en un pajar
3. 危険にさらされている　　colgar de (una cinta / un hilo / una venda)
4. ひどい怠け者である　　　no dar ni (crema / vela / clavo)
5. (ものごとを) 水に流す　pasar (la fregona / el trapo / la esponja)
6. 満員である　　　　　　　no caber ni (un alfiler / un cepillo / una horquilla)
7. エネルギーを補給する　　cargar (el taladro / las pilas / la vitamina)
8. 啞然とする　　　　　　　quedarse de (papel / piedra / metal)

9 日本語の意味になるように、枠内の語句を全て用いて下線部を埋めましょう。

1. 大酒飲みである　　　　　　　beber como _____
2. しくじる　　　　　　　　　　no vender ni _____
3. 未熟である　　　　　　　　　estar en _____
4. 大事に育てられる　　　　　　criarse entre _____
5. 思い知る　　　　　　　　　　enterarse de lo que vale _____
6. 目を覚まさせる　　　　　　　quitar _____ de los ojos a alguien
7. 自分のことは自分でやれる　　conocer _____ de marear
8. それを手本に自戒する　　　　mirarse en ese _____
9. 懲らしめる　　　　　　　　　dar a alguien _____ de palo
10. 胸につかえていたことを吐き出す　sacar _____ sucios a relucir

la aguja	la venda	los trapos	una esponja	una escoba
un peine	algodones	espejo	jarabe	pañales

1 medicamento: antibiótico, tranquilizante
cosmético: base de maquillaje, pintalabios
limpieza: detergente, trapo
costura: botón, tela
bricolaje: destornillador, martillo

2 1.-f.　2.-h.　3.-b.　4.-c.　5.-g.　6.-a.　7.-d.　8.-e.

3 1. gotas, los ojos　　2. jarabe, la tos　　3. agua, colonia
4. gorro, ducha　　5. papel, aluminio　　6. máquina, afeitar

4 1. bronceador　2. cortaúñas　3. espejo　4. termómetro　5. insecticida　6. pinza

5 1.-e. トイレットペーパー　　2.-g. 液体せっけん
3.-h. リップペンシル　　4.-f. モイスチャークリーム
5.-b. 練り歯磨き　　6.-d. ふけ防止シャンプー
7.-a. 部屋などの消臭剤　　8.-c. マウスウオッシュ

6 1.-e. 氷のう　　2.-d. 歯ブラシ
3.-h. 粉せっけん　　4.-g. アフターシェーブローション
5.-c. 安全ピン　　6.-a. 綿棒
7.-f. コンタクトレンズ洗浄液　　8.-b. キッチンスケール

7 1. toalla de manos　　2. cepillo de pelo
3. detergente neutro　　4. bolsa de plástico
5. pila recargable　　6. compresa extrafina
7. motosierra / sierra de cadena　　8. mascarilla desechable
9. bombilla LED　　10. cubo de basura

8 1. la toalla　　2. una aguja　　3. un hilo　　4. clavo　　5. la esponja
6. un alfiler　　7. las pilas　　8. piedra

9 1. una esponja　2. una escoba　3. pañales　4. algodones　5. un peine
6. la venda　　7. la aguja　　8. espejo　　9. jarabe　　10. los trapos

14 食べもの・料理

☐	verdura	野菜
☐	aguacate	アボカド
☐	ajo	ニンニク
☐	apio	セロリ
☐	berenjena	ナス
☐	calabacín	ズッキーニ
☐	calabaza	カボチャ
☐	cebolla	タマネギ
☐	chile	トウガラシ
☐	col	キャベツ
☐	coliflor	カリフラワー
☐	espárrago	アスパラガス
☐	espinaca	ホウレンソウ
☐	jengibre	ショウガ
☐	lechuga	レタス
☐	maíz	トウモロコシ
☐	patata	ジャガイモ
☐	pepino	キュウリ
☐	perejil	パセリ
☐	pimiento	ピーマン
☐	puerro	ネギ
☐	tomate	トマト
☐	zanahoria	ニンジン
☐	hongo	キノコ
☐	seta	キノコ
☐	champiñón	マッシュルーム
☐	fruta	果物
☐	albaricoque	アンズ
☐	cereza	サクランボ
☐	ciruela	プラム
☐	fresa	イチゴ
☐	higo	イチジク
☐	limón	レモン

☐	manzana	リンゴ
☐	melocotón	桃
☐	melón	メロン
☐	naranja	オレンジ
☐	pera	梨
☐	piña	パイナップル
☐	plátano	バナナ
☐	pomelo	グレープフルーツ
☐	sandía	スイカ
☐	uva	ブドウ
☐	fruto	果実、実
☐	almendra	アーモンド
☐	cacahuete	ピーナッツ
☐	castaña	栗
☐	nuez	クルミ
☐	oliva	オリーブ
☐	legumbre	豆類
☐	garbanzo	ヒヨコ豆
☐	guisante	グリーンピース
☐	judía	インゲン豆
☐	lenteja	レンズ豆
☐	carne	肉
☐	cerdo	豚肉
☐	cordero	子羊の肉
☐	ternera	子牛の肉
☐	vaca	牛肉
☐	pollo	鶏肉
☐	huevo	卵
☐	yema	(卵の) 黄身
☐	clara	(卵の) 白身
☐	embutido	腸詰
☐	chorizo	チョリソ
☐	salchicha	ソーセージ

☐ tocino	ベーコン	☐ caramelo	キャラメル
☐ jamón	ハム	☐ chicle	チューインガム
☐ pescado	魚	☐ chocolate	チョコレート
☐ atún	マグロ	☐ flan	プリン
☐ bacalao	タラ	☐ galleta	ビスケット
☐ boquerón	カタクチイワシ	☐ helado	アイスクリーム
☐ salmón	サケ、サーモン	☐ sorbete	シャーベット
☐ sardina	イワシ	☐ tarta	ケーキ
☐ marisco	海産物	☐ miel	ハチミツ
☐ almeja	アサリ	☐ mermelada	ジャム
☐ calamar	イカ	☐ pan	パン
☐ gamba	エビ	☐ bollo	菓子パン
☐ langosta	ロブスター	☐ arroz	米
☐ langostino	車海老	☐ cereal	シリアル
☐ mejillón	ムール貝	☐ harina	小麦粉
☐ ostra	牡蠣	☐ conserva	（缶詰、瓶詰などの）保存食品
☐ pulpo	タコ		
☐ vieira	ホタテ	☐ bebida	飲みもの
☐ alga	海藻	☐ agua	水
☐ (producto) lácteo	乳製品	☐ agua mineral	ミネラルウォーター
☐ mantequilla	バター	☐ caña	生ビール
☐ queso	チーズ	☐ cerveza	ビール
☐ yogur	ヨーグルト	☐ champán	シャンパン
☐ condimento	調味料	☐ café	コーヒー
☐ aceite	油	☐ gaseosa	炭酸水
☐ azúcar	砂糖	☐ ginebra	ジン
☐ canela	シナモン	☐ infusión	ハーブティー
☐ vainilla	バニラ	☐ leche	牛乳
☐ mayonesa/mahonesa	マヨネーズ	☐ limonada	レモネード
☐ mostaza	マスタード	☐ manzanilla	カモミールティー
☐ pimienta	コショウ	☐ refresco	清涼飲料水
☐ sal	塩	☐ sangría	サングリア
☐ salsa de soja [soya]	醤油	☐ sidra	シードル
☐ vinagre	酢	☐ té	紅茶
☐ dulce	甘い菓子	☐ vino	ワイン
☐ bombón	チョコレート菓子	☐ zumo	ジュース

14

☐ menú	メニュー	☐ palillos	はし
☐ entrada	前菜、オードブル	☐ tenedor	フォーク
☐ primer plato	前菜	☐ cuchara	スプーン
☐ segundo plato	主菜	☐ cucharada	大さじ
☐ postre	デザート	☐ cucharadita	小さじ
☐ tapas	タパス、酒のつまみ	☐ cucharón	おたま
☐ bocadillo	ボカディージョ	☐ abrelatas	缶切り
☐ croqueta	コロッケ	☐ balanza	秤
☐ empanada	パイ	☐ exprimidor	レモンなどの搾り器
☐ ensalada	サラダ	☐ licuadora	ジューサー
☐ filete	ヒレ肉、切り身	☐ sacacorchos	コルク抜き、栓抜き
☐ hamburguesa	ハンバーガー	☐ mantel	テーブルクロス
☐ pizza	ピザ	☐ servilleta	ナプキン
☐ sopa	スープ	☐ botella	瓶
☐ tortilla	オムレツ、トルティージャ	☐ botellín	小瓶
☐ tostada	トースト	☐ bolsa	袋
☐ desayuno	朝食	☐ caja	箱
☐ comida	食べもの、食事、昼食	☐ lata	缶詰
☐ merienda	おやつ	☐ paquete	パック、箱
☐ cena	夕食	☐ tarro	広口瓶
☐ gastronomía	料理法	☐ bote	広口瓶、缶
☐ cocina	料理	☐ gramo	グラム
☐ nutrición	栄養	☐ kilo	キログラム
☐ receta	レシピ	☐ litro	リットル
☐ cazuela	浅い土鍋	☐ docena	ダース
☐ olla	鍋、深鍋	☐ barra	棒状のもの
☐ sartén	フライパン	☐ diente	ニンニクのかけら
☐ bandeja	盆、トレイ	☐ loncha	スライス
☐ cuenco	ボウル	☐ manojo	束、ひとつかみ
☐ fuente	大皿	☐ pizca	少量
☐ plato	皿、料理	☐ racimo	果実の房
☐ copa	グラス	☐ ración	ひと皿分
☐ jarra	水差し、ピッチャー	☐ raja	くし形に切ったひと切れ
☐ taza	カップ	☐ rebanada	パンなどの1枚
☐ vaso	グラス、コップ	☐ rodaja	レモンなどの輪切り
☐ cuchillo	ナイフ	☐ terrón	砂糖などの塊

☐ trozo	ひとかけら	☐ añadir	加える
☐ al gusto	お好みで	☐ asar	(直火・オーブンなどで) 焼く
☐ sabor	味	☐ batir	泡立てる
☐ ácido	酸っぱい	☐ calentar	温める
☐ agrio	酸っぱい	☐ cocer	煮る、ゆでる
☐ agridulce	甘酸っぱい	☐ cocinar	料理する
☐ amargo	苦い	☐ colar	濾す、水を切る
☐ dulce	甘い	☐ condimentar	味付けをする
☐ picante	辛い	☐ congelar	冷凍する
☐ salado	しょっぱい	☐ cortar	切る
☐ soso	風味がない	☐ derretir	溶かす
☐ desayunar	朝食をとる	☐ dorar	きつね色に焼く、揚げる
☐ comer	食べる、昼食をとる	☐ enfriar	冷ます
☐ almorzar	昼食をとる	☐ escurrir	水を切る
☐ merendar	おやつを食べる	☐ exprimir	搾る
☐ cenar	夕食をとる	☐ freír	揚げる、炒める
☐ beber	飲む	☐ guisar	料理する
☐ alimentar	食べものを与える	☐ hervir	沸騰させる、沸かす
☐ brindar	乾杯する	☐ lavar	洗う
☐ consumir	消費する	☐ mojar	湿らす、浸す
☐ chupar	しゃぶる、なめる	☐ moler	砕く、粉にする
☐ degustar	試食する	☐ mezclar	混ぜ合わせる
☐ devorar	むさぼる	☐ picar	細かく刻む
☐ digerir	消化する	☐ pelar	皮をむく
☐ ingerir	飲み込む	☐ pesar	計る
☐ masticar	かむ、かみ砕く	☐ rallar	(おろし金で) すりおろす
☐ morder	かみつく	☐ rebozar	衣をつける
☐ probar	試食する	☐ remojar	水などに浸す
☐ saborear	味わう	☐ remover	かき回す
☐ servir	食べものを取り分ける	☐ revolver	かき混ぜる
☐ sorber	口で吸う、吸い込む	☐ saltear	軽く炒める
☐ tragar	飲み込む	☐ sofreír	軽く炒める、さっと揚げる
☐ ahumar	燻製にする	☐ tostar	きつね色に焼く
☐ amasar	こねる、練る	☐ untar	塗る
☐ aliñar	味付けをする	☐ verter	注ぐ

14

1 枠内の語を分類して該当するところに書きましょう。

verduras	
frutas	
legumbres	
carne	
pescado	
mariscos	
lácteos	

almeja   bacalao   berenjena   boquerón   calabacín   calamar   cerdo
cordero   garbanzo   judía   lenteja   mantequilla   mejillón   melocotón
plátano   queso   sandía   sardina   ternera   yogur   zanahoria

2 スペイン語にしましょう。

1. ブラックコーヒー
2. レモンティー
3. 辛口ワイン
4. ノンアルコールビール
5. バニラアイス
6. ミックスサラダ
7. チーズバーガー
8. ファストフード
9. ヴィーガン食
10. 有機野菜

3 仲間外れの語をひとつ選びましょう。

1. zumo   limonada   leche   chorizo
2. lechuga   cebolla   pera   perejil
3. azúcar   fresa   pimienta   sal
4. cazuela   olla   sartén   mantel
5. cuchillo   tenedor   servilleta   palillos
6. vinagre   botella   jarra   vaso

4 スペイン語にしましょう。

1. 牛乳コップ1杯
2. 紅茶カップ1杯
3. ワイングラス1杯
4. 砂糖大さじ1
5. 酢小さじ1
6. 塩ひとつまみ
7. チーズ300グラム
8. 水1リットル
9. 卵1ダース
10. お好みでマスタード

5 日本語の意味になるように下線部を埋めましょう。

1. オリーブオイル1本　　una ＿＿＿＿＿＿ de aceite de oliva
2. マーマレード1瓶　　un ＿＿＿＿＿＿ de mermelada
3. ビール小瓶1本　　un ＿＿＿＿＿＿ de cerveza
4. ツナの缶詰1缶　　una ＿＿＿＿＿＿ de atún
5. ポテトチップス1袋　　una ＿＿＿＿＿＿ de patatas fritas
6. 小麦粉1パック　　un ＿＿＿＿＿＿ de harina
7. チョコレート1箱　　una ＿＿＿＿＿＿ de bombones
8. アイスキューブ1個　　un ＿＿＿＿＿＿ de hielo
9. 角砂糖1個　　un ＿＿＿＿＿＿ de azúcar
10. ケーキひと切れ　　un ＿＿＿＿＿＿ de tarta

6 例にならって、枠内の語を全て用いてスペイン語にしましょう。

例　メロンひと切れ　　un <u>raja</u> de <u>melón</u>

1. バゲット1本
2. アスパラガス1束
3. レモンの輪切り1枚
4. ニンニクひと片
5. ブドウひと房
6. ピザひと切れ
7. ハムひと切れ
8. サーモンひと切れ

barra	diente	filete
loncha	manojo	racimo
~~raja~~	rebanada	rodaja

ajo	espárragos	jamón
limón	~~melón~~	pan
pizza	salmón	uvas

7 例にならって、枠内の語を全て用い、必要であれば適切な形にしてスペイン語にしましょう。

例　ゆで卵　<u>huevo pasado</u> por agua

1. 溶き卵
2. スモークサーモン
3. ローストチキン
4. タマネギのみじん切り
5. パン粉
6. ゆでトウモロコシ
7. 冷凍肉
8. グラウンドコーヒー
9. 絞りレモン
10. 味付け海苔

algas	café	carne	cebolla
~~huevo~~	huevo	maíz	
limón	pan	pollo	salmón

ahumar	asar	batir	condimentar
cocer	congelar		exprimir
moler	~~pasar~~	picar	rallar

8 例にならって、次の動詞に対応する名詞を書きましょう。

例　desayunar（朝食をとる）→ desayuno（朝食）

1. comer
2. almorzar
3. cenar
4. merendar
5. beber
6. tragar
7. digerir
8. alimentar
9. consumir
10. degustar
11. sorber
12. brindar

9 次のことをするのに必要な道具を枠内から重複しないように選びましょう。

1. para freír un huevo
2. para abrir una botella de vino
3. para pelar una patata
4. para hacer un zumo de naranja
5. para hacer un zumo de manzana
6. para calentar una sopa
7. para pesar la harina
8. para abrir un bote de conserva

abrelatas	balanza	cuchillo	exprimidor
licuadora	olla	sacacorchos	sartén

10 次の味がする飲食物を枠内から重複しないように選びましょう。

1. ácido　　2. amargo　　3. dulce　　4. picante　　5. salado

| jamón | azúcar | limón | chile | café |

11 日本語の意味になるように、正しい選択肢を選びましょう。

1. 伴侶　　　　　　　　media (naranja / manzana / cereza)
2. 仏頂面　　　　　　　cara de (aceite / pimienta / vinagre)
3. 野暮ったい人　　　　pan sin (mantequilla / sal / miel)
4. 価値のないもの　　　(un perejil / una col / un pimiento)
5. 仕方ない　　　　　　(ajo / puerro / seta) y (vino / agua / leche)
6. はみ出し者　　　　　(arroz / chorizo / garbanzo) negro
7. やっかいな問題　　　(berenjena / patata / cebolla) caliente
8. すし詰め状態　　　　como (boquerones / calamares / sardinas) en lata
9. 飴と鞭　　　　　　　palo y (calabacín / zanahoria / plátano)
10. 大騒ぎ　　　　　　　(olla / sartén / horno) de grillos

12 日本語の意味になるように、枠内の語を全て用いて下線部を埋めましょう。

1. 朝飯前だ　　　　　　　　　　　　ser ＿＿＿＿＿ comido
2. 不機嫌である　　　　　　　　　　estar de mala ＿＿＿＿＿
3. 試験に落ちる　　　　　　　　　　recibir ＿＿＿＿＿
4. 没頭している　　　　　　　　　　estar metido en ＿＿＿＿＿
5. 主張を和らげる　　　　　　　　　echar ＿＿＿＿＿ al vino
6. びくびくしている　　　　　　　　estar como un ＿＿＿＿＿
7. 親のすねをかじって暮らす　　　　vivir a la ＿＿＿＿＿ boba
8. 一層ひどい思いをさせる　　　　　echar ＿＿＿＿＿ en las llagas
9. グループ内で決定権を持っている　cortar el ＿＿＿＿＿
10. 厚かましいことこの上ない　　　　ser más fresco que una ＿＿＿＿＿

| agua | bacalao | calabazas | flan | harina |
| leche | lechuga | pan | sal | sopa |

1 verduras: berenjena, calabacín, zanahoria
frutas: melocotón, plátano, sandía
legumbres: garbanzo, judía, lenteja
carne: cerdo, cordero, ternera
pescado: bacalao, boquerón, sardina
mariscos: almeja, calamar, mejillón
lácteos: mantequilla, queso, yogur

2 1. café solo   2. té con limón
3. vino seco   4. cerveza sin alcohol
5. helado de vainilla   6. ensalada mixta
7. hamburguesa con queso   8. comida rápida
9. comida vegana   10. verduras orgánicas

3 1. chorizo   2. pera   3. fresa   4. mantel   5. servilleta   6. vinagre

4 1. un vaso de leche   2. una taza de té
3. una copa [un vaso] de vino   4. una cucharada de azúcar
5. una cucharadita de vinagre   6. una pizca de sal
7. trescientos gramos de queso   8. un litro de agua
9. una docena de huevos   10. mostaza al gusto

5 1. botella   2. tarro/bote   3. botellín   4. lata   5. bolsa
6. paquete   7. caja   8. cubito   9. terrón   10. trozo/pedazo

6 1. una barra de pan   2. un manojo de espárragos
3. una rodaja de limón   4. un diente de ajo
5. un racimo de uvas   6. una rebanada de pizza
7. una loncha de jamón   8. un filete de salmón

7 1. huevo batido   2. salmón ahumado
3. pollo asado   4. cebolla picada
5. pan rallado   6. maíz cocido
7. carne congelada   8. café molido
9. limón exprimido   10. algas condimentadas

8 1. comida   2. almuerzo   3. cena   4. merienda
5. bebida   6. trago   7. digestión   8. alimento/alimentación
9. consumo   10. degustación   11. sorbo   12. brindis

9 1. sartén   2. sacacorchos   3. cuchillo   4. exprimidor
5. licuadora   6. olla   7. balanza   8. abrelatas

10	1. limón	2. café	3. azúcar	4. chile	5. jamón
11	1. naranja	2. vinagre	3. sal	4. un pimiento	5. ajo, agua
	6. garbanzo	7. patata	8. sardinas	9. zanahoria	10. olla
12	1. pan	2. leche	3. calabazas	4. harina	5. agua
	6. flan	7. sopa	8. sal	9. bacalao	10. lechuga

14

15 物の描写

☐	abierto	開いた	☐ completo	完全な
☐	aburrido	つまらない	☐ complicado	複雑な
☐	afirmativo	肯定的な、賛成の	☐ común	共通の
☐	agradable	心地よい	☐ confortable	快適な
☐	ajeno	他人の	☐ conocido	有名な、知られた
☐	alto	（高さが）高い	☐ constante	不変の、絶え間ない
☐	amplio	広い	☐ conveniente	都合のいい
☐	ancho	幅の広い	☐ correcto	正確な
☐	anticuado	時代遅れの	☐ corriente	普通の、現行の
☐	antiguo	古い	☐ corto	短い
☐	arriesgado	危険な、大胆な	☐ crudo	生の
☐	áspero	粗い、でこぼこの	☐ curvo	曲がった
☐	atípico	典型的でない	☐ débil	弱い
☐	auténtico	本物の	☐ defectuoso	欠陥のある
☐	automático	自動の	☐ delicado	繊細な、微妙な
☐	barato	値段の安い	☐ delicioso	おいしい
☐	básico	基本的な	☐ desagradable	不愉快な
☐	bello	美しい	☐ difícil	難しい
☐	beneficioso	利益となる	☐ distinto	異なる
☐	blanco	白い	☐ dudoso	疑わしい
☐	blando	やわらかい	☐ dulce	甘い
☐	bonito	きれいな	☐ duro	硬い
☐	breve	短い	☐ eficaz	効果のある
☐	brillante	光り輝く	☐ elegante	上品な
☐	bueno	よい、おいしい	☐ elevado	高い、上昇した
☐	cálido	熱い、暑い	☐ enorme	巨大な
☐	caliente	熱い	☐ entero	全体の
☐	caluroso	暑い	☐ entretenido	面白い、楽しい
☐	caro	値段の高い	☐ esencial	本質的な
☐	cerrado	閉じた	☐ especial	特別な
☐	cierto	確かな	☐ espiritual	精神の
☐	claro	明らかな	☐ estrecho	幅の狭い
☐	cómodo	快適な	☐ estupendo	すばらしい

☐	eterno	永遠の	☐	increíble	信じられない
☐	excelente	優れた	☐	informal	正式でない、カジュアルな
☐	extranjero	外国の	☐	ingenioso	才能に富んだ
☐	extraño	奇妙な	☐	inmenso	広大な
☐	fácil	易しい	☐	insignificante	取るに足らない
☐	falso	偽りの	☐	insoportable	我慢ならない
☐	famoso	有名な	☐	interesante	面白い
☐	fenomenal	すごい、すてきな	☐	internacional	国際的な
☐	fértil	肥沃な	☐	inútil	役に立たない
☐	fino	薄い、細い	☐	justificado	正当と認められた
☐	firme	確固たる	☐	justo	公正な
☐	flexible	柔軟な、しなやかな	☐	largo	長い
☐	formal	形式的な、正式の	☐	lento	遅い、ゆっくりした
☐	fresco	新鮮な	☐	leve	軽微な、軽量の
☐	frío	寒い、冷たい	☐	libre	自由な、空いた
☐	fuerte	強い	☐	ligero	軽い
☐	fundamental	基本的な	☐	limpio	清潔な
☐	general	全体的な、一般的な	☐	liso	滑らかな、平らな、無地の
☐	genial	天才的な、すばらしい	☐	listo	用意のできた
☐	gigante	巨大な	☐	llano	平らな、平易な
☐	gordo	太い、分厚い	☐	lleno	いっぱいの
☐	grande	大きい	☐	lógico	当然の
☐	grave	重大な	☐	magnífico	すばらしい
☐	grueso	厚い、太い	☐	malo	悪い
☐	habitual	ふだんの	☐	maravilloso	驚くべき
☐	hermoso	美しい	☐	máximo	最大の、最高の
☐	holgado	ゆったりとした	☐	mejor	よりよい
☐	hondo	深い	☐	mínimo	最小の、最低の
☐	húmedo	湿った	☐	mismo	同じ
☐	ideal	理想的な	☐	moderno	近代の、最新の
☐	igual	等しい	☐	nacional	国の
☐	impecable	欠点のない	☐	natural	自然の、当然の
☐	importante	重要な、かなりの	☐	necesario	必要な
☐	impresionante	印象的な	☐	negativo	否定的な
☐	incómodo	心地よくない	☐	normal	普通の
☐	incorrecto	正しくない、不適切な	☐	nuevo	新しい

15

☐	obligatorio	義務的な	☐	real	現実の、王の
☐	ocupado	使用中の	☐	recto	まっすぐな
☐	oficial	公式の	☐	rentable	利益になる
☐	oportuno	適切な	☐	rico	おいしい、豊かな
☐	óptimo	最高の	☐	ridículo	こっけいな
☐	ordenado	順序正しい、整然とした	☐	rígido	硬い、厳しい
☐	ordinario	平凡な	☐	rojo	赤い
☐	original	独創的な	☐	ruidoso	騒がしい
☐	oscuro	暗い	☐	seco	乾いた
☐	parcial	部分的な	☐	seguro	確かな
☐	parecido	似た	☐	semejante	似た
☐	particular	特有の	☐	sencillo	簡単な、簡素な
☐	pasado	時代遅れの	☐	similar	類似した
☐	peligroso	危険な	☐	simple	単純な
☐	peor	さらに悪い	☐	simultáneo	同時の
☐	pequeño	小さい	☐	singular	並外れた、奇妙な
☐	perfecto	完璧な	☐	suave	柔らかな、穏やかな
☐	pesado	重たい	☐	sucio	汚れた
☐	pésimo	最悪の	☐	suelto	固定されていない
☐	popular	人気のある	☐	teórico	理論的な
☐	positivo	肯定的な	☐	terrible	恐ろしい、ひどい
☐	práctico	実用的な	☐	tieso	硬直した
☐	precioso	貴重な、美しい	☐	típico	典型的な、特有の
☐	preciso	必要な、正確な	☐	tranquilo	穏やかな、静かな
☐	preparado	準備の整った	☐	tremendo	ものすごい、恐ろしい
☐	privado	私的な、民営の	☐	triste	悲しい
☐	problemático	問題のある	☐	último	最後の
☐	profundo	深い	☐	único	唯一の、独自の
☐	prohibido	禁止された	☐	útil	役に立つ
☐	propio	固有の	☐	vacío	空の
☐	protegido	保護された	☐	válido	有効な
☐	puro	純粋な	☐	valioso	貴重な
☐	rancio	古い	☐	verdadero	本当の
☐	rápido	速い	☐	vicioso	悪習の、欠陥のある
☐	raro	まれな、奇妙な	☐	viejo	古い
☐	razonable	理にかなった	☐	vulgar	俗悪な、並みの、民衆の

1 反対語を書きましょう。

1. corto	2. grande	3. ancho
4. difícil	5. caro	6. correcto
7. agradable	8. típico	9. negativo
10. mejor	11. mínimo	12. óptimo

2 左右が反対の意味になるように、枠内の語を適切な形にして下線部を埋めましょう。

1. una bicicleta <u>nueva</u> ↔ una bicicleta _____
2. una puerta <u>cerrada</u> ↔ una puerta _____
3. un programa <u>interesante</u> ↔ un programa _____
4. un taxi <u>ocupado</u> ↔ un taxi _____
5. una mesa <u>limpia</u> ↔ una mesa _____
6. un barrio <u>tranquilo</u> ↔ un barrio _____
7. una toalla <u>húmeda</u> ↔ una toalla _____
8. un hilo <u>fino</u> ↔ un hilo _____
9. unos zapatos <u>incómodos</u> ↔ unos zapatos _____
10. un carácter <u>flexible</u> ↔ un carácter _____
11. una herida <u>leve</u> ↔ una herida _____
12. una amistad <u>verdadera</u> ↔ una amistad _____
13. una línea <u>curva</u> ↔ una línea _____
14. la piel <u>áspera</u> ↔ la piel _____
15. una camisa <u>ajustada</u> ↔ una camisa _____
16. un sistema <u>anticuado</u> ↔ un sistema _____
17. una comida <u>pesada</u> ↔ una comida _____
18. una moneda <u>fuerte</u> ↔ una moneda _____

15

abierto	aburrido	confortable	débil	falso	grave
grueso	holgado	libre	ligero	moderno	recto
rígido	ruidoso	seco	suave	sucio	viejo

3 仲間外れの語をひとつ選びましょう。

1. bonito   hermoso   bello   seguro
2. enorme   inmenso   gigante   genial
3. fenomenal   magnífico   espiritual   maravilloso
4. impresionante   normal   habitual   corriente
5. famoso   puro   conocido   popular
6. viejo   antiguo   rancio   dudoso
7. fundamental   cómodo   básico   esencial
8. útil   práctico   complicado   eficaz

4 左右が同じ意味になるように、枠内の語を適切な形にして下線部を埋めましょう。

1. un libro <u>grueso</u>   =   un libro _____
2. una idea <u>estupenda</u>   =   una idea _____
3. un caso <u>similar</u>   =   un caso _____
4. una paella <u>rica</u>   =   una paella _____
5. un pozo <u>hondo</u>   =   un pozo _____
6. un precio <u>alto</u>   =   un precio _____
7. un gesto <u>raro</u>   =   un gesto _____
8. un día <u>completo</u>   =   un día _____
9. una obra <u>única</u>   =   una obra _____
10. un proceso <u>arriesgado</u>   =   un proceso _____
11. una coartada <u>impecable</u>   =   una coartada _____
12. una decisión <u>razonable</u>   =   una decisión _____
13. un negocio <u>beneficioso</u>   =   un negocio _____
14. un lugar <u>oportuno</u>   =   un lugar _____
15. una película <u>divertida</u>   =   una película _____

conveniente	delicioso	elevado	entero	entretenido
excelente	extraño	gordo	lógico	peligroso
perfecto	profundo	rentable	semejante	singular

5 日本語に訳しましょう。

1. un país rico
2. un desayuno rico
3. una noticia importante
4. un número importante de pacientes
5. un tren lento
6. a fuego lento
7. un edificio alto
8. en voz alta
9. la alta Edad Media
10. una cortina lisa
11. el pelo liso
12. un terreno liso
13. un camino llano
14. un lenguaje llano

6 例にならって、当てはまる語を枠内から選んで下線部を埋めましょう。

| 例 | blanco como la nieve | 雪のように白い（決まった表現） |

1. _____ como el rayo
2. _____ como una pluma
3. _____ como una roca
4. _____ como el mar
5. _____ como un elefante
6. _____ como un palo de escoba
7. _____ como la miel
8. _____ como el agua
9. _____ como un tomate
10. _____ como un día sin pan

blanco	claro	dulce	duro	grande	largo
ligero	profundo	rápido	rojo	tieso	

7 意味を成す表現にするために左右の語を 1 回ずつ用いて結び付け、日本語に訳しましょう。

1. pescado •
2. habitación •
3. calor •
4. opinión •
5. dirección •
6. programa •
7. colchón •
8. joya •

• a. amplia
• b. blando
• c. crudo
• d. entretenido
• e. insoportable
• f. prohibida
• g. valiosa
• h. vulgar

15

1 1. largo　　　2. pequeño　　　3. estrecho
4. fácil　　　5. barato　　　6. incorrecto
7. desagradable　　8. atípico　　9. afirmativo/positivo
10. peor　　　11. máximo　　　12. pésimo

2 1. vieja　　2. abierta　　3. aburrido　　4. libre　　5. sucia
6. ruidoso　　7. seca　　8. grueso　　9. confortables　10. rígido
11. grave　　12. falsa　　13. recta　　14. suave　　15. holgada
16. moderno　17. ligera　　18. débil

3 1. seguro　　2. genial　　3. espiritual　　4. impresionante　5. puro
6. dudoso　　7. cómodo　　8. complicado

4 1. gordo　　2. excelente　　3. semejante　　4. deliciosa　　5. profundo
6. elevado　　7. extraño　　8. entero　　9. singular　　10. peligroso
11. perfecta　12. lógica　　13. rentable　　14. conveniente　15. entretenida

5 1. 豊かな国　　2. おいしい朝食　　3. 重要な知らせ　　4. かなりの数の患者
5. 低速の電車　6. 弱火で　　7. 高い建物　　8. 大きい声で
9. 中世前期　　10. 無地のカーテン　11. ストレートヘア　12. 平らな土地
13. 平らな道　14. 平易な言葉使い

6 1. rápido　　2. ligero　　3. duro　　4. profundo
5. grande　　6. tieso　　7. dulce　　8. claro
9. rojo　　10. largo

7 1.-c. 刺身、生魚　　　2.-a. 広い部屋　　　3.-e. 耐え難い暑さ
4.-h. ありふれた意見　5.-f. （交通標識）進入禁止　6.-d. 面白い番組
7.-b. 柔らかいマットレス　8.-g. 高価な宝石

16 色

☐ color	色	☐ naranja	オレンジ色の
☐ color cálido	暖色	☐ negro	黒い
☐ color frío	寒色	☐ oscuro	暗色の
☐ amarillo	黄色い	☐ pardo	褐色の
☐ amarillo dorado	山吹色の	☐ plateado	銀色の
☐ amarillo verdoso	黄緑色の	☐ rojo	赤い
☐ amarillento	黄色みを帯びた	☐ rojo anaranjado	オレンジみを帯びた赤の
☐ anaranjado	オレンジ色の	☐ rojizo	赤みを帯びた
☐ añil	藍色の	☐ rosa	ピンクの
☐ azul	青い	☐ rosado	バラ色の
☐ azul celeste	空色の	☐ tinto	（ワインが）赤の
☐ azul marino	ネービーブルーの	☐ transparente	透明な
☐ azul violáceo	青紫の	☐ tricolor	三色の
☐ azulado	青みを帯びた	☐ variopinto	色とりどりの
☐ beis／beige	ベージュの	☐ verde	緑の
☐ blanco	白い	☐ verde azulado	青緑の
☐ blanco lechoso	乳白色の	☐ verde esmeralda	エメラルドグリーンの
☐ castaño	栗色の	☐ verde menta	ミントグリーンの
☐ cobrizo	銅色の	☐ verde (de) musgo	モスグリーンの
☐ colorado	赤い	☐ verde oliva	オリーブグリーンの
☐ dorado	金色の	☐ verdoso	緑みを帯びた
☐ granate	暗赤色の	☐ violeta	すみれ色の
☐ gris	灰色の	☐ violeta rojizo	赤紫の
☐ gris perla	パールグレーの	☐ violáceo	すみれ色の
☐ gualdo	黄色い	☐ amarillear*1	黄色くなる
☐ incoloro	無色の	☐ azular	青くなる
☐ índigo	藍色の	☐ blanquear*2	白くなる
☐ marrón	茶色い	☐ ennegrecer*3	黒くなる
☐ morado	紫の	☐ enrojecer*4	赤くなる
☐ monocolor	単色の	☐ grisear	灰色になる
☐ multicolor	多色の	☐ verdear	緑色になる

*1 amarillar, *2 emblanquecer, *3 negrecer, *4 rojear

16

1 枠内の語を分類して該当するところに書きましょう。

colores cálidos	
colores fríos	

amarillo   azul   naranja   rojo

2 絵の具を混ぜた場合を考え、例にならって（ ）の中に入る色を書きましょう。

   例   rojo + blanco = (rosa)

1. rojo + amarillo = (   )
2. blanco + negro = (   )
3. azul + amarillo = (   )
4. (   ) + azul = violeta
5. azul + (   ) = azul celeste
6. rojo + amarillo + azul = (   )

3 例にならって、（ ）の中には枠内から選んだ国名を、下線部にはそれらの国の国旗の色を書きましょう。

   例   Japón y (Polonia)   rojo y blanco

1. Francia y (   ) ....
2. Italia y (   ) ....
3. Bélgica y (   ) ....
4. Finlandia y (   ) ....
5. Dinamarca y (   ) ....
6. Colombia y (   ) ....
7. China y (   ) ....
8. Kuwait y (   ) ....

Argentina	Canadá	España	México
Países Bajos	~~Polonia~~	Rumanía Sudán	Uganda

4 日本語の意味になるように、正しい選択肢を選びましょう。

1. 青信号　　　　　semáforo (azul / verde / morado)
2. 赤ワイン　　　　vino (morado / rojo / tinto)
3. 紅茶　　　　　　té (tinto / negro / marrón)
4. 緑茶　　　　　　té (beige / amarillo / verde)
5. 青魚　　　　　　pescado (verde / azul / azulado)
6. 茶髪　　　　　　pelo (moreno / castaño / marrón)
7. 白夜　　　　　　noche (blanca / gris / transparente)
8. 教育白書　　　　Libro (Blanco / Dorado / Gris) de la Educación
9. 黒幕　　　　　　eminencia (negra / gris / marrón)
10. 真っ赤な嘘　　　mentira (roja / como el sol / como una casa)

5 日本語に訳しましょう。

1. novela negra
2. números rojos
3. persona gris
4. sangre azul
5. elefante blanco
6. oveja negra
7. príncipe azul
8. chiste verde

6 例にならって、枠内から最も適切な語を選んで下線部を埋めましょう。

> 例　transparente como el agua

1. ＿＿＿＿＿ como la nieve
2. ＿＿＿＿＿ como el cielo
3. ＿＿＿＿＿ como el campo
4. ＿＿＿＿＿ como el carbón
5. ＿＿＿＿＿ como el sol
6. ＿＿＿＿＿ como un tomate

amarillo	azul	blanco	negro
rojo	~~transparente~~		verde

7 日本語の意味になるように、下線部を埋めましょう。

1. 暗い色の目　ojos _____
2. ベージュの手袋　guantes _____
3. 三色旗　bandera _____
4. 無色の液体　líquido _____
5. 黒ずんだ壁　pared _____
6. 黄ばんだ服　ropa _____

8 スペイン語にしましょう。

1. ブラックリスト
2. 黒板
3. 黒砂糖
4. 白衣
5. 白鳥
6. 白黒映画
7. 青白い顔
8. 白熱した議論
9. 白昼堂々と
10. 赤道
11. 赤信号
12. 赤ちゃん
13. 赤点をとる
14. 青二才
15. 卵黄
16. 黄色い声
17. 緑地帯
18. 緑内障

9 日本語の意味になるように、枠内の語を用いて下線部を埋めましょう。複数回使う語もあります。

1. 赤面する　ponerse _____
2. 苛立つ　ponerse _____
3. 人を激しく叱る　ponerle _____ a alguien
4. 腹いっぱい食べる　ponerse _____
5. 何が何だか分からなくなる　quedarse en _____
6. (果物などが) 熟していない　estar _____
7. 徹夜する　pasar la noche en _____
8. 全てを楽観する　ver todo de color _____
9. 比べ物にならない　no haber _____
10. (愚かで) 何も理解していない　no distinguir lo _____ de lo _____

blanco	color	morado	negro	rojo	rosa	verde

1 colores cálidos: amarillo, naranja, rojo
colores fríos: azul

2 1. naranja, anaranjado 2. gris 3. verde 4. rojo 5. blanco 6. negro

3 1. Países Bajos: azul, blanco y rojo 2. México: verde, blanco y rojo
3. Uganda: negro, rojo y amarillo 4. Argentina: blanco y azul celeste
5. Canadá: rojo y blanco 6. Rumanía: amarillo, azul y rojo
7. España: rojo y amarillo 8. Sudán: verde, blanco, rojo y negro

4 1. verde 2. tinto 3. negro 4. verde 5. azul
6. castaño 7. blanca 8. Blanco 9. gris 10. como una casa

5 1. ギャング小説 2. 赤字 3. ぱっとしない人 4. 貴族の生まれ、名門の出
5. 無用の長物 6. 厄介者、はみだし者 7. 理想の男性 8. 猥談

6 1. blanco 2. azul 3. verde 4. negro 5. amarillo 6. rojo

7 1. oscuros 2. beis / beige（性数不変） 3. tricolor
4. incoloro 5. ennegrecida 6. amarillenta

8 1. lista negra 2. pizarra 3. azúcar moreno
4. bata 5. cisne 6. película en blanco y negro
7. cara pálida 8. discusión acalorada 9. a plena luz del día
10. ecuador 11. semáforo rojo 12. bebé
13. suspender 14. niñato 15. yema
16. voz chillona 17. zona verde 18. glaucoma

9 1. rojo 2. negro 3. verde 4. morado 5. blanco
6. verde 7. blanco 8. rosa 9. color 10. blanco, negro

16

17 日々の生活

☐ despertarse	目覚める	
☐ apagar el despertador	目覚まし時計を止める	
☐ levantarse	起きる	
☐ madrugar	早起きする	
☐ acostarse	寝る	
☐ ir a la cama	就寝する	
☐ dormir	眠る	
☐ dormir la siesta	昼寝をする	
☐ descansar	休息する	
☐ ducharse	シャワーを浴びる	
☐ bañarse	入浴する	
☐ asearse	身だしなみを整える	
☐ lavarse los dientes	歯磨きする	
☐ secarse las manos	手をふく	
☐ afeitarse	ひげを剃る	
☐ maquillarse	化粧をする	
☐ pintarse los labios	口紅を塗る	
☐ peinarse	髪をとかす	
☐ arreglarse el pelo	髪を整える	
☐ ponerse crema en la cara	顔にクリームを塗る	
☐ mirarse en el espejo	鏡で自分を見る	
☐ cortarse las uñas	爪を切る	
☐ vestirse	服を着る	
☐ ponerse la camisa	ワイシャツを着る	
☐ desnudarse	服を脱ぐ	
☐ salir de casa	家を出る	
☐ volver a casa	家に戻る	
☐ regresar a casa	家に帰る	
☐ estar en casa	家にいる	
☐ ir al trabajo	仕事に行く	
☐ esperar el autobús	バスを待つ	
☐ tomar el tren	電車に乗る	
☐ subir al tren	電車に乗る	
☐ bajar del tren	電車を降りる	
☐ cambiar de tren	電車を乗り換える	
☐ perder el metro	地下鉄に乗り遅れる	
☐ conducir	運転する	
☐ aparcar el coche	駐車する	
☐ andar	歩く	
☐ caminar	歩く	
☐ cruzar una calle	通りを渡る	
☐ llegar al trabajo	職場に着く	
☐ empezar a trabajar	働き始める	
☐ terminar de trabajar	働き終える	
☐ llamar a un cliente	顧客に電話する	
☐ escribir un informe	報告書を書く	
☐ enviar un mensaje	メールを送信する	
☐ preparar una presentación	プレゼンの準備をする	
☐ trabajar por horas	アルバイトをする	
☐ llevar a los niños a...	子供を…に連れて行く	
☐ acompañar a los niños	子供と一緒に行く	
☐ recoger a los niños	子供を迎えに行く	
☐ buscar a los niños	子供を迎えに行く	
☐ asistir a clase	授業に出席する	
☐ estudiar	勉強する	
☐ aprender inglés	英語を学ぶ	
☐ hacer los deberes	宿題をする	
☐ repasar	復習する	
☐ desayunar	朝食をとる	
☐ comer	昼食をとる	
☐ almorzar	昼食をとる	
☐ cenar	夕食をとる	
☐ merendar	おやつを食べる	

☐ tomar un aperitivo	食前酒を飲む	☐ abrir una botella	瓶を開ける
☐ beber agua	水を飲む	☐ cerrar una ventana	窓を閉める
☐ hacer (la) sobremesa	食後のひとときを過ごす	☐ escuchar la radio	ラジオを聴く
		☐ ver la televisión	テレビを見る
☐ fumar	煙草を吸う	☐ leer el periódico	新聞を読む
☐ cocinar	料理する	☐ pedir un libro por internet	ネットで本を注文する
☐ preparar la comida	食事を用意する		
☐ usar microondas	電子レンジを使う	☐ recibir un paquete	小包を受け取る
☐ poner la mesa	食卓の用意をする	☐ ir al cine	映画に行く
☐ servir la comida	食事を出す	☐ visitar un museo	博物館を訪れる
☐ fregar los platos	皿を洗う	☐ dibujar	絵を描く
☐ poner el lavavajillas	食洗機をかける	☐ cantar	歌う
☐ ir de compras	買い物に行く	☐ bailar	踊る
☐ hacer la compra	買い物をする	☐ ir de tapas	飲みに行く
☐ ir al supermercado	スーパーへ行く	☐ pasear al perro	犬の散歩をする
☐ hacer una lista de compras	買い物リストを作る	☐ ir al gimnasio	ジムに行く
		☐ hacer ejercicio físico	運動をする
☐ comprar pan	パンを買う	☐ correr	走る
☐ pagar	支払う	☐ practicar yoga	ヨガをする
☐ lavar la ropa	洗濯をする	☐ jugar al tenis	テニスをする
☐ tender la ropa	服を干す	☐ saludar a los vecinos	隣人に挨拶する
☐ recoger la ropa	服を取り込む	☐ hablar con los amigos	友人と話す
☐ doblar la ropa	服をたたむ	☐ charlar	おしゃべりする
☐ planchar la ropa	服にアイロンをかける	☐ contar un chiste	笑い話をする
☐ guardar la ropa	服をしまう	☐ informar de un asunto	ある件を報告する
☐ ordenar la casa	家を片付ける	☐ ayudar a un amigo	友人を手伝う
☐ pasar la aspiradora	掃除機をかける	☐ discutir con la familia	家族と言い争う
☐ barrer el suelo	床を掃く	☐ obedecer a los padres	両親に従う
☐ limpiar los cristales	ガラスを磨く	☐ mentir	嘘をつく
☐ quitar el polvo	ほこりを払う	☐ alegrarse	喜ぶ
☐ sacar la basura	ゴミを出す	☐ preocuparse	心配する
☐ hacer la cama	ベッドメイクする	☐ enfadarse	怒る
☐ cambiar las sábanas	シーツを替える	☐ quejarse	不平を言う
☐ regar las plantas	植物に水をやる	☐ llorar	泣く
☐ apagar la luz	電気を消す	☐ reír	笑う
☐ encender el gas	ガスをつける	☐ sonreír	微笑む

17

練 習 問 題 （解答 p.101）

1 意味を成す表現にするために左右の語句を1回ずつ用いて結び付け、日本語に訳しましょう。

1. escuchar ・   ・ a. la cama
2. hacer ・   ・ b. el lavavajillas
3. pasar ・   ・ c. las camisas
4. pasear ・   ・ d. la televisión
5. pintarse ・   ・ e. la radio
6. planchar ・   ・ f. los labios
7. ver ・   ・ g. la aspiradora
8. poner ・   ・ h. al perro

2 左の場所と関連のある行動を右から選び、1対1で結び付けましょう。

1. balcón ・   ・ a. ducharse
2. cocina ・   ・ b. recoger a los niños
3. comedor ・   ・ c. ir de tapas
4. cuarto de baño ・ ・ d. tender la ropa
5. dormitorio ・   ・ e. poner la mesa el domingo
6. guardería ・   ・ f. hacer la cama
7. gimnasio ・   ・ g. hacer la compra
8. bar ・   ・ h. hacer ejercicio físico
9. supermercado ・   ・ i. asistir a clase
10. universidad ・   ・ j. fregar los platos

3 仲間外れの語句をひとつ選びましょう。

1. cenar desayunar leer merendar
2. despertarse peinarse afeitarse maquillarse
3. ir al gimnasio hacer ejercicio correr ver la televisión
4. cocinar ir al cine poner la mesa fregar los platos
5. limpiar los cristales regar las plantas pasar la aspiradora quitar el polvo
6. llamar a un cliente escribir un informe preparar una presentación
  pasear al perro

4 左の行動と関連のある語句を右から選び、1 対 1 で結び付けましょう。

1. afeitarse ・　　　　　　・ a. champú
2. barrer ・　　　　　　・ b. secador
3. cocinar ・　　　　　　・ c. pasta dentífrica
4. fregar los platos ・　　　　　　・ d. jabón
5. lavarse el pelo ・　　　　　　・ e. pinzas
6. lavarse las manos ・　　　　　　・ f. maquinilla
7. lavarse los dientes ・　　　　　　・ g. trapo
8. quitar el polvo ・　　　　　　・ h. escoba
9. secarse el pelo ・　　　　　　・ i. estropajo
10. tender la ropa ・　　　　　　・ j. sartén

5 通常の状況において、左右の行動で先に行う方に ✓ を入れましょう。

1. (　) cenar (　) lavarse los dientes
2. (　) lavarse el pelo (　) secarse el pelo
3. (　) ducharse (　) hacer ejercicio
4. (　) comer (　) tomar el aperitivo
5. (　) tomar el metro (　) salir de casa
6. (　) llegar al trabajo (　) llevar a los niños a la guardería
7. (　) desnudarse (　) bañarse
8. (　) ir al supermercado (　) hacer una lista de compras
9. (　) quitar el polvo (　) barrer el suelo
10. (　) ir a la cama (　) ponerse crema hidratante en la cara

6 次の行動の通常の順番を (　) の中に 1 から書きましょう。

a. (　) doblar la ropa
b. (　) guardar la ropa
c. (　) lavar la ropa
d. (　) recoger la ropa del tendedero
e. (　) tender la ropa

7 起きてから寝るまでの行動の通常の順番を（　）の中に 1 から書きましょう。

a. (　) acostarse　　　　　　　　　b. (　) cenar en casa

c. (　) comer con un cliente　　　　d. (　) desayunar en un bar

e. (　) empezar a trabajar　　　　　f. (　) levantarse

g. (　) salir de casa para ir al trabajo　h. (　) terminar de trabajar

i. (　) vestirse　　　　　　　　　　j. (　) volver a casa

8 適切な選択肢を選びましょう。

1. Después de comer solemos (tomar el aperitivo / hacer la sobremesa).

2. Todas las mañanas (voy a buscar / acompaño) a los niños al colegio.

3. Juan no se encuentra bien. Quiere (levantarse / acostarse) pronto.

4. Esta noche voy a (desayunar / cenar) con mis amigos.

5. Mi hija siempre (se maquilla / se toma un vaso de leche) antes de dormir.

6. Si tienes un examen mañana, ¿no deberías (repasar / ver la televisión) esta noche?

7. Tengo que (sacar / tender) la basura porque el cubo está lleno.

8. Para (fregar / limpiar) bien los cristales de la ventana necesito un trapo.

9 意味を成す文にするために枠内の語を全て用いて下線部を埋めましょう。

1. Tienes que .... a mano la ropa delicada.

2. Mi madre solía .... el periódico en el tren de camino al trabajo.

3. Es necesario .... el suelo de vez en cuando.

4. Pedro se encarga de .... la comida todos los días.

5. Este fin de semana quiero .... al teatro con mis amigos.

6. No queda casi nada en el frigorífico. Voy a .... la compra hoy mismo.

7. Algunas personas creen que .... las uñas de noche trae mala suerte.

8. .... con el pie izquierdo es sinónimo de levantarse con mala suerte.

barrer cortarse hacer ir lavar leer levantarse preparar

1 1.-e. ラジオを聴く　　　　2.-a. ベッドメイクする
3.-g. 掃除機をかける　　　　4.-h. 犬の散歩をする
5.-f. 口紅を塗る　　　　　　6.-c. ワイシャツにアイロンをかける
7.-d. テレビを見る　　　　　8.-b. 食洗機をかける

2 1.-d.　2.-j.　3.-e.　4.-a.　5.-f.　6.-b.　7.-h.　8.-c.　9.-g.　10.-i.

3 1. leer　　　　　2. despertarse　　　　3. ver la televisión
4. ir al cine　　　5. regar las plantas　　6. pasear al perro

4 1.-f.　2.-h.　3.-j.　4.-i.　5.-a.　6.-d.　7.-c.　8.-g.　9.-b.　10.-e.

5 ✓ が入るのは　　1. cenar　　　　　2. lavarse el pelo
3. hacer ejercicio　　　　　　4. tomar el aperitivo
5. salir de casa　　　　　　　6. llevar a los niños a la guardería
7. desnudarse　　　　　　　　8. hacer una lista de compras
9. quitar el polvo　　　　　　10. ponerse crema hidratante en la cara

6 a. (4)　b. (5)　c. (1)　d. (3)　e. (2)

7 a. (10)　b. (9)　c. (6)　d. (4)　e. (5)　f. (1)　g. (3)　h. (7)　i. (2)　j. (8)

8 1. hacer la sobremesa　　　2. acompaño　3. acostarse　4. cenar
5. se toma un vaso de leche　6. repasar　7. sacar　8. limpiar

9 1. lavar　　　2. leer　　　3. barrer　　　4. preparar　　5. ir
6. hacer　　　7. cortarse　　8. Levantarse

17

18 人の一生

☐ vida	一生、人生	☐ establecerse	定住する
☐ nacer	生まれる	☐ buscar trabajo	仕事を探す
☐ crecer	成長する	☐ conseguir trabajo	仕事を得る
☐ cumplir 10 años	10歳になる	☐ empezar a trabajar	働き始める
☐ llegar a la mayoría de edad	成人に達する	☐ ascender	昇進する
☐ envejecer	年をとる	☐ montar un negocio	事業を始める
☐ morir	死ぬ	☐ dejar de trabajar	働くのを止める
☐ fallecer	亡くなる	☐ volver a trabajar	再び働く
☐ edad	年齢	☐ jubilarse	退職する
☐ infancia	幼少期	☐ ahorrar	貯金する
☐ niñez	少年(少女)時代	☐ arruinarse	破産する
☐ adolescencia	思春期	☐ endeudarse	借金する
☐ juventud	青年時代	☐ heredar	相続する
☐ madurez	壮年期	☐ tener éxito	成功する
☐ vejez	老齢期	☐ fracasar	失敗する
☐ pasar la infancia	幼少期を過ごす	☐ soñar	夢を見る
☐ llevar una vida feliz	幸せな人生を送る	☐ llegar a la meta	目標に達する
☐ educarse	教育を受ける	☐ hacer un viaje	旅行をする
☐ entrar en la universidad	大学に入る	☐ sufrir un accidente	事故にあう
☐ terminar la carrera	大学を卒業する	☐ enfermar	病気になる
☐ licenciarse	学士号を取得する	☐ caer enfermo	病気になる
☐ graduarse	卒業する	☐ ingresar en un hospital	入院する
☐ dejar la carrera	大学を中退する	☐ curarse	回復する
☐ abandonar los estudios	退学する	☐ enamorarse	恋をする
☐ obtener una beca	奨学金を得る	☐ casarse	結婚する
☐ estudiar en el extranjero	留学する	☐ contraer matrimonio	婚姻関係を結ぶ
☐ irse de casa	家を出る	☐ separarse	別れる
☐ emanciparse	独立する	☐ divorciarse	離婚する
☐ cambiar de casa	引っ越す	☐ embarazarse	妊娠する
☐ mudarse	引っ越す	☐ tener un hijo	子供を持つ
☐ trasladarse	転居する	☐ dar a luz	出産する
		☐ boda	結婚式
		☐ funeral	葬式
		☐ entierro	埋葬

練習問題 （解答 p.106）

1 例にならって、次の動詞に対応する名詞を書きましょう。

> **例** crecer （成長する） → crecimiento （成長）

1. nacer
2. morir
3. enterrar
4. fracasar
5. heredar
6. envejecer
7. separarse
8. divorciarse
9. jubilarse
10. graduarse
11. embarazarse
12. mudarse

2 意味を成す表現にするために左右の語句を1回ずつ用いて結び付け、日本語に訳しましょう。

1. ahorrar ・
2. cumplir ・
3. heredar ・
4. contraer ・
5. montar ・
6. obtener ・
7. pasar ・
8. sufrir ・

・ **a.** un accidente
・ **b.** una beca
・ **c.** un negocio
・ **d.** los ojos verdes de su madre
・ **e.** matrimonio
・ **f.** sesenta años
・ **g.** cien euros cada mes
・ **h.** toda su infancia en un pueblo

3 意味を成す表現にするために左右の語句を1回ずつ用いて結び付け、日本語に訳しましょう。

1. morir ・
2. quedarse embarazada ・
3. enamorarse ・
4. establecerse ・
5. irse ・
6. licenciarse ・
7. cambiar ・
8. llegar ・

・ **a.** a la mayoría de edad
・ **b.** de casa
・ **c.** de coche
・ **d.** de gemelos
・ **e.** de una enfermedad
・ **f.** en Física
・ **g.** en la capital del país
・ **h.** a primera vista de un chico

18

4 例にならって、それぞれの時期を表す語を書きましょう。

> **例** infante（幼児）→ infancia（幼年期）

1. niño
2. joven
3. adolescente
4. maduro
5. viejo

5 左の語句と関連のある行動を右から選び、1対1で結び付けましょう。

1. hospital, médico ・
2. novios, alianza ・
3. pésame, tanatorio ・
4. instituto, profesor ・
5. diploma, título ・
6. pensión, tercera edad ・
7. testamento, reparto ・
8. camión, nueva dirección ・

・ **a.** heredar
・ **b.** graduarse
・ **c.** mudarse
・ **d.** jubilarse
・ **e.** morir
・ **f.** enfermar
・ **g.** educarse
・ **h.** casarse

6 左の表現と同じ意味のものを右から選び、1対1で結び付けましょう。

1. graduarse ・
2. mudarse ・
3. irse de casa ・
4. hacer un viaje ・
5. tener un hijo ・
6. morir ・
7. jubilarse ・
8. casarse ・
9. estar en paro ・
10. arruinarse ・

・ **a.** viajar
・ **b.** fallecer
・ **c.** perder todo el dinero
・ **d.** terminar la carrera
・ **e.** estar desempleado
・ **f.** retirarse
・ **g.** contraer matrimonio
・ **h.** dar a luz
・ **i.** emanciparse
・ **j.** cambiar de casa

7 日本語に訳しましょう。

1. flechazo
2. desengaño amoroso
3. petición de mano
4. parto prematuro
5. matrimonio de conveniencia
6. pensión vitalicia
7. partida de nacimiento
8. esquela (mortuoria)
9. menor de edad
10. pareja de hecho

8 スペイン語にしましょう。

1. 誕生日パーティー
2. 学業の遅れ、落ちこぼれ
3. 早世する
4. 人生の目標
5. 卒業式
6. 店長への昇進
7. ハネムーン
8. 金婚式
9. 早期退職
10. 平均寿命

9 「死ぬ」という意味になるように枠内の語を全て用いて下線部を埋めましょう。 **18**

1. _____ la vida
2. _____ los ojos
3. _____ el alma a Dios
4. _____ al otro barrio
5. _____ al sepulcro
6. _____ la pierna
7. _____ Dios a juicio
8. _____ a mejor vida
9. _____ la cabeza
10. _____ como un pajarito

bajar	cerrar	doblar	entregar	estirar
irse	llamar	pasar	quedarse	perder

10 日本語に訳しましょう。

1. Antes (de) que te cases, mira (bien) lo que haces.
2. No nací ayer.
3. Nadie nace enseñado.
4. ¡Esta chica tiene siete vidas, como los gatos!

1 1. nacimiento　　2. muerte　　3. entierro　　4. fracaso

5. herencia　　6. envejecimiento　　7. separación　　8. divorcio

9. jubilación　　10. graduación　　11. embarazo　　12. mudanza

2 1.-g. 毎月100ユーロ貯金する　　2.-f. 60歳になる

3.-d. 母親から緑の目を受け継ぐ　　4.-e. 婚姻関係を結ぶ

5.-c. 事業を始める　　6.-b. 奨学金を得る

7.-h. 幼少期をずっと村で過ごす　　8.-a. 事故にあう

3 1.-e. 病気で死ぬ　　2.-d. 双生児を妊娠する

3.-h. ある男の子に一目ぼれする　　4.-g. その国の首都に定住する

5.-b. 家を出る　　6.-f. 物理学の学士号を取得する

7.-c. 車を変える　　8.-a. 成人に達する

4 1. niñez　　2. juventud　　3. adolescencia　　4. madurez　　5. vejez

5 1.-f.　2.-h.　3.-e.　4.-g.　5.-b.　6.-d.　7.-a.　8.-c.

6 1.-d.　2.-j.　3.-i.　4.-a.　5.-h.　6.-b.　7.-f.　8.-g.　9.-e.　10.-c.

7 1. 一目ぼれ　　2. 失恋　　3. プロポーズ　　4. 早産

5. 打算的な結婚　　6. 終身年金　　7. 出生証明書　　8. 死亡通知、死亡広告

9. 未成年者　　10. 内縁関係のカップル

8 1. fiesta de cumpleaños　　2. fracaso escolar

3. morir joven　　4. meta de la vida

5. ceremonia de graduación　　6. ascenso a gerente de una tienda

7. luna de miel　　8. bodas de oro

9. jubilación anticipada　　10. esperanza de vida

9 1. perder　　2. cerrar　　3. entregar　　4. irse　　5. bajar

6. estirar　　7. llamar　　8. pasar　　9. doblar　　10. quedarse

10 1. 急いては事を仕損ずる。　　2. 私は世間知らずではない。

3. 人は生まれつき賢いわけではない。4. この子は不死身だ！

19 交通手段・旅行

☐ medios de transporte	交通手段	☐ aduana	税関
☐ vehículo	乗り物	☐ cinturón de seguridad	シートベルト
☐ bici(cleta)	自転車	☐ terminal	ターミナル
☐ moto(cicleta)	オートバイ	☐ estación	駅
☐ coche	自動車	☐ taquilla	切符売り場
☐ furgoneta	ワゴン車	☐ consigna	手荷物預かり所
☐ camión	トラック	☐ andén	プラットホーム
☐ taxi	タクシー	☐ vía	線路、道
☐ autobús / bus	(路線) バス	☐ carril	レール、車線
☐ autocar	長距離バス	☐ tren expreso [exprés]	急行列車
☐ tren	電車	☐ tren bala	超高速列車
☐ tranvía	路面電車	☐ (tren de) cercanías	近郊線の電車
☐ ferrocarril	鉄道	☐ vagón	車両
☐ metro	地下鉄	☐ puerto	港
☐ monorraíl	モノレール	☐ dársena	船着場、(バスターミナルの) 乗り場
☐ funicular	ケーブルカー		
☐ teleférico	ロープウェイ	☐ ancla	錨
☐ avión	飛行機	☐ dique	堤防、ドック
☐ helicóptero	ヘリコプター	☐ bote salvavidas	救命ボート
☐ globo	気球	☐ tarjeta de embarque	搭乗券
☐ barca	小舟	☐ billete	切符
☐ barco	船	☐ bono	回数券
☐ ferri / ferry	フェリー	☐ tarifa	料金
☐ yate	ヨット	☐ (asiento de) ventanilla	窓側の座席
☐ línea aérea internacional	国際線	☐ (asiento de) pasillo	通路側の座席
☐ línea aérea nacional	国内線	☐ primera (clase)	ファーストクラス
☐ vuelo	フライト	☐ (clase) preferente	ビジネスクラス
☐ aterrizaje	着陸	☐ (clase) turista	エコノミークラス
☐ despegue	離陸	☐ sobreventa	オーバーブッキング
☐ aeropuerto	空港	☐ llegada	到着
☐ mostrador de facturación	チェックインカウンター	☐ salida	出発
		☐ partida	出発
☐ puerta de embarque	搭乗ゲート	☐ destino	目的地

19

☐ ida y vuelta	往復	
☐ escala	経由地	
☐ transbordo	乗り換え	
☐ tráfico	交通、往来	
☐ retraso	遅延	
☐ atasco	渋滞	
☐ hora punta	ラッシュアワー	
☐ viaje	旅行	
☐ ruta	ルート、経路	
☐ itinerario	旅程	
☐ recorrido	巡り歩き	
☐ horario	時刻表	
☐ plano	市街図、路線図	
☐ mapa	地図	
☐ guía	ガイドブック	
☐ alojamiento	宿泊	
☐ hotel	ホテル	
☐ hostal	小規模ホテル	
☐ pensión	民宿	
☐ albergue	宿	
☐ camping	キャンプ場	
☐ habitación individual	シングルルーム	
☐ habitación doble	ダブルルーム	
☐ pensión completa	3食付きの宿泊	
☐ media pensión	朝食＋1食の宿泊	
☐ recepción	フロント	
☐ reserva	予約	
☐ cancelación	キャンセル	
☐ llave	鍵	
☐ equipaje	荷物	
☐ maleta	スーツケース	
☐ saco de dormir	寝袋	
☐ pasaporte	パスポート	
☐ visado	ビザ	
☐ seguro	保険	
☐ carné de conducir	運転免許証	

☐ recuerdo	土産	
☐ tienda libre de impuestos	免税店	
☐ patrimonio de la humanidad	世界遺産	
☐ catedral	大聖堂	
☐ palacio	宮殿	
☐ alcázar	王宮	
☐ castillo	城	
☐ muralla	城壁	
☐ torre	塔	
☐ acueducto	水道橋	
☐ pirámide	ピラミッド	
☐ acelerador	アクセル	
☐ freno	ブレーキ	
☐ neumático	タイヤ	
☐ volante	ハンドル	
☐ rueda	車輪	
☐ motor	エンジン	
☐ navegador	ナビゲーター	
☐ maletero	トランク	
☐ sillín	サドル	
☐ casco	ヘルメット	
☐ conductor	運転手	
☐ camionero	トラック運転手	
☐ taxista	タクシー運転手	
☐ piloto	パイロット	
☐ capitán	船長	
☐ tripulante	乗務員	
☐ aduanero	税関の職員	
☐ revisor	車掌	
☐ recepcionista	受付	
☐ conserje	コンシェルジュ	
☐ pasajero	乗客	
☐ turista	観光客	
☐ viajero	旅人、旅行者	

（解答 p.111）

練 習 問 題

1 枠内の語句を分類して該当する全てのところに書きましょう。

avión	
tren	
barco	

aeropuerto	aire	bote salvavidas	carril
cinturón de seguridad	dique	estación	mar
pista de aterrizaje	puerto	vagón	vuelo

2 次の語と最も関連のある選択肢をひとつ選びましょう。

1. conductor （autobús / avión / ferry）
2. casco （monorraíl / motocicleta / tren）
3. andén （metro / globo / yate）
4. escala （taxi / bicicleta / avión）
5. ancla （autocar / funicular / barca）
6. sillín （helicóptero / camión / bicicleta）
7. maletero （teleférico / coche / tranvía）

19

3 仲間外れの語をひとつ選びましょう。

1. piloto　aduanero　camionero　taxista
2. viajero　pasajero　camarero　turista
3. pasaporte　visado　seguro　toalla
4. consigna　hostal　albergue　pensión
5. acueducto　muralla　neumático　alcázar

4 次の動詞に対応する名詞を書きましょう。

1. viajar　　2. aterrizar　　3. volar　　4. volver
5. reservar　　6. recorrer　　7. embarcar　　8. alojarse

5 スペイン語にしましょう。

1. チャーター便
2. 手荷物の重量超過
3. (飛行機などで3席の並びの) 中央の座席
4. シャトルバス
5. コインロッカー
6. 時差ぼけ
7. ツインルーム
8. レンタカー
9. 長距離列車
10. パック旅行

6 下線部の反対語を書きましょう。

1. El avión va a <u>despegar</u> dentro de poco.
2. Vamos a <u>subir al tren</u>.
3. El taxi está <u>ocupado</u>.
4. Quiero saber la hora de <u>llegada</u>.

7 意味を成す表現にするために左右の語句を1回ずつ用いて結び付け、日本語に訳しましょう。

1. tarjeta ・　　　　・ a. de mano
2. equipaje ・　　　　・ b. de cinco estrellas
3. billete ・　　　　・ c. de facturación
4. mostrador ・　　　　・ d. de tres tenedores
5. carné ・　　　　・ e. de ida y vuelta
6. hotel ・　　　　・ f. de conducir
7. restaurante ・　　　　・ g. de embarque
8. torre ・　　　　・ h. del homenaje

8 日本語の意味になるように、正しい選択肢を選びましょう。

1. ラストチャンスを逃す　　　perder el último (avión / barco / tren)
2. 運命を共にしている　　　　estar en el mismo (avión / barco / tren)
3. イライラしている　　　　　estar como una (barca / moto / bicicleta)
4. 困難を克服して目的を達する　llegar a buen (puerto / castillo / hotel)
5. 順調に進む　　　　　　　　ir sobre (volantes / ruedas / anclas)

1 avión: aeropuerto, aire, bote salvavidas, cinturón de seguridad, pista de aterrizaje, vuelo

tren: carril, estación, vagón

barco: bote salvavidas, dique, mar, puerto

2 1. autobús　2. motocicleta　3. metro　4. avión　5. barca　6. bicicleta　7. coche

3 1. aduanero　2. camarero　3. toalla　4. consigna　5. neumático

4 1. viaje　　　　2. aterrizaje　　　3. vuelo　　　　4. vuelta

5. reserva　　　6. recorrido　　　7. embarque　　8. alojamiento

5 1. vuelo fletado　　　　　　　　2. exceso de equipaje

3. asiento de en medio　　　　　4. (autobús) lanzadera

5. consigna automática　　　　　6. desfase horario

7. habitación doble con dos camas　8. coche de alquiler

9. tren de larga distancia [largo recorrido]　10. viaje organizado

6 1. aterrizar　2. bajar del tren　3. libre　4. salida/partida

7 1.-g. 搭乗券　2.-a. 手荷物　3.-e. 往復切符　4.-c. チェックインカウンター

5.-f. 運転免許証　6.-b. 5つ星のホテル　7.-d. 3本フォークのレストラン

8.-h. 天守閣

＊7. ホテルのランクが星の数で示されるように、スペインではレストランの格付けが1本から5本までのフォークの本数で表示されます。

8 1. tren　2. barco　3. moto　4. puerto　5. ruedas

20 人の気分・体調・病気

☐ aburrido	退屈した	
☐ agotado	疲れ果てた	
☐ alegre	喜んでいる	
☐ animado	活気がある	
☐ asustado	怖がっている	
☐ borracho	酔っぱらった	
☐ cansado	疲れた	
☐ celoso	嫉妬した	
☐ ciego	目の見えない	
☐ cojo	片足の不自由な	
☐ concentrado	集中した	
☐ contento	満足した	
☐ decepcionado	がっかりした	
☐ deprimido	落ち込んでいる	
☐ discapacitado	障害を抱えた	
☐ distraído	ぼんやりした	
☐ embarazada	妊娠した	
☐ emocionado	感動した	
☐ enamorado	恋した	
☐ enfadado	怒った	
☐ enfermo	病気の	
☐ fatal	すごく調子が悪い	
☐ furioso	激怒した	
☐ harto	飽き飽きした	
☐ inquieto	落ち着かない	
☐ loco	狂った、夢中になった	
☐ mareado	気分が悪い	
☐ molesto	不機嫌な	
☐ mudo	口のきけない	
☐ muerto	死んでいる	
☐ nervioso	緊張している	
☐ paralítico	麻痺した	
☐ preocupado	心配している	

☐ resfriado	風邪をひいた、風邪	
☐ satisfecho	満足している	
☐ sordo	耳の不自由な	
☐ sorprendido	驚いた	
☐ tranquilo	落ち着いた	
☐ triste	悲しい	
☐ vivo	生きている	
☐ salud	健康	
☐ enfermedad	病気	
☐ trastorno	障害、不調	
☐ adicción	中毒	
☐ ataque	発作	
☐ alergia	アレルギー	
☐ contagio	伝染	
☐ síntoma	症状	
☐ palpitación	動悸	
☐ respiración	呼吸、息	
☐ falta de aire	息切れ	
☐ hipertensión	高血圧	
☐ hipotensión	低血圧	
☐ anemia	貧血	
☐ vértigo	めまい	
☐ desmayo	失神	
☐ coma	昏睡	
☐ dolor	痛み	
☐ jaqueca	頭痛、偏頭痛	
☐ lumbago	腰痛、ぎっくり腰	
☐ agujetas	筋肉痛	
☐ fatiga	疲労	
☐ vista cansada	疲れ目、老眼	
☐ náuseas	吐き気	
☐ vómito	嘔吐	
☐ hemorragia	出血	

☐ indigestión	消化不良	☐ virus	ウィルス
☐ diarrea	下痢	☐ gripe	インフルエンザ
☐ estreñimiento	便秘	☐ influenza	インフルエンザ
☐ fiebre	熱	☐ sarampión	麻疹、はしか
☐ escalofrío	悪寒	☐ varicela	みずぼうそう
☐ tos	咳	☐ paperas	おたふく風邪
☐ estornudo	くしゃみ	☐ rubeola/rubéola	風疹
☐ bostezo	あくび	☐ miopía	近視
☐ ronquido	いびき	☐ catarata(s)	白内障
☐ sueño	眠気	☐ glaucoma	緑内障
☐ sed	(喉の) 渇き	☐ estomatitis	口内炎
☐ delirio	うわ言	☐ caries	虫歯
☐ picor	むずがゆさ	☐ faringitis	咽頭炎
☐ inflamación	炎症	☐ bronquitis	気管支炎
☐ acné	にきび	☐ pulmonía	肺炎
☐ grano	吹き出物、にきび	☐ asma	喘息
☐ postilla	かさぶた	☐ infarto cardíaco	心筋梗塞
☐ ampolla	まめ、水膨れ	☐ gastritis	胃炎
☐ callo	たこ	☐ hepatitis	肝炎
☐ herida	傷	☐ apendicitis	虫垂炎
☐ corte	切り傷、傷口	☐ dermatitis	皮膚炎
☐ llaga	潰瘍、傷	☐ diabetes	糖尿病
☐ cicatriz	傷跡	☐ reuma/reúma	リューマチ
☐ quemadura	火傷	☐ tumor	腫瘍
☐ fractura	骨折	☐ cáncer	がん
☐ moco	鼻水	☐ parálisis	麻痺
☐ saliva	つば	☐ osteoporosis	骨粗しょう症
☐ lágrima	涙	☐ demencia	認知症
☐ orina	尿	☐ depresión	うつ病
☐ sangre	血	☐ insomnio	不眠症
☐ sudor	汗	☐ autismo	自閉症
☐ linfa	リンパ (液)	☐ prevención	予防
☐ caspa	ふけ	☐ vacuna	ワクチン
☐ desnutrición	栄養失調	☐ prueba	検査
☐ obesidad	肥満	☐ revisión	検査、検診
☐ dieta	食餌療法、ダイエット	☐ chequeo	健康診断

20

☐ análisis	分析、検査		☐ paciente	患者
☐ endoscopia	内視鏡検査		☐ enfermo	病人
☐ radiografía	レントゲン		☐ cirujano	外科医
☐ ecografía	超音波検査		☐ cardiólogo	循環器科医
☐ diagnóstico	診断		☐ dermatólogo	皮膚科医
☐ receta	処方箋		☐ estomatólogo	口腔外科医
☐ dosis	服用量		☐ ginecólogo	婦人科医
☐ sobredosis	服用過多		☐ neumólogo	呼吸器科医
☐ efecto secundario	副作用		☐ neurólogo	神経科医
☐ cura	治療		☐ oftalmólogo	眼科医
☐ tratamiento	治療 (法)		☐ otorrinolaringólogo	耳鼻咽喉科医
☐ terapia	治療 (法)		☐ pediatra	小児科医
☐ operación	手術		☐ podólogo	足病科医
☐ quirófano	手術室		☐ psiquiatra	精神科医
☐ anestesia	麻酔		☐ radiólogo	放射線科医
☐ transfusión	輸血		☐ ortopedista	整形外科医
☐ inyección	注射		☐ urólogo	泌尿器科医
☐ goteo	点滴		☐ cirugía	外科
☐ escayola	ギプス		☐ cardiología	循環器科
☐ primeros auxilios	応急処置		☐ dermatología	皮膚科
☐ cuidados intensivos	集中治療		☐ estomatología	口腔外科
☐ cuidados paliativos	緩和治療		☐ ginecología	婦人科
☐ hospitalización	入院		☐ neumología	呼吸器科
☐ alta	退院		☐ neurología	神経科
☐ aislamiento	隔離		☐ oftalmología	眼科
☐ reposo absoluto	絶対安静		☐ otorrinolaringología	耳鼻咽喉科
☐ rehabilitación	リハビリテーション		☐ pediatría	小児科
☐ masaje	マッサージ		☐ podología	足病科
☐ acupuntura	鍼		☐ psiquiatría	精神科
☐ parto	出産		☐ radiología	放射線科
☐ aborto	流産、中絶		☐ ortopedia	整形外科
☐ eutanasia	安楽死		☐ urología	泌尿器科
☐ muerte	死		☐ ambulancia	救急車

1 意味を成す文にするために最も適切な選択肢を選びましょう。

1. Juan está (asustado / cansado / enamorado) porque ha trabajado doce horas sin descansar.

2. He aprobado el examen y estoy muy (deprimido / furioso / contento).

3. Jaime está (preocupado / contento / concentrado) porque su abuela padece una enfermedad grave.

4. A Nuria tienen que sacarle la muela del juicio y está un poco (aburrida / nerviosa / agotada).

5. Mi marido está (triste / sorprendido / tranquilo) porque ha conseguido un trabajo excelente de modo inesperado.

6. Estoy (alegre / emocionado / decepcionado) porque mi novia no ha podido venir a verme.

7. Eva conduce de forma muy brusca y su hija está (mareada / satisfecha / embarazada).

2 左の状況に関連する語を右から選び、1対1で結び付けましょう。

20

1. dolor de cabeza ·   · a. pomada
2. herida   ·   · b. escayola
3. tos   ·   · c. calmante
4. quemadura   ·   · d. jarabe
5. vista cansada   ·   · e. tirita
6. fractura   ·   · f. gotas

3 仲間外れの語をひとつ選びましょう。

1. venda   escalofrío   diarrea   fiebre
2. consulta   tumor   clínica   sanatorio
3. prueba   revisión   picor   chequeo
4. herida   corte   jaqueca   cicatriz
5. mudo   ciego   lumbago   sordo

4 例にならって、次の動詞に対応する名詞を書きましょう。

   例 doler（痛む）→ dolor（痛み）

1. toser   2. estornudar   3. sudar

4. morir   5. sangrar   6. vomitar

7. prevenir   8. diagnosticar   9. recetar

10. operar   11. curar   12. resfriarse

13. contagiarse   14. desmayarse   15. herirse

5 意味を成す表現にするために左右の語句を1回ずつ用いて結び付け、日本語に訳しましょう。

1. dolor   ·   · a. de sangre

2. alergia   ·   · b. de espera

3. ataque   ·   · c. de salud

4. análisis ·   · d. de nervios

5. transfusión ·   · e. de estómago

6. vacuna   ·   · f. de cabecera

7. sala   ·   · g. de guardia

8. centro   ·   · h. de orina

9. farmacia ·   · i. al polen

10. médico   ·   · j. contra la gripe

6 例にならって、関連のある語句を枠内から選びましょう。

   例 gastritis（胃炎）→ estómago（胃）

1. caries   2. anemia   3. asma   4. ataque cardíaco

5. catarata(s)   6. acné   7. agujetas   8. apendicitis

9. hepatitis   10. faringitis

corazón	dientes	~~estómago~~	hígado
garganta	músculos	ojos	piel
sangre	intestino ciego	vías respiratorias	

116

7 スペイン語にしましょう。

1. 乳がん　　　　2. 悪性腫瘍　　　3. 老人性認知症　　4. 伝染病
5. 小麦アレルギー　6. 発達障害　　　7. 買い物依存症　　8. 集中治療室（ICU）

8 例にならって、枠内から専門を選び、それと関連する専門医の名称を記入して表を完成させましょう。

	enfermedades ...	especialidades	especialista
例	de los pies	podología	podólogo
1.	del corazón		
2.	de los pulmones		
3.	de los ojos		
4.	del oído, la nariz, la garganta		
5.	de la boca		
6.	del sistema nervioso		
7.	de la piel		
8.	mentales		
9.	propias de la mujer		
10.	de los niños		

20

cardiología　　dermatología　　estomatología　　ginecología
neumología　　neurología　　oftalmología　　otorrinolaringología
pediatría　　　　　　~~podología~~　　　　　　psiquiatría

9 日本語の意味になるように、正しい選択肢を選びましょう。

1. …の間に物議をかもす　　levantar (postillas / ampollas / granos) entre ...
2. 人から金品をだまし取る　pegarle (una gasa / un esparadrapo / un parche) a alguien
3. 期待どおりになる　　　　venir (el tratamiento / el chequeo / el parto) derecho
4. 早めに手を打つ　　　　　(vacunarse / curarse / operarse) en salud
5. 包み隠さずに話す　　　　respirar por la (herida / fractura / quemadura)

1 1. cansado　　2. contento　　3. preocupado　　4. nerviosa

5. sorprendido　6. decepcionado　7. mareada

2 1.-c.　2.-e.　3.-d.　4.-a.　5.-f.　6.-b.

3 1. venda　　2. tumor　　3. picor　　4. jaqueca　　5. lumbago

4 1. tos　　2. estornudo　　3. sudor　　4. muerte　　5. sangre

6. vómito　7. prevención　8. diagnóstico　9. receta　10. operación

11. cura　12. resfriado　13. contagio　14. desmayo　15. herida

5 1.-e. 胃痛　　　　　　　　　2.-i. 花粉症

3.-d. 神経衰弱　　　　　　　4.-h. 尿検査

5.-a. 輸血　　　　　　　　　6.-j. インフルエンザ予防ワクチン

7.-b. 待合室　　　　　　　　8.-c. 保健センター

9.-g. 救急薬局　　　　　　　10.-f. かかりつけ医

6 1. dientes　　2. sangre　　3. vías respiratorias　　4. corazón

5. ojos　　6. piel　　7. músculos　　8. intestino ciego

9. hígado　　10. garganta

7 1. cáncer de mama　　　　　2. tumor maligno

3. demencia senil　　　　　4. enfermedad contagiosa

5. alergia al trigo　　　　　6. trastorno del desarrollo

7. adicción a las compras　8. unidad de cuidados intensivos

8 1. cardiología, cardiólogo　　2. neumología, neumólogo

3. oftalmología, oftalmólogo　4. otorrinolaringología, otorrinolaringólogo

5. estomatología, estomatólogo　6. neurología, neurólogo

7. dermatología, dermatólogo　8. psiquiatría, psiquiatra

9. ginecología, ginecólogo　10. pediatría, pediatra

9 1. ampollas　2. un parche　3. el parto　4. curarse　5. herida

21 天候・自然現象・天体・災害

☐	clima	気候	☐	tormenta	あらし
☐	tiempo	天気	☐	borrasca	（海上の）あらし
☐	calor	暑さ	☐	ola	波
☐	frío	寒さ、寒い	☐	rayo	稲妻、雷光
☐	fresco	冷気、涼しい	☐	relámpago	稲妻
☐	bochorno	うだるような暑さ	☐	trueno	雷、雷鳴
☐	humedad	湿気	☐	arco iris / arcoíris	虹
☐	lluvia	雨	☐	aurora	オーロラ
☐	llovizna	霧雨	☐	temperatura	温度、気温
☐	chubasco	にわか雨	☐	grado	度
☐	chaparrón	にわか雨	☐	presión atmosférica	気圧
☐	aguacero	にわか雨	☐	frente	前線
☐	aguanieve	みぞれ	☐	marea	潮（の満ち干）
☐	gota	滴	☐	meteorología	気象学
☐	precipitación	降水	☐	pronóstico	予測
☐	nieve	雪	☐	despejado	晴れた
☐	nevada	降雪	☐	soleado	晴れ渡った
☐	copo	雪片	☐	nublado	曇った
☐	hielo	氷、霜	☐	cubierto	覆われた、曇った
☐	helada	凍結、霜	☐	lluvioso	雨の多い
☐	escarcha	霜	☐	tormentoso	あらしの
☐	granizo	ひょう、あられ	☐	templado	暖かい
☐	nube	雲	☐	caluroso	暑い
☐	niebla	霧	☐	cálido	熱い、暑い
☐	bruma	霧、もや	☐	seco	乾燥した
☐	rocío	露、水滴	☐	húmedo	湿った
☐	viento	風	☐	despejarse	晴れる
☐	brisa	微風、そよ風	☐	nublarse	曇る
☐	vendaval	強風	☐	llover	雨が降る
☐	tifón	台風	☐	lloviznar	霧雨が降る
☐	huracán	ハリケーン	☐	nevar	雪が降る
☐	ciclón	サイクロン	☐	granizar	ひょうが降る
☐	temporal	あらし	☐	tronar	雷が鳴る

21

☐ amanecer	夜が明ける		☐ alud	雪崩
☐ atardecer	日が暮れる		☐ contaminación	汚染
☐ anochecer	夜になる		☐ lluvia ácida	酸性雨
☐ oscurecer	暗くなる		☐ medioambiente	環境
☐ cielo	空、天		☐ atmósfera	大気
☐ Tierra	地球		☐ aire	空気、風
☐ globo	球、地球		☐ luz	光
☐ Sol/sol	太陽		☐ sombra	陰
☐ Luna/luna	月		☐ fuego	火
☐ planeta	惑星		☐ vapor	蒸気
☐ satélite	衛星		☐ humo	煙
☐ estrella	星		☐ capa de ozono	オゾン層
☐ cometa	彗星		☐ extinción	絶滅
☐ Mercurio	水星		☐ calentamiento	加熱、温暖化
☐ Venus	金星		☐ deshielo	雪解け
☐ Marte	火星		☐ erosión	浸食
☐ Júpiter	木星		☐ deforestación	森林破壊
☐ Saturno	土星		☐ efecto invernadero	温室効果
☐ Urano	天王星		☐ dióxido de carbono	CO_2、二酸化炭素
☐ Neptuno	海王星		☐ residuos tóxicos	有害廃棄物
☐ eclipse solar	日食		☐ sustancia(s) química(s)	化学物質
☐ eclipse lunar	月食		☐ plástico	プラスチック
☐ sismo/seísmo	地震		☐ radiación nuclear	核放射線
☐ terremoto	地震		☐ reciclaje	リサイクル
☐ maremoto	海底地震		☐ ecología	エコロジー
☐ epicentro	震源地		☐ energía alternativa	代替エネルギー
☐ erupción volcánica	噴火		☐ energía eólica	風力エネルギー
☐ lava	溶岩		☐ fenómeno	現象
☐ sequía	干ばつ		☐ cambio	変化
☐ incendio	火事		☐ desastre	大惨事、大災害
☐ inundación	洪水		☐ catástrofe	大惨事、大災害
☐ diluvio	大洪水、豪雨		☐ problema	問題
☐ avalancha	雪崩			

1 枠内の語句を分類して該当するところに書きましょう。

fenómenos atmosféricos	
desastres naturales	
problemas medioambientales	

| arco iris | aurora | contaminación |
| erupción volcánica | lluvia ácida | terremoto |

2 左と同じ意味の文を右から選び、1対1で結び付けましょう。

1. Hace sol. ・ ・ **a.** Hay nubes.
2. Está nublado. ・ ・ **b.** Tenemos temperaturas agradables.
3. Hace calor. ・ ・ **c.** El cielo está despejado.
4. Hace frío. ・ ・ **d.** Llueve a cántaros.
5. No hace ni frío ni calor. ・ ・ **e.** Caen cuatro gotas.
6. Llueve un poco. ・ ・ **f.** La temperatura es de cinco grados.
7. Llueve mucho. ・ ・ **g.** Las temperaturas rondan los treinta grados.

3 次の名詞に対応する動詞を書きましょう。

1. lluvia　　　2. nieve　　　3. trueno　　　4. llovizna
5. granizo　　　6. mañana　　　7. tarde　　　8. noche

21

4 左の語句と関連のあるものを右から選び、1対1で結び付けましょう。

1. alud ・ ・ **a.** viento
2. eclipse ・ ・ **b.** nieve
3. energía alternativa ・ ・ **c.** epicentro
4. erupción volcánica ・ ・ **d.** falta de lluvias
5. huracán ・ ・ **e.** lava
6. reciclaje ・ ・ **f.** luna
7. sequía ・ ・ **g.** botella
8. terremoto ・ ・ **h.** baja presión

5 仲間外れの語をひとつ選びましょう。

1. huracán　tifón　bruma　ciclón
2. chubasco　aguacero　chaparrón　nevada
3. vendaval　avalancha　brisa　viento
4. llovizna　trueno　rayo　relámpago
5. rocío　escarcha　temporal　helada
6. estrella　planeta　cometa　borrasca

6 意味を成す文にするために左右の語句を 1 回ずつ用いて結び付け、日本語に訳しましょう。

1. Bajan　・　　　　　　　　・ **a.** niebla.
2. Brilla　・　　　　　　　　・ **b.** despejado.
3. Caen　・　　　　　　　　・ **c.** buen tiempo.
4. Está　・　　　　　　　　・ **d.** un fuerte viento.
5. Hace　・　　　　　　　　・ **e.** rayos.
6. Hay　・　　　　　　　　・ **f.** las temperaturas.
7. Llega　・　　　　　　　　・ **g.** el sol.
8. Sopla　・　　　　　　　　・ **h.** el verano.

7 次の名詞に対応する形容詞を書きましょう。

1. clima　　　　2. calor　　　　3. frío　　　　4. humedad
5. lluvia　　　　6. luna　　　　7. tormenta　　　　8. meteorología

8 スペイン語にしましょう。

1. 天気予報　　　2. 最高気温　　　3. 寒冷前線　　　4. 流れ星
5. 地球温暖化　　　6. 森林火災　　　7. 気候変動　　　8. SDGs
9. 産業廃棄物　　　10. 温室効果ガス　　11. 絶滅危惧種　　12. 太陽エネルギー

9 意味を成す表現にするために左右の語句を 1 回ずつ用いて結び付け、日本語に訳しましょう。

1. capa   •
2. copo   •
3. deshielo •
4. lluvia   •
5. ola   •
6. ojo   •
7. pronóstico •
8. río   •

• **a.** de estrellas
• **b.** de ozono
• **c.** de frío
• **d.** de lava
• **e.** de nieve
• **f.** del huracán
• **g.** de los polos
• **h.** del tiempo

10 意味を成す文にするために枠内の語を全て用いて下線部を埋めましょう。

1. Cuando hay _____, no se puede ver bien.
2. Hace tanto _____ que está helando.
3. Si el cielo está cubierto, no se puede ver el _____ .
4. La _____ es consecuencia del cambio climático.
5. No hace ni frío ni calor. El día está _____ .
6. Si ves relámpagos en el cielo, hay _____ .
7. La Luna es el _____ de la Tierra.
8. Cuando es verano en Madrid, es _____ en Buenos Aires.

| frío   invierno   niebla   satélite   sequía   sol   templado   tormenta |

21

11 日本語の意味になるように、正しい選択肢を選びましょう。

1. ぼんやりしている   estar en (la niebla / la bruma / las nubes)
2. あたふたと飛び出して行く   salir como (un rayo / una tormenta / un cometa)
3. 高嶺の花を求める   pedir (el sol / la luna / las estrellas)
4. 非常に早起きする   levantarse con (las estrellas / la luna / el arcoíris)
5. 場を和ませる   romper (el frío / el hielo / el cielo)
6. 上手くいく   ir (viento / nieve / aurora) en popa
7. 寄らば大樹の陰   arrimarse al (calor / viento / sol) que más calienta
8. 泣きっ面に蜂   (nevar / llover / granizar) sobre mojado

1 fenómenos atmosféricos: arco iris, aurora

desastres naturales: erupción volcánica, terremoto

problemas medioambientales: contaminación, lluvia ácida

2 1.-c. 2.-a. 3.-g. 4.-f. 5.-b. 6.-e. 7.-d.

3 1. llover 2. nevar 3. tronar 4. lloviznar

5. granizar 6. amanecer 7. atardecer 8. anochecer

4 1.-b. 2.-f. 3.-a. 4.-e. 5.-h. 6.-g. 7.-d. 8.-c.

5 1. bruma 2. nevada 3. avalancha 4. llovizna 5. temporal 6. borrasca

6 1.-f. 温度が下がる 2.-g. 太陽が照りつける

3.-e. 雷が落ちる 4.-b. 晴れている

5.-c. いい天気だ 6.-a. 霧がかかっている

7.-h. 夏が来る 8.-d. 強い風が吹く

7 1. climático 2. caluroso 3. frío 4. húmedo

5. lluvioso 6. lunar 7. tormentoso 8. meteorológico

8 1. pronóstico del tiempo 2. temperatura(s) máxima(s)

3. frente frío 4. estrella fugaz

5. calentamiento global 6. incendio forestal

7. cambio climático 8. objetivos de desarrollo sostenible

9. residuos industriales 10. gases de efecto invernadero

11. especies en peligro de extinción 12. energía solar

9 1.-b. オゾン層 2.-e. 雪片 3.-g. 極地の解氷 4.-a. 流星群

5.-c. 寒波 6.-f. ハリケーンの目 7.-h. 天気予報 8.-d. 溶岩流

10 1. niebla 2. frío 3. sol 4. sequía 5. templado

6. tormenta 7. satélite 8. invierno

11 1. las nubes 2. un rayo 3. la luna 4. las estrellas 5. el hielo

6. viento 7. sol 8. llover

22 時・頻度

☐ tiempo	時、時間	
☐ momento	瞬間	
☐ instante	瞬間	
☐ rato	短い時間	
☐ época	時代、時間	
☐ era	時代、紀元	
☐ temporada	時期	
☐ período/periodo	時間、期間	
☐ frecuencia	頻度	
☐ segundo	秒	
☐ minuto	分	
☐ hora	時間	
☐ día	日	
☐ semana	週	
☐ mes	月	
☐ año	年	
☐ siglo	世紀	
☐ quincena	15 日間、半月	
☐ bimestre	2 か月間	
☐ trimestre	3 か月間	
☐ semestre	6 か月間、半年	
☐ década	10 年	
☐ centenario	100 年	
☐ milenio	1000 年	
☐ diario	毎日の、日々の	
☐ semanal	毎週の、1 週間の	
☐ mensual	毎月の、1 か月の	
☐ anual	毎年の、1 年の	
☐ quincenal	15 日間の、15 日毎の	
☐ bimestral	2 か月間の、2 か月毎の	
☐ trimestral	3 か月間の、3 か月毎の	
☐ semestral	半年間の、半年毎の	
☐ bianual	年に 2 回の	

☐ trianual	年に 3 回の	
☐ centenario	100 年の	
☐ milenario	1000 年の	
☐ lunes	月曜日	
☐ martes	火曜日	
☐ miércoles	水曜日	
☐ jueves	木曜日	
☐ viernes	金曜日	
☐ sábado	土曜日	
☐ domingo	日曜日	
☐ enero	1 月	
☐ febrero	2 月	
☐ marzo	3 月	
☐ abril	4 月	
☐ mayo	5 月	
☐ junio	6 月	
☐ julio	7 月	
☐ agosto	8 月	
☐ septiembre	9 月	
☐ octubre	10 月	
☐ noviembre	11 月	
☐ diciembre	12 月	
☐ estación	季節	
☐ primavera	春	
☐ verano	夏	
☐ otoño	秋	
☐ invierno	冬	
☐ estacional	季節の	
☐ primaveral	春の	
☐ veraniego	夏の	
☐ estival	夏の	
☐ otoñal	秋の	
☐ invernal	冬の	

22

☐ hoy	今日	☐ durante	〜の間に
☐ ayer	昨日	☐ tarde	遅く
☐ anteayer	一昨日	☐ temprano	早く
☐ antes de ayer	一昨日	☐ pronto	すぐに、早く
☐ mañana	明日	☐ ya	もう
☐ pasado mañana	明後日	☐ todavía	まだ
☐ madrugada	深夜、明け方	☐ aún	まだ
☐ mañana	午前、朝	☐ siempre	いつも
☐ mediodía	正午	☐ casi siempre	ほとんどいつも
☐ tarde	午後、夕方	☐ a menudo	しばしば
☐ noche	夜	☐ con frecuencia	しばしば
☐ medianoche	真夜中	☐ cada dos por tres	たびたび
☐ anoche	昨夜	☐ frecuentemente	頻繁に
☐ anteanoche	一昨日の夜	☐ normalmente	通常は
☐ matinal	朝の	☐ generalmente	普通は
☐ matutino	朝の	☐ por lo general	普通は
☐ vespertino	夕方の	☐ algunas veces	何度か
☐ diurno	昼間の	☐ a veces	ときどき
☐ nocturno	夜の	☐ de vez en cuando	ときどき
☐ de día	昼間に	☐ de tarde en tarde	ときどき
☐ de noche	夜間に	☐ nunca	決して〜ない
☐ esta mañana	今朝	☐ jamás	決して〜ない
☐ esta tarde	今日の午後、夕方	☐ apenas	ほとんど〜ない
☐ esta noche	今夜	☐ el otro día	先日
☐ ayer por la mañana	昨日の午前中、朝	☐ estos días	ここのところ
☐ mañana por la noche	明日の夜	☐ algún día	いつの日か
☐ ahora	今	☐ uno de estos días	近日中に
☐ actualmente	今、現在	☐ un día de estos	近日中に
☐ entonces	そのとき、当時	☐ el mismo día	当日
☐ antes	以前	☐ el día anterior	前日
☐ últimamente	最近	☐ el día siguiente	翌日
☐ recientemente	最近	☐ a diario	毎日、日ごと
☐ después	後で	☐ cada día	毎日
☐ luego	後で	☐ todos los días	毎日
☐ enseguida	すぐに	☐ todo el día	一日中
☐ inmediatamente	直ちに	☐ cada dos días	2日毎に

☐ un día sí y otro no	1日おきに		☐ año bisiesto	うるう年
☐ hace tres días	3日前		☐ (la década de) los 80	1980年代
☐ dentro de tres días	3日後		☐ ahora mismo	今すぐ
☐ una vez al día	1日1回		☐ en este momento	今、現在
☐ día festivo	祝日		☐ en la actualidad	現在
☐ día feriado	休日		☐ por ahora	今のところ
☐ día libre	非番の日、休日		☐ de momento	今のところ
☐ día laborable	平日		☐ hoy (en) día	今日
☐ día lectivo	授業のある日		☐ de ahora en adelante	今から先
☐ esta semana	今週		☐ a continuación	引き続いて
☐ la semana pasada	先週		☐ en el futuro	将来
☐ la semana que viene	来週		☐ más tarde	後で
☐ la próxima semana	来週		☐ cuanto antes	できるだけ早く
☐ fin de semana	週末		☐ lo antes posible	できるだけ早く
☐ todas las semanas	毎週		☐ a más tardar	遅くとも
☐ cada semana	毎週		☐ de pronto	突然
☐ el lunes pasado	この前の月曜日		☐ de repente	突然
☐ el lunes que viene	今度の月曜日		☐ de la noche a la mañana	一夜にして
☐ el próximo lunes	次の月曜日		☐ acto seguido	すぐに
☐ de lunes a viernes	月曜から金曜まで		☐ en aquel tiempo	あの時に
☐ este mes	今月		☐ en aquella época	あの時代に
☐ el mes pasado	先月		☐ a la una y cuarto	1時15分に
☐ el mes que viene	来月		☐ a las dos y media	2時半に
☐ el próximo mes	来月		☐ a las dos y pico	2時ちょっとすぎに
☐ a principios de mayo	5月の初めに		☐ a las dos en punto	2時丁度に
☐ a mediados de mayo	5月の中旬に		☐ a eso de las dos	2時ごろに
☐ a finales de mayo	5月の終わりに		☐ equinoccio	昼夜平分時
☐ a fines de mayo	5月の終わりに		☐ solsticio	至点
☐ este año	今年		☐ fecha	日付
☐ el año pasado	去年		☐ cumpleaños	誕生日
☐ el año que viene	来年		☐ aniversario	記念日
☐ el próximo año	来年			
☐ medio año	半年			

22

1 例にならって下線部を埋めましょう。

例 trescientos sesenta y cinco días = un año

1. un minuto = sesenta
2. setenta y dos horas = tres
3. un año = doce
4. treinta minutos = _____ hora
5. siete días = una
6. diez años = una
7. quince minutos = un _____ de hora
8. tres meses = un
9. doscientos años = dos
10. cuarenta y cinco minutos = _____ _____ de hora
11. setenta y cinco minutos = una _____ y _____
12. mil años = un

2 質問に答えましょう。

1. Si hoy es viernes, ¿qué día es mañana?
2. Si hoy es miércoles, ¿qué día fue anteayer?
3. Si hoy es martes, ¿qué día será pasado mañana?

3 例にならって下線部を埋めましょう。

例 el Día de la Hispanidad: el 12 de octubre

1. la Nochebuena: el 24 de _____
2. el día de los Reyes Magos: el 6 de _____
3. el día de San Valentín: el 14 de _____
4. el día de la Independencia de los Estados Unidos: el 4 de _____
5. el día de Todos los Santos: el 1 de _____
6. el día de la Madre (Japón): el segundo _____ de _____
7. el día del Padre (Japón): el tercer _____ de _____
8. el día del Padre (España): el 19 de _____

4 時系列順に（　）の中に 1 から番号を書きましょう。

a. (1) hace cinco años   b. (　) hace veinte días
c. (　) ayer   d. (　) hace cincuenta horas
e. (　) hace medio año   f. (　) hace una semana
g. (　) hoy   h. (　) pasado mañana
i. (　) hace ocho meses   j. (　) dentro de tres días

5 現在が 2023 年 6 月 10 日（土）だとして、例にならって下線部を埋めましょう。

例　ayer = el nueve de junio

1. pasado mañana   = el _____ de _____
2. en 2008   = hace _____ años
3. el domingo pasado   = el _____ de _____
4. dentro de tres semanas = el _____ de _____
5. hace dos meses   = el _____ de _____
6. el mes pasado   = en _____
7. el martes que viene = el _____ de _____
8. en 2024   = _____
9. hace dos años y medio = en _____ de _____
10. dentro de cinco años = el _____ de _____ de _____
11. el ocho de junio   = _____
12. la semana que viene = del _____ de _____ al _____ de _____
13. la semana pasada   = del _____ de _____ al _____ de _____

22

6 スペイン語にしましょう。

1. 7 時丁度に   2. 真夜中に
3. 朝 6 時 20 分に   4. 明け方 4 時頃に
5. 正午に   6. 3 時ちょっとすぎに
7. 午後 1 時半に   8. 9 時 57 分に
9. 夜 10 時 45 分に   10. 9 時から 5 時まで

7 日本語の意味になるように下線部を埋めましょう。

1. 週刊誌　　　　　　　　revista _____
2. 月に1度の検査　　　　revisión _____
3. 年に1度のコンサート　concierto _____
4. 日給　　　　　　　　　salario _____
5. 隔週刊行物　　　　　　publicación _____
6. 半年コース　　　　　　curso _____
7. 二年生植物　　　　　　planta _____
8. 樹齢100年の木　　　　árbol _____
9. 夜間料金　　　　　　　tarifa _____
10. 朝刊　　　　　　　　　periódico _____
11. 春の午後　　　　　　　tarde _____
12. 夏の暑さ　　　　　　　calor _____

8 同じ意味になる語句を枠内からひとつ選びましょう。

1. ahora
2. entonces
3. cuanto antes
4. enseguida
5. a menudo
6. uno de estos días
7. un día sí y otro no
8. de la mañana a la noche
9. a diario

cada dos días	en aquel tiempo	en este momento
frecuentemente	inmediatamente	lo antes posible
todo el día	todos los días	un día de estos

9 仲間外れの語句をひとつ選びましょう。

1. a veces　　de tarde en tarde　　todos los días
2. unas veces a la semana　　cada dos por tres　　con frecuencia
3. a continuación　　normalmente　　por lo general
4. hoy en día　　de ahora en adelante　　actualmente
5. de la noche a la mañana　　a más tardar　　de repente
6. casi nunca　　apenas　　de vez en cuando

10 左右で頻度の高い方に ✓ を入れましょう。

1. ( ) todos los días　　　　　　　( ) una vez a la semana
2. ( ) normalmente　　　　　　　　( ) siempre
3. ( ) a veces　　　　　　　　　　　( ) a menudo
4. ( ) algunas veces　　　　　　　( ) 24 horas al día 7 días a la semana
5. ( ) cada cuatro días　　　　　　( ) tres veces a la semana

11 日本語に訳しましょう。

1. a media tarde　　　　　　2. a primeras horas de la madrugada
3. a altas horas de la noche　　4. a cada momento

12 スペイン語にしましょう。

1. 秋分　　　　　　　　　　2. 冬至
3. 新年　　　　　　　　　　4. 昨日の午後
5. 明日の午前中　　　　　　6. 今週末
7. 90 年代　　　　　　　　8. 4 月の前半
9. 8 月の半ばに　　　　　　10. 19 世紀初頭に
11. 先月末に　　　　　　　　12. 近い将来に

22

13 日本語の意味になるように枠内の語を全て用いて下線部を埋めましょう。

1. 厄日　　　　　　　　　　　　　　_____ y trece
2. 大騒ぎすることのほどでもない　No es nada del otro _____ .
3. ルイスは憂鬱な顔をしている　　Luis tiene cara de _____ .
4. 遅くともなさざるよりはまし　　Más vale _____ que _____ .
5. お互い様だ　　　　　　　　　　_____ por ti y _____ por mí.
6. 君たちは全く対照的だ　　　　　Sois como la _____ y el _____ .

| día hoy jueves mañana martes noche nunca tarde viernes |

1 1. segundos   2. días   3. meses   4. media

  5. semana   6. década   7. cuarto   8. trimestre

  9. siglos   10. tres, cuartos   11. hora, cuarto   12. milenio

2 1. Es sábado.   2. Fue lunes.   3. Será jueves.

3 1. diciembre   2. enero   3. febrero   4. julio

  5. noviembre   6. domingo, mayo   7. domingo, junio   8. marzo

4 b. (4)   c. (7)   d. (6)   e. (3)   f. (5)   g. (8)   h. (9)   i. (2)   j. (10)

5 1. doce, junio   2. quince

  3. cuatro, junio   4. uno, julio

  5. diez, abril   6. mayo

  7. trece, junio   8. el año que viene/el próximo año

  9. diciembre, dos mil veinte   10. diez, junio, dos mil veintiocho

  11. anteayer   12. doce, junio, dieciocho, junio

  13. veintinueve, mayo, cuatro, junio

6 1. a las siete en punto

  2. a medianoche

  3. a las seis y veinte de la mañana

  4. a eso de [sobre/hacia/alrededor de] las cuatro de la madrugada

  5. a(l) mediodía

  6. a las tres y pico

  7. a la una y media de la tarde

  8. a las diez menos tres minutos

  9. a las once menos cuarto de la noche

  10. de nueve a cinco/desde las nueve hasta las cinco

7 1. semanal   2. mensual   3. anual

  4. diario   5. quincenal   6. semestral

  7. bianual   8. centenario   9. nocturna

  10. matinal/matutino   11. primaveral   12. estival/veraniego

8 1. en este momento   2. en aquel tiempo   3. lo antes posible

  4. inmediatamente   5. frecuentemente   6. un día de estos

  7. cada dos días   8. todo el día   9. todos los días

9 1. todos los días   2. unas veces a la semana   3. a continuación

  4. de ahora en adelante   5. a más tardar   6. de vez en cuando

10 ✓ が入るのは   1. todos los días   2. siempre   3. a menudo

4. 24 horas al día 7 días a la semana   5. tres veces a la semana

11 1. 昼下がりに   2. 明け方の早い時間帯に

3. 夜更けに   4. しょっちゅう、ひっきりなしに

12 1. equinoccio de otoño   2. solsticio de invierno

3. Año Nuevo   4. ayer por la tarde

5. mañana por la mañana   6. este fin de semana

7. (la década de) los noventa   8. la primera quincena de abril

9. a mediados de agosto   10. a principios del siglo XIX

11. a finales del mes pasado   12. en un futuro cercano

13 1. martes 2. jueves 3. viernes 4. tarde, nunca 5. Hoy, mañana 6. noche, día

22

23 場所・位置関係

☐ aquí	ここに / で、へ	☐ en el centro (de)	(〜の) 中心に
☐ ahí	そこに / で、へ	☐ en (el) medio (de)	(〜の) 真ん中に
☐ allí	あそこに / で、へ	☐ en las afueras (de)	(〜の) 郊外に
☐ acá	こちらへ / に	☐ al fondo (de)	(〜の) 突き当りに
☐ allá	あちらへ / に	☐ entre A y B	A と B の間に
☐ dentro (de)	(〜の) 中に	☐ en el sur (de)	(〜の) 南部に
☐ fuera (de)	(〜の) 外に	☐ al sur (de)	(〜の) 南側に
☐ adentro	中へ	☐ austro	南
☐ afuera	外へ	☐ astral	南の、南方の
☐ encima (de)	(〜の) 上に	☐ sureño	南部の
☐ debajo (de)	(〜の) 下に	☐ meridional	南の
☐ arriba	上に	☐ septentrión	北、北部
☐ abajo	下に	☐ septentrional	北の
☐ sobre	〜の上に	☐ norteño	北部の
☐ bajo*	〜の下に	☐ oriental	東の
☐ delante (de)	(〜の) 前に	☐ occidental	西の
☐ detrás (de)	(〜の) 後ろに	☐ interior	内部の、内側の
☐ adelante	前に	☐ exterior	外部の、外側の
☐ atrás	後ろに	☐ superior	上の
☐ ante*	〜の前に	☐ inferior	下の
☐ tras	〜の後ろに	☐ delantero	前の
☐ enfrente (de)	(〜の) 正面に	☐ trastero	後ろの
☐ cerca (de)	(〜の) 近くに	☐ frontal	前面の、正面の
☐ lejos (de)	(〜から) 遠くに	☐ cercano	近くの
☐ a la derecha (de)	(〜の) 右に	☐ lejano	遠くの
☐ a la izquierda (de)	(〜の) 左に	☐ central	中央の
☐ al lado (de)	(〜の) 横に	☐ fila	列
☐ junto a	〜のそばに	☐ longitud	経度
☐ alrededor de	〜の周りに	☐ latitud	緯度
☐ entorno a	〜の周りに	☐ distancia	距離

* 比喩的、抽象的な意味で用いられることが多い。

   bajo la dominación romana ローマの支配下で   ante la ley 法の下 (前) で

1 反対の意味になる表現を書きましょう。

1. cerca de
2. a la derecha de
3. dentro de
4. detrás de
5. encima de
6. arriba

2 スペイン語にしましょう。

1. 駅の正面に
2. スペインの中心に
3. 廊下の突き当りに
4. 最前列に
5. 通りの反対側に
6. 図書館の横に
7. ビルの最上階に
8. ルイスの斜め右後ろに
9. 東京から 10 キロのところに
10. 北緯 30 度に
11. 日陰に
12. 隣の部屋
13. 後部座席
14. うつ伏せで眠る

3 日本語に訳しましょう。

1. mar adentro
2. cuenta (hacia) atrás
3. camino adelante
4. revisión a fondo
5. estar fuera de sí
6. en las afueras de Madrid
7. hablar entre sí
8. dormir del lado izquierdo

4 正しい選択肢を選びましょう。

1. El sol sale (del este / del oeste / por el este /por el oeste).
2. El sol se pone en (el norte / el levante / el horizonte /el oriente).
3. Saitama está (en el norte / en el sur / al norte / al sur) de Tokio.
4. En el abecedario la q está (delante / detrás) de la p.
5. (Detrás de la g / Delante de la e / Entre la e y la g) está la f.
6. En Japón se conduce por la (izquierda / derecha).

5 正しい選択肢を選びましょう。

1. Luis se volvió y miró para (detrás / atrás).
2. (Detrás / Atrás) de mí entró un chico muy alto.
3. En el cine es mejor sentarse (detrás / atrás), es decir, en las últimas filas.
4. No me atrevo a fumar (delante / adelante) de mi mujer.
5. Como no conoces el camino, yo iré por (delante / adelante) y te haré indicaciones con los intermitentes.
6. Vamos a subir (encima / arriba), al segundo piso.

6 日本語の意味になるように、正しい選択肢を選びましょう。

1. 手近な例を挙げると   sin ir más (cerca / lejos / abajo / arriba)
2. 何よりも、何が何でも   por (delante / detrás / encima / debajo) de todo
3. ここだけの話だが   (sobre / entre / dentro de / entorno a) nosotros
4. (言動が) 誠実かつ率直に   con la verdad por (delante / detrás / encima / debajo)
5. 明白である   como estamos (aquí / arriba / cerca / entre) tú y yo
6. 自分の利益だけを図る   barrer para (fuera / dentro / arriba / abajo)
7. 君の勝手にしろよ。   (Aquí / Ahí / Acá / Allá) tú.
8. とんでもないことだ！   ¡Hasta (arriba / abajo / ahí / allá) podíamos llegar!

7 日本語の意味になるように、枠内の語を全て用いて下線部を埋めましょう。

1. 地球は太陽の周りを回る。   La Tierra gira _____ del Sol.
2. じゃまなところに立たないで。   No te pongas en _____ .
3. 君の言ったことは場違いだった。   Lo que dijiste estuvo _____ de lugar.
4. 困難な状況を乗り越えていかねばならない。   Tenemos que salir _____ .
5. もう前言を翻せないよ。   Ya no puedes echarte para _____ .
6. 試験官は私の頭のてっぺんから足の先まで見た。

     El examinador me miró de _____ .

7. 居心地が悪いから家に帰りたくない。

     No quiero volver a casa porque las paredes se me caen _____ .

| abajo | adelante | alrededor | arriba | atrás | encima | fuera | medio |

1 1. lejos de　　2. a la izquierda de　　3. fuera de　　4. delante de
5. debajo de　　6. abajo

2 1. enfrente de la estación　　　　2. en el centro de España
3. al fondo del pasillo　　　　　　4. en la primera fila
5. al otro lado de la calle　　　　　6. al lado de la biblioteca
7. en el último piso del edificio　　8. detrás de Luis, a la derecha
9. a diez kilómetros de Tokio　　　10. a treinta grados (de) latitud Norte
11. a la sombra　　　　　　　　　12. habitación de al lado
13. asientos de atrás　　　　　　　14. dormir bocabajo [boca abajo]

3 1. 沖へ　　　　　　　　　　　2. カウントダウン
3. もっと先に行くと　　　　　　4. 徹底的な見直し
5. 逆上している　　　　　　　　6. マドリードの郊外で
7. つぶやく、心の中で考える　　8. 左向きで眠る

4 1. por el este　　2. el horizonte　　3. al norte　　4. detrás
5. Entre la *e* y la *g*　　6. izquierda

5 1. atrás　2. Detrás　3. atrás　4. delante　5. delante　6. arriba

6 1. lejos　　2. encima　　3. entre　　4. delante　　5. aquí
6. dentro　　7. Allá　　8. ahí

7 1. alrededor　　2. medio　　3. fuera　　4. adelante　　5. atrás
6. arriba, abajo　　7. encima

23

24 教　育

☐ educación	教育	☐ título	学位、資格
☐ enseñanza	教育	☐ diploma	(学位、資格の) 免状
☐ formación	育成	☐ evaluación	評価
☐ disciplina	しつけ	☐ calificación	評価
☐ aprendizaje	習得、学習	☐ notas	成績
☐ estudio	勉強、研究	☐ sobresaliente	(成績の) 優
☐ jardín de infancia	幼稚園	☐ notable	(成績の) 良
☐ escuela	学校	☐ aprobado	(成績の) 可
☐ colegio	(小・中) 学校	☐ suspenso	不合格、落第
☐ instituto	中 (高等) 学校	☐ asistencia	出席
☐ bachillerato	中等教育課程	☐ falta	欠席
☐ universidad	大学	☐ participación	参加
☐ academia	専門学校	☐ preparación	予習
☐ ingreso	入学	☐ repaso	復習
☐ graduación	卒業	☐ tarea	宿題
☐ carrera	(大学の) 課程	☐ deberes	宿題
☐ posgrado	大学院 (課程)	☐ trabajo	レポート
☐ máster	修士課程	☐ tesina	卒業論文
☐ doctorado	博士課程	☐ tesis	学位論文
☐ facultad	学部	☐ ejercicio	練習
☐ departamento	学科	☐ actividad	活動
☐ especialidad	専門分野、専攻	☐ presentación	発表
☐ matrícula	履修	☐ apuntes	(講義の) ノート
☐ curso	講座、学年	☐ beca	奨学金
☐ clase	授業、教室	☐ intercambio	交流
☐ seminario	セミナー	☐ internado	寄宿制度
☐ examen	試験	☐ colegio mayor	(大学の) 学生寮
☐ prueba	試験	☐ residencia universitaria	大学の寮
☐ asignatura	科目	☐ aula	教室
☐ horario	時間割	☐ secretaría	事務局
☐ día lectivo	授業のある日	☐ biblioteca	図書館
☐ nivel	レベル	☐ comedor	食堂
☐ crédito	単位	☐ patio	中庭

☐ tablón	掲示板		☐ alumno	生徒
☐ pizarra	黒板		☐ estudiante	学生
☐ tiza	チョーク		☐ compañero de clase	クラスメート
☐ mesa	机		☐ becario	奨学生
☐ pupitre	教室机		☐ repetidor	再履修生
☐ tarima	教壇		☐ bachiller	中等教育修了者
☐ libro	本		☐ licenciado	学士
☐ libro de texto	教科書		☐ doctor	博士
☐ libro de referencia	参考書		☐ ciencias	学問
☐ lección	課、レッスン		☐ matemáticas	数学
☐ página	ページ		☐ química	化学
☐ diccionario	辞書		☐ física	物理学
☐ cuaderno	ノート		☐ biología	生物学
☐ lápiz	鉛筆		☐ historia	歴史、歴史学
☐ lapicero	シャープペンシル		☐ geografía	地理
☐ bolígrafo	ボールペン		☐ música	音楽
☐ pluma	万年筆		☐ educación física	体育
☐ rotulador	マーカー		☐ arquitectura	建築学
☐ goma	消しゴム		☐ ingeniería	工学
☐ estuche (de plumas)	ペンケース		☐ informática	情報科学
☐ sacapuntas	鉛筆削り		☐ derecho	法学
☐ regla	定規		☐ economía	経済学
☐ escuadra	三角定規		☐ empresariales	経営学
☐ grapadora	ホッチキス		☐ filología	文献学
☐ carpeta	紙ばさみ		☐ filosofía	哲学
☐ cinta adhesiva	粘着テープ		☐ lingüística	言語学
☐ pegamento	糊、接着剤		☐ literatura	文学
☐ calculadora	計算機		☐ periodismo	新聞学
☐ maestro	教諭、師匠		☐ sociología	社会学
☐ profesor	教師、先生		☐ psicología	心理学
☐ rector	学長		☐ medicina	医学
☐ decano	学部長		☐ veterinaria	獣医学
☐ catedrático	専任教授		☐ farmacia	薬学
☐ tutor	指導教師		☐ teología	神学

24

練習問題 （解答 p.143）

1 次の動詞に対応する名詞を書きましょう。

1. aprender
2. estudiar
3. enseñar
4. examinar
5. suspender
6. asistir
7. calificar
8. matricularse

2 次の語句と最も関連のある語を枠内から重複しないように選びましょう。

1. leer
2. marcar
3. consultar
4. borrar
5. mirar
6. escribir
7. guardar
8. tomar apuntes

> bolígrafo　carpeta　cuaderno　diccionario
> goma　　　libro　　rotulador　　vídeo

3 左右の語句が反対または対になるように、枠内の語を適切な形にして下線部を埋めましょう。

1. universidad pública　　universidad _____
2. tarea difícil　　　　　tarea _____
3. estudiante atento　　　estudiante _____
4. actividad interesante　actividad _____
5. asignatura obligatoria　asignatura _____
6. examen oral　　　　　examen _____
7. presentación individual　presentación _____
8. clase presencial　　　clase _____
9. curso práctico　　　　curso _____
10. nivel superior　　　　nivel _____

> aburrido　distraído　escrito　fácil　grupal
> inicial　optativo　privado　teórico　virtual

4 スペイン語にしましょう。

1. 中学
2. 入学試験
3. 2 年生
4. 通信教育
5. 2 単位の科目
6. 学位
7. オンライン授業
8. 相対評価

5 仲間外れの語をひとつ選びましょう。

1. pizarra tiza beca mesa
2. clase escuela colegio universidad
3. sobresaliente notable título aprobado
4. decano departamento tutor catedrático
5. licenciado doctor repetidor bachiller
6. secretaría horario comedor biblioteca
7. cuaderno página regla lapicero
8. medicina informática gramática periodismo

6 左と同じ意味の表現を右から選び、1対1で結び付けましょう。

1. anotar   •
2. calificar   •
3. licenciarse   •
4. memorizar   •
5. sacar una A •
6. aprobar   •

• **a.** terminar la carrera
• **b.** sacar una buena nota
• **c.** pasar el examen
• **d.** tomar apuntes
• **e.** aprender de memoria
• **f.** poner notas

7 意味を成す表現にするために左右の語句を1回ずつ用いて結び付け、日本語に訳しましょう。

24

1. carné   •
2. compañero •
3. prueba   •
4. escuela   •
5. facultad   •
6. jefe   •
7. libro   •
8. matrícula •
9. patio   •
10. tablón   •

• **a.** de anuncios
• **b.** de clase
• **c.** de Derecho
• **d.** de estudiante
• **e.** de estudios
• **f.** de honor
• **g.** de idiomas
• **h.** de nivel
• **i.** de recreo
• **j.** de texto

8 意味を成す表現にするために左右の語を 1 回ずつ用いて結び付け、日本語に訳しましょう。

1. asignatura ・
2. aula ・
3. colegio ・
4. curso ・
5. educación ・
6. examen ・
7. formación ・
8. tesis ・

・ **a.** doctoral
・ **b.** infantil
・ **c.** intensivo
・ **d.** magna
・ **e.** pendiente
・ **f.** privado
・ **g.** profesional
・ **h.** parcial

9 意味を成す文にするために枠内の語を全て用いて下線部を埋めましょう。

1. El estudiante quiere .... un intercambio.
2. El estudiante va a .... una beca.
3. El profesor no puede .... clase hoy.
4. El estudiante tiene que .... el curso.
5. El profesor va a .... los exámenes.
6. El estudiante piensa .... al examen.
7. El profesor suele .... muchos deberes.
8. El estudiante quiere .... en esta universidad.

| corregir entrar hacer impartir poner presentarse repetir solicitar |

10 左と同じ意味の表現を右から選び、1 対 1 で結び付けましょう。

1. hacer novillos ・
2. hincar los codos ・
3. catear ・
4. ser una maría ・
5. ser un empollón ・
6. estar pez ・

・ **a.** suspender
・ **b.** no saber nada
・ **c.** ser una asignatura muy fácil
・ **d.** faltar a clase
・ **e.** estudiar mucho
・ **f.** ser un estudiante que estudia mucho

1 1. aprendizaje　2. estudio　　3. enseñanza　　4. examen
5. suspenso　　6. asistencia　　7. calificación　　8. matrícula

2 1. libro　　　　2. rotulador　　3. diccionario　　4. goma
5. vídeo　　　　6. bolígrafo　　7. carpeta　　8. cuaderno

3 1. privada　　2. fácil　　　3. distraído　　4. aburrida　　5. optativa
6. escrito　　7. grupal　　　8. virtual　　9. teórico　　10. inicial

4 1. escuela secundaria　　　　2. examen de ingreso
3. estudiante de segundo (curso)　　4. enseñanza a distancia
5. asignatura de dos créditos　　6. título (académico)
7. clase en línea　　　　　　8. evaluación relativa

5 1. beca　　　2. clase　　3. título　　4. departamento
5. repetidor　6. horario　　7. página　　8. gramática

6 1.-d.　2.-f.　3.-a.　4.-e.　5.-b.　6.-c.

7 1.-d. 学生証　　　　　　　2.-b. クラスメート
3.-h. プレイスメントテスト　　4.-g. 語学学校
5.-c. 法学部　　　　　　　　6.-e. 教務主任
7.-j. 教科書　　　　　　　　8.-f. 授業料免除付きの優等賞
9.-i. 校庭　　　　　　　　　10.-a. 掲示板

8 1.-e. 再履修科目、懸案事項　2.-d. 講堂、大教室
3.-f. 私立学校　　　　　　　4.-c. 集中講座
5.-b. 幼児教育　　　　　　　6.-h. 中間試験
7.-g. 職業訓練　　　　　　　8.-a. 博士論文

9 1. hacer　　　2. solicitar　　3. impartir　　4. repetir　　5. corregir
6. presentarse　7. poner　　8. entrar

10 1.-d.　2.-e.　3.-a.　4.-c.　5.-f.　6.-b.

24

25 言　語

☐ idioma	言語	☐ categoría gramatical	品詞
☐ lengua	言語	☐ sustantivo	名詞
☐ lenguaje	言葉遣い	☐ nombre	名詞
☐ habla	話すこと、言葉	☐ pronombre	代名詞
☐ dialecto	方言	☐ adjetivo	形容詞
☐ jerga	仲間内の言葉、隠語	☐ artículo	冠詞
☐ argot	スラング	☐ verbo	動詞
☐ lengua materna	母語	☐ adverbio	副詞
☐ lengua oficial	公用語	☐ preposición	前置詞
☐ bilingüe	バイリンガルの（人）	☐ conjunción	接続詞
☐ japonés	日本語	☐ interjección	間投詞
☐ español	スペイン語	☐ determinante	限定詞
☐ castellano	スペイン語	☐ demostrativo	指示詞
☐ inglés	英語	☐ posesivo	所有詞
☐ francés	フランス語	☐ numeral	数詞
☐ alemán	ドイツ語	☐ interrogativo	疑問詞
☐ italiano	イタリア語	☐ relativo	関係詞
☐ portugués	ポルトガル語	☐ alfabeto	アルファベット
☐ griego	ギリシア語	☐ abecedario	アルファベット
☐ sueco	スウェーデン語	☐ escritura	文字
☐ ruso	ロシア語	☐ letra	文字
☐ árabe	アラビア語	☐ mayúscula	大文字
☐ chino	中国語	☐ minúscula	小文字
☐ coreano	韓国語	☐ sílaba	音節
☐ hindi	ヒンディー語	☐ diptongo	二重母音
☐ bengalí	ベンガル語	☐ triptongo	三重母音
☐ catalán	カタルーニャ語	☐ acento	アクセント（記号）
☐ vasco	バスク語	☐ tilde	アクセント、波形記号
☐ gallego	ガリシア語	☐ diéresis	分音符
☐ latín	ラテン語	☐ crema	分音符
☐ gramática	文法	☐ voz	声、音声
☐ norma	規則	☐ sonido	音
☐ regla	規則	☐ vocal	母音

☐ consonante	子音	☐ persona	人称
☐ pronunciación	発音	☐ forma	形
☐ entonación	抑揚	☐ modo	法、叙法
☐ palabra	語、単語	☐ indicativo	直説法
☐ vocabulario	語彙	☐ subjuntivo	接続法
☐ léxico	語彙	☐ imperativo	命令法
☐ sinónimo	同義語	☐ tiempo	時制
☐ antónimo	反義語	☐ presente	現在
☐ onomatopeya	擬声語、擬音語	☐ (pretérito) indefinido	点過去
☐ diminutivo	縮小辞	☐ (pretérito) imperfecto	線過去
☐ aumentativo	増大辞	☐ pretérito perfecto	現在完了
☐ prefijo	接頭辞	☐ (pretérito) pluscuamperfecto	過去完了
☐ sufijo	接尾辞	☐ futuro	未来
☐ abreviatura	略語、省略形	☐ condicional	過去未来
☐ ortografía	正書法、正しい綴り	☐ futuro perfecto	未来完了
☐ significado	意味	☐ infinitivo	不定詞
☐ dicho	言葉、格言	☐ gerundio	現在分詞
☐ modismo	熟語、慣用句	☐ participio pasado	過去分詞
☐ perífrasis	迂言法	☐ voz pasiva	受動態
☐ frase	文	☐ voz activa	能動態
☐ texto	原文、本文	☐ transitivo	他動詞
☐ párrafo	段落	☐ intransitivo	自動詞
☐ capítulo	章	☐ conjugación	(動詞の) 活用
☐ orden	順序	☐ concordancia	一致
☐ oración	文、節	☐ comparativo	比較級
☐ cláusula	節	☐ superlativo	最上級
☐ sujeto	主語	☐ regular	規則的な
☐ predicado	述語、述部	☐ irregular	不規則な
☐ complemento	補語	☐ definido	限定的な
☐ género	性	☐ indefinido	不定の
☐ masculino	男性	☐ directo	直接の
☐ femenino	女性	☐ indirecto	間接の
☐ neutro	中性	☐ reflexivo	再帰の
☐ número	数	☐ negativo	否定的な
☐ singular	単数	☐ afirmativo	肯定的な
☐ plural	複数	☐ impersonal	無人称の

25

☐ formal	格式ばった	☐ confesar	告白する
☐ informal	カジュアルな	☐ contar	語る
☐ coloquial	口語 (体) の	☐ contestar	答える
☐ culto	教養のある	☐ conversar	会話する
☐ vulgar	俗語の	☐ decir	言う
☐ signo	記号	☐ declarar	宣言する
☐ punto	ピリオド (.)	☐ deletrear	綴りを言う
☐ coma	コンマ (,)	☐ describir	描写する
☐ dos puntos	コロン (:)	☐ dialogar	対話する
☐ punto y coma	セミコロン (;)	☐ enunciar	述べる
☐ puntos suspensivos	省略符号 (...)	☐ exclamar	感嘆の声を上げる
☐ barra	スラッシュ (/)	☐ explicar	説明する
☐ raya	ダッシュ (―)	☐ expresar	表現する
☐ guion	ハイフン (-)	☐ gritar	叫ぶ
☐ guion bajo	アンダーバー (_)	☐ hablar	話す
☐ comillas	引用符 (« » / " ")	☐ informar	知らせる、情報を与える
☐ paréntesis	丸括弧 ( )	☐ insistir	繰り返し主張する
☐ corchete	ブラケット [ ]	☐ interrumpir	話をさえぎる
☐ llave	中括弧 { }	☐ manifestar	表明する
☐ redacción	作文	☐ mencionar	言及する
☐ comprensión	理解	☐ murmurar	つぶやく
☐ auditivo	耳の、聞き取りの	☐ narrar	語る
☐ lector	読み取りの	☐ opinar	意見を述べる
☐ expresión	表現	☐ parafrasear	分かりやすく言い換える
☐ oral	口頭の	☐ predecir	予言する
☐ escrito	筆記の	☐ preguntar	質問する
☐ eufemismo	婉曲語法	☐ pronunciar	発音する
☐ advertir	警告する	☐ protestar	抗議する
☐ anunciar	知らせる、宣伝する	☐ relatar	語る
☐ avisar	知らせる	☐ repetir	繰り返して言う
☐ bromear	冗談を言う	☐ responder	答える
☐ callar	黙る	☐ revelar	(秘密などを) 明らかにする
☐ charlar	おしゃべりする		
☐ chillar	金切り声をあげる	☐ sugerir	それとなく言う
☐ comentar	論評する	☐ susurrar	つぶやく
☐ comunicar	知らせる、伝える	☐ traducir	翻訳する

1 次の国の公用語または最も話されている言語を書きましょう。

1. Japón   2. Brasil   3. Cuba   4. Grecia

5. Estados Unidos   6. China   7. Rusia   8. Arabia Saudita

2 次の語の品詞を枠内から選んで書きましょう。

1. comer   2. correctamente   3. importante   4. en

5. ay   6. pan   7. nosotros   8. y

adjetivo	adverbio	conjunción	interjección
preposición	pronombre	sustantivo	verbo

3 例にならって、下線部に必要な語を書きましょう。

例   hermoso   sinónimo de bonito

1. H   octava ＿＿＿＿＿ del alfabeto
2. mariposa   palabra de cuatro ＿＿＿＿＿
3. bajo   ＿＿＿＿＿ de alto
4. viviendo   ＿＿＿＿＿ del verbo vivir
5. casita   ＿＿＿＿＿ de casa
6. tú   pronombre personal de segunda ＿＿＿＿＿ del singular

25

4 左の動詞の時制を右から選び、1 対 1 で結び付けましょう。

1. canto   •   • **a.** condicional
2. canté   •   • **b.** futuro
3. cantaré   •   • **c.** futuro perfecto
4. cantaba   •   • **d.** presente
5. cantaría   •   • **e.** (pretérito) indefinido
6. había cantado   •   • **f.** (pretérito) imperfecto
7. he cantado   •   • **g.** pretérito perfecto
8. habré cantado   •   • **h.** (pretérito) pluscuamperfecto

5 左右の語句が反対または対になるように、枠内の語を適切な形にして下線部を埋めましょう。

1. artículo definido   artículo ....
2. letra mayúscula   letra ....
3. conjugación regular   conjugación ....
4. voz pasiva   voz ....
5. complemento directo   complemento ....
6. sonido agudo   sonido ....
7. sonido fuerte   sonido ....
8. lenguaje culto   lenguaje ....
9. forma singular   forma ....
10. letra vocal   letra ....

> activo   consonante   grave   indefinido   indirecto
> irregular   minúsculo   plural   suave   vulgar

6 仲間外れの語をひとつ選びましょう。

1. sujeto   verbo   preposición   pronombre
2. indicativo   subjuntivo   aumentativo   imperativo
3. condicional   predicado   futuro   presente
4. hindi   árabe   sueco   chileno

7 意味を成す表現にするために左右の語を1回ずつ用いて結び付け、日本語に訳しましょう。

1. diccionario	·	· **a.** alfabético
2. traducción	·	· **b.** coloquial
3. categoría	·	· **c.** gramatical
4. lengua	·	· **d.** electrónico
5. lenguaje	·	· **e.** imperativo
6. pronombre	·	· **f.** interrogativa
7. orden	·	· **g.** materna
8. oración	·	· **h.** reflexivo
9. modo	·	· **i.** simultánea
10. perífrasis	·	· **j.** verbal

8 スペイン語にしましょう。

1. 基本語彙　　　2. 法律用語　　　3. 標準語　　　　4. 所有形容詞
5. 関係代名詞　　6. 疑問符　　　　7. 語幹母音変化動詞　8. 自動翻訳

9 次の動詞に対応する名詞を書きましょう。

1. charlar　　　2. pronunciar　　3. gritar　　　4. exclamar
5. decir　　　　6. dialogar　　　7. conversar　　8. relatar

10 同じ意味になる動詞を枠内から選びましょう。

1. hablar con otra u otras personas
2. manifestar una idea
3. cortar la palabra o la conversación
4. guardar silencio
5. levantar la voz más alto de lo acostumbrado
6. pronunciar el nombre de las letras de una palabra separadamente

| callar | conversar | deletrear | gritar | interrumpir | opinar |

25

11 次の符号の名称を枠内から選んで書きましょう。

1. :　　　　　　　2. /　　　　　　　3. ( )
4. .　　　　　　　5. ;　　　　　　　6. « »
7. ,　　　　　　　8. -　　　　　　　9. _

| barra | coma | comillas | dos puntos | guion |
| guion bajo | punto | paréntesis | punto y coma |

12 日本語の意味になるように枠内の語を用いて下線部を埋めましょう。その際、二重下線は複数形にしてください。なお、複数回使う語もあります。

1. 初めから終わりまで　　　　de ＿＿＿＿＿＿ a pa
2. 細かく、ひとつずつ　　　　＿＿＿＿＿ por ＿＿＿＿＿ y be por be
3. いろいろな方法で　　　　　por ＿＿＿＿＿ o por be
4. しつこく　　　　　　　　　＿＿＿＿＿ que ＿＿＿＿＿
5. ひとことも言わない　　　　no decir ni ＿＿＿＿＿
6. 何も知らない　　　　　　　no saber hacer la ＿＿＿＿＿ con un canuto
7. 三拍子揃っている　　　　　tener las tres ＿＿＿＿＿
8. 細かいところまではっきりさせる　poner los puntos sobre las ＿＿＿＿＿

a	be	ce	i	jota	o	pe	erre

13 日本語の意味になるように、正しい選択を選びましょう。

1. 皆目わからない　　　　　　　sonar a (alemán / chino / ruso)
2. 抜け目ない　　　　　　　　　saber (inglés / árabe / latín)
3. わけのわからないことをしゃべる　hablar en (griego / japonés / coreano)
4. 言葉そのままに　　　　　　　al pie de (la gramática / la palabra / la letra)
5. 詳細に　　　　　　　　　　　sin faltar ni (un punto / un signo / una coma)
6. ついでながら　　　　　　　　entre (comillas / paréntesis / coma y punto)

14 日本語の意味になるように枠内の語を全て用いて下線部を埋めましょう。

1. 言葉をさえぎる　　　　　　　＿＿＿＿＿ la palabra
2. （会議などで）話し始める　　＿＿＿＿＿ la palabra
3. 話しかける　　　　　　　　　＿＿＿＿＿ la palabra
4. 言葉を選んで慎重に話す　　　＿＿＿＿＿ las palabras
5. 無駄口をきかない　　　　　　＿＿＿＿＿ palabras
6. 誓言する　　　　　　　　　　＿＿＿＿＿ la palabra (de honor)
7. 発音がはっきりしない　　　　＿＿＿＿＿ las palabras
8. 発言を控える　　　　　　　　no ＿＿＿＿＿ palabra

ahorrar	comerse	cortar	dar	dirigir	medir	tomar	soltar

1 1. japonés 2. portugués 3. español 4. griego
  5. inglés 6. chino 7. ruso 8. árabe

2 1. verbo 2. adverbio 3. adjetivo 4. preposición
  5. interjección 6. sustantivo 7. pronombre 8. conjunción

3 1. letra 2. sílabas 3. antónimo 4. gerundio
  5. diminutivo 6. persona

4 1.-d. 2.-e. 3.-b. 4.-f. 5.-a. 6.-h. 7.-g. 8.-c.

5 1. indefinido 2. minúscula 3. irregular 4. activa 5. indirecto
  6. grave 7. suave 8. vulgar 9. plural 10. consonante

6 1. sujeto 2. aumentativo 3. predicado 4. chileno

7 1.-d. 電子辞書   2.-i. 同時通訳   3.-c. 品詞
  4.-g. 母語   5.-b. 口語体   6.-h. 再帰代名詞
  7.-a. アルファベット順 8.-f. 疑問文 9.-e. 命令法
  10.-j. 迂言法（ir a＋不定詞、seguir＋現在分詞のように、複数の語から成る句・連語を用いること）

8 1. vocabulario básico   2. lenguaje legal
  3. lengua estándar   4. adjetivo posesivo
  5. pronombre relativo   6. signo de interrogación
  7. verbo con cambio vocálico 8. traducción automática

9 1. charla 2. pronunciación 3. grito 4. exclamación
  5. dicho 6. diálogo 7. conversación 8. relato

10 1. conversar 2. opinar 3. interrumpir 4. callar 5. gritar 6. deletrear

11 1. dos puntos 2. barra 3. paréntesis
  4. punto 5. punto y coma 6. comillas
  7. coma 8. guion 9. guion bajo

12 1. pe 2. a, a 3. ce 4. erre, erre 5. jota 6. o 7. bes 8. íes

13 1. chino 2. latín 3. griego 4. la letra 5. una coma 6. paréntesis

14 1. cortar 2. tomar 3. dirigir 4. medir 5. ahorrar
  6. dar 7. comerse 8. soltar

25

26 音楽・文学・美術

☐	música	音楽
☐	instrumento de cuerda	弦楽器
☐	instrumento de percusión	打楽器
☐	instrumento de viento	管楽器
☐	acordeón	アコーディオン
☐	armónica	ハーモニカ
☐	arpa	ハープ
☐	bajo	ベースギター、バス
☐	batería	ドラム
☐	bombo	大太鼓
☐	castañuelas	カスタネット
☐	clarinete	クラリネット
☐	contrabajo	コントラバス
☐	flauta	フルート
☐	guitarra	ギター
☐	maracas	マラカス
☐	órgano	オルガン
☐	pandereta	タンバリン
☐	piano	ピアノ
☐	platillos	シンバル
☐	saxofón	サックス
☐	tambor	太鼓
☐	triángulo	トライアングル
☐	trombón	トロンボーン
☐	trompeta	トランペット
☐	violín	バイオリン
☐	viola	ビオラ
☐	violonchelo	チェロ
☐	xilófono	木琴
☐	púa	(弦楽器用の) ピック

☐	canción	歌
☐	canto	歌
☐	himno	賛歌
☐	villancico	クリスマスキャロル
☐	letra	歌詞
☐	tenor	テノール
☐	alto	アルト
☐	soprano	ソプラノ
☐	solo	独奏、独唱
☐	dúo	二重奏、二重唱
☐	trío	三重奏、三重唱
☐	cuarteto	四重奏、四重唱
☐	coro	合唱
☐	banda	バンド、音楽隊
☐	orquesta	オーケストラ
☐	batuta	指揮棒
☐	concierto	コンサート
☐	recital	リサイタル
☐	música clásica	クラシック音楽
☐	música folclórica	民族音楽
☐	música latina	ラテン音楽
☐	rock	ロック
☐	jazz	ジャズ
☐	pop	ポップ
☐	rap	ラップ
☐	rumba	ルンバ
☐	salsa	サルサ
☐	flamenco	フラメンコ
☐	composición	作曲、構成
☐	melodía	メロディー
☐	armonía	ハーモニー
☐	ritmo	リズム
☐	tono	音質、音階

☐ tono mayor	長調	☐ prólogo	序章
☐ tono menor	短調	☐ epílogo	終章
☐ partitura	楽譜	☐ índice	目次
☐ pentagrama	五線譜	☐ tapa	表紙
☐ nota	音符	☐ edición	発行、出版、版
☐ compás	小節、拍子	☐ tirada	発行部数
☐ escala	音階	☐ volumen	（書物の）巻
☐ clave	音部記号	☐ ejemplar	（刊行物の）冊
☐ literatura	文学	☐ arte	芸術
☐ autografía	自伝	☐ obra	作品
☐ biografía	伝記	☐ pintura	絵画
☐ crítica	評論	☐ cuadro	絵
☐ cuento	物語、短編小説	☐ retrato	肖像画
☐ relato	物語、話	☐ bodegón	静物画
☐ diario	日記	☐ paisaje	風景画
☐ drama	戯曲	☐ dibujo	線画、デッサン
☐ ensayo	エッセイ	☐ boceto	下絵、スケッチ
☐ fábula	寓話	☐ óleo	油絵（の具）
☐ leyenda	伝説	☐ acuarela	水彩画
☐ mitología	神話	☐ lienzo	キャンバス
☐ chiste	笑い話	☐ paleta	パレット
☐ novela	小説	☐ pincel	筆
☐ poesía	詩	☐ grabado	版画
☐ poema	（作品としての）詩	☐ cerámica	陶器
☐ novela de ficción	フィクション小説	☐ porcelana	磁器
☐ novela policíaca [policiaca]	探偵小説	☐ escultura	彫刻
		☐ estatua	像
☐ novela rosa	恋愛小説	☐ busto	胸像
☐ épica	叙事詩	☐ bronce	ブロンズ
☐ lírica	抒情詩	☐ arcilla	粘土
☐ verso	韻文	☐ mármol	大理石
☐ prosa	散文	☐ yeso	石膏
☐ metáfora	隠喩	☐ museo de bellas artes	美術館
☐ autor	作者	☐ galería	ギャラリー
☐ seudónimo	ペンネーム	☐ taller	工房、アトリエ
☐ anónimo	作者不詳	☐ exposición	展覧会

26

練 習 問 題 （解答 p.157）

1 枠内の語を分類して該当するところに書きましょう。

instrumentos de cuerda	
instrumentos de percusión	
instrumentos de viento	

> arpa　　bombo　　castañuelas　　clarinete　　contrabajo　　flauta
> guitarra　　pandereta　　saxofón　　trompeta　　violín　　xilófono

2 例にならって、演奏者または作者を表す語を書きましょう。

> **例**　violín（バイオリン）→ violinista（バイオリニスト）

1. guitarra　　2. pintura　　3. canto　　4. piano　　5. poesía
6. novela　　7. escultura　　8. composición　　9. biografía　　10. drama

3 左の語と関連のある動詞を右から選び、1 対 1 で結び付けましょう。

1. cuadro 　・ 　　　　　・ **a.** bailar
2. ensayo 　・ 　　　　　・ **b.** cantar
3. busto 　・ 　　　　　・ **c.** construir
4. villancico ・ 　　　　　・ **d.** escribir
5. torre 　・ 　　　　　・ **e.** esculpir
6. rumba 　・ 　　　　　・ **f.** pintar

4 仲間外れの語をひとつ選びましょう。

1. dibujo　retrato　bodegón　pentagrama
2. lienzo　paleta　recital　pincel
3. bajo　yeso　tenor　soprano
4. galería　melodía　armonía　ritmo
5. prólogo　índice　psicólogo　epílogo

5 意味を成す表現にするために左右の語句を 1 回ずつ用いて結び付け、日本語に訳しましょう。

1. música ・　　　　　　・ **a.** al óleo
2. pintura ・　　　　　　・ **b.** para piano
3. concierto ・　　　　　・ **c.** en madera
4. cuento ・　　　　　　・ **d.** en prosa
5. grabado ・　　　　　・ **e.** de bolsillo
6. fábulas ・　　　　　・ **f.** de fondo
7. poema ・　　　　　　・ **g.** de hadas
8. edición ・　　　　　・ **h.** de Esopo

6 意味を成す表現にするために枠内の語を全て用いて下線部を埋め、日本語に訳しましょう。

1. escala _____　　2. himno _____
3. leyenda _____　　4. naturaleza _____
5. flauta _____　　6. obra _____
7. poema _____　　8. retrato _____

dulce	lírico	maestra	mayor	muerta	nacional	negra	robot

7 日本語の意味になるように、枠内の語を適切な形にして下線部を埋めましょう。

1. 4 分の 3 拍子　　　　_____ de tres por cuatro
2. ト音記号　　　　　　_____ de sol
3. ハ短調　　　　　　　_____ de do menor
4. 10 万部の発行部数　　una _____ de cien mil _____
5. 裏表紙　　　　　　　_____ posterior
6. 20 巻からなる百科事典　enciclopedia en veinte _____

clave	compás	ejemplar	tapa	tirada	tono	volumen

8 スペイン語にしましょう。

1. 子守歌　　2. 弦楽四重奏　　3. 中世スペイン文学　　4. ノンフィクション小説
5. 初版　　　6. 画用紙　　　7. 水彩画　　　　　　　8. グラフィックアート

9 日本語の意味になるように、正しい選択を選びましょう。

1. うきうきしている　　　　estar como unas (guitarras / arpas /castañuelas)
2. 偶然うまくいく　　　　　sonar la (música / flauta / canción)
3. 自慢する　　　　　　　　darse (bombo / piano / violín)
4. 牛耳る　　　　　　　　　llevar la (trompeta / batuta / paleta)
5. 口先だけで何も実行しない　hacer (música / arte / literatura)
6. とっとと消え失せる　　　irse con la (música / orquesta / banda) a otra parte
7. 話が違う　　　　　　　　ser otra (melodía / partitura / canción)
8. あれやこれやの理由で　　entre pitos y (violas / púas / flautas)
9. 勝ち誇って　　　　　　　a (tambor / xilófono / triángulo) batiente
10. 静かに　　　　　　　　　sin bombo ni (maracas / batería / platillos)

10 日本語の意味になるように、枠内の語を全て用いて下線部を埋めましょう。

1. 現実離れしている　　　　ser todo un _____
2. 人に賛同する　　　　　　hacer _____ a alguien
3. 上品な服装をしている　　estar hecho un _____
4. 恐怖などで体がすくむ　　quedarse hecho como una _____
5. えらそうにする　　　　　darse _____
6. 実力を示す　　　　　　　dar un _____
7. …の二番煎じだ　　　　　ser la segunda _____ de …
8. …が大嫌いだ　　　　　　no poder ver … ni en _____

| coro | edición | estatua | pincel |
| pintura | poema | recital | tono |

156

1 instrumentos de cuerda: arpa, contrabajo, guitarra, violín
instrumentos de percusión: bombo, castañuelas, pandereta, xilófono
instrumentos de viento: clarinete, flauta, saxofón, trompeta

2 1. guitarrista　2. pintor　3. cantante　4. pianista　5. poeta
6. novelista　7. escultor　8. compositor　9. biógrafo　10. dramaturgo

3 1.-f.　2.-d.　3.-e.　4.-b.　5.-c.　6.-a.

4 1. pentagrama　2. recital　3. yeso　4. galería　5. psicólogo

5 1.-f. BGM　　　2.-a. 油絵　　　　　　3.-b. ピアノ協奏曲　　4.-g. おとぎ話
5.-c. 木版　　6.-h. イソップ物語　　7.-d. 散文詩　　　　　　8.-e. ポケット版

6 1. mayor 長音階　　　　　　　　2. nacional 国歌
3. negra 黒い伝説、悪いうわさ　　4. muerta 静物画
5. dulce リコーダー　　　　　　　6. maestra 傑作、名作
7. lírico 叙情詩　　　　　　　　　8. robot モンタージュ写真、似顔絵

7 1. compás　2. clave　3. tono　4. tirada, ejemplares　5. tapa　6. volúmenes
＊スペイン語と日本語の音名の対応は do ハ、re ニ、mi ホ、fa ヘ、sol ト、la イ、
si ロ

8 1. canción de cuna　　　　　　2. cuarteto de cuerda
3. literatura medieval española　4. novela de no ficción
5. primera edición　　　　　　　6. papel de dibujo
7. (pintura a la) acuarela　　　　8. artes gráficas

9 1. castañuelas　2. flauta　3. bombo　4. batuta　5. literatura
6. música　7. canción　8. flautas　9. tambor　10. platillos

10 1. poema　2. coro　3. pincel　4. estatua　5. tono
6. recital　7. edición　8. pintura

26

27 歴史・宗教

☐ historia	歴史	☐ reconquista	国土回復運動
☐ cronología	年表	☐ motín	暴動、反乱
☐ crónica	年代記	☐ rebelión	反乱、蜂起
☐ prehistoria	先史時代	☐ levantamiento	反乱、蜂起
☐ Edad de Piedra	石器時代	☐ intervención	介入
☐ Edad Media	中世	☐ pacto	協定、条約
☐ Edad Moderna	近代	☐ paz	講和 (条約)
☐ Edad Contemporánea	現代	☐ tratado	条約、協定
☐ época	時代	☐ independencia	独立
☐ era	時代、紀元	☐ hegemonía	覇権、主導権
☐ siglo	世紀、時代	☐ derrota	敗北
☐ etapa	段階、時期	☐ caída	崩壊、陥落
☐ fase	段階、時期	☐ crisis	危機
☐ reinado	治世、統治期間	☐ restauración	復興、復帰
☐ régimen	統治体制	☐ evolución	発展
☐ regencia	摂政政治	☐ revolución	革命
☐ imperio	帝国	☐ reforma	改革
☐ reino	王国	☐ renovación	刷新
☐ dinastía	王朝	☐ transición	移り変わり、変遷
☐ expansión	拡大、拡張	☐ civilización	文明
☐ desarrollo	発展	☐ cultura	文化
☐ auge	絶頂	☐ feudalismo	封建制度
☐ expedición	遠征	☐ expulsión	追放
☐ invasión	侵入	☐ exilio	追放、亡命
☐ conquista	征服	☐ descubrimiento	発見
☐ ocupación	占領	☐ invención	発明
☐ colonización	植民地化	☐ religión	宗教
☐ genocidio	大量殺戮	☐ creencia	信じること
☐ guerra	戦争	☐ fe	信仰
☐ batalla	戦い	☐ cristianismo	キリスト教
☐ conflicto	紛争、衝突	☐ catolicismo	カトリックの教義
☐ lucha	争い、対立	☐ protestantismo	プロテスタントの教義
☐ ejército	軍隊	☐ judaísmo	ユダヤ教

☐ islam	イスラム教	☐ beato	祝福を受けた人
☐ budismo	仏教	☐ laico	平信徒
☐ sintoísmo	神道	☐ converso	キリスト教への改宗者
☐ hinduismo	ヒンドゥー教	☐ hereje	異教徒
☐ politeísmo	多神教	☐ abadía	大修道院
☐ monoteísmo	一神教	☐ convento	修道院
☐ ateísmo	無神論	☐ monasterio	修道院
☐ dogma	教義	☐ iglesia	教会
☐ Biblia	聖書	☐ mezquita	モスク
☐ Antiguo Testamento	旧約聖書	☐ sinagoga	シナゴーグ
☐ Nuevo Testamento	新約聖書	☐ templo	寺院
☐ Evangelio	福音、福音書	☐ santuario	聖地、神殿
☐ Corán	コーラン	☐ pagoda	仏塔
☐ Dios	神	☐ parroquia	教区教会
☐ Jesucristo	イエス・キリスト	☐ misa	ミサ
☐ papa	教皇	☐ rezo	祈り
☐ pontífice	教皇	☐ oración	祈り
☐ cardenal	枢機卿	☐ cruz	十字架
☐ arzobispo	大司教	☐ milagro	奇跡
☐ obispo	司教	☐ confesión	告解、懺悔、信仰
☐ cura	司祭	☐ peregrinación	巡礼
☐ sacerdote	司祭	☐ procesión	宗教上の行列
☐ padre	神父	☐ castigo	罰
☐ clérigo	聖職者	☐ pecado	罪
☐ religioso	修道士	☐ inquisición	異端審問
☐ monje	修道士、僧侶	☐ ángel	天使
☐ fraile	修道士	☐ diablo	悪魔
☐ profeta	預言者	☐ paraíso	天国
☐ apóstol	使徒	☐ infierno	地獄
☐ santo	聖人	☐ alma	魂
☐ misionero	宣教師	☐ espíritu	精神、精霊
☐ bonzo	（仏教の）僧	☐ Navidad	クリスマス
☐ rabino	ラビ	☐ Pascua	復活祭、イースター
☐ imán	（イスラム教の）イマーム	☐ Semana Santa	聖週間

27

練 習 問 題 (解答 p.163)

1 次の動詞に対応する名詞を書きましょう。

1. conquistar
2. civilizarse
3. independizarse
4. invadir
5. creer
6. rezar
7. confesar
8. pecar

2 枠内の語句を用いてヨーロッパの歴史区分表を完成させましょう。

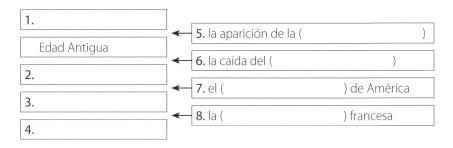

1.
Edad Antigua
2.
3.
4.

5. la aparición de la (　　　　　　　)
6. la caída del (　　　　　　　)
7. el (　　　　　　　) de América
8. la (　　　　　　　) francesa

| descubrimiento | Edad Contemporánea | Edad Media | Edad Moderna |
| escritura | Imperio romano | prehistoria | Revolución |

3 左と同じ意味の語を右から選び、1対1で結び付けましょう。

1. fundar ・　　　　　　　・ a. dejar
2. reinar ・　　　　　　　・ b. derrotar
3. invadir ・　　　　　　　・ c. marcharse
4. vencer ・　　　　　　　・ d. presidir
5. intervenir ・　　　　　　・ e. entrometerse
6. legar ・　　　　　　　・ f. ocupar
7. luchar ・　　　　　　　・ g. crear
8. exiliarse ・　　　　　　・ h. enfrentarse

4 次の教義の信仰者、または思想を主張する人の名称を書きましょう。

1. catolicismo
2. protestantismo
3. judaísmo
4. budismo
5. sintoísmo
6. ateísmo

5 枠内の語を分類して該当するところに書きましょう。

cristianismo	
islam	
budismo	
judaísmo	

bonzo　cura　iglesia　imán　mezquita　pagoda　rabino　sinagoga

6 仲間外れの語句をひとつ選びましょう。

1. motín　rebelión　peregrinación　levantamiento
2. pacto　paz　tratado　genocidio
3. era　época　auge　siglo
4. inquisición　cura　sacerdote　clérigo
5. Sumo Pontífice　obispo de Roma　Jesucristo　vicario de Cristo

7 日本語の意味になるように、枠内の語を全て用いて下線部と（ ）を埋めましょう。

1. エジプト文明 　　　　　　　　　（　　　　　）
2. 封建君主 　　　　　　　　　（　　　　　）
3. 植民地時代 　　　　　　　　　（　　　　　）
4. 内戦 　　　　　　　　　（　　　　　）
5. 神社 　　　　　　　　　（　　　　　）
6. ギリシャ正教会 　　　　　　　　　（　　　　　）
7. 原罪 　　　　　　　　　（　　　　　）
8. 失楽園 　　　　　　　　　（　　　　　）
9. 天罰 　　　　　　　　　（　　　　　）
10. 悪魔 　　　　　　　　　（　　　　　）

27

下線部に入る語		
ángel	castigo	civilización
época	guerra	iglesia	paraíso
pecado	santuario	señor

（　）に入る語			
caído	civil	colonial	divino
egipcia		feudal	original
ortodoxa		perdido	sintoísta

8 意味を成す表現にするために左右の語句を1回ずつ用いて結び付け、日本語に訳しましょう。

1. descubrimiento ・   ・ **a.** de Isabel II
2. caída ・   ・ **b.** de España por parte de Napoleón
3. invasión ・   ・ **c.** del muro de Berlín
4. invención ・   ・ **d.** de Oro
5. independencia ・   ・ **e.** de la imprenta
6. expulsión ・   ・ **f.** de la penicilina
7. reinado ・   ・ **g.** de los judíos de España
8. Siglo ・   ・ **h.** de los países latinoamericanos

9 スペイン語にしましょう。

1. 世界史　　　　2. 石器時代　　　3. 中世後期　　　　4. ブルボン王朝
5. 啓蒙の時代　　6. 産業革命　　　7. ベルサイユ条約　8. 第二次世界大戦

10 日本語の意味になるように、枠内の語を全て用いて下線部を埋めましょう。

1. 非常に価値がある　　　　　valer un ＿＿＿＿＿＿
2. 全く知らないでいる　　　　no saber de la ＿＿＿＿＿＿ la media
3. ただ働きする　　　　　　　trabajar para el ＿＿＿＿＿＿
4. 一世を風靡する　　　　　　hacer ＿＿＿＿＿＿
5. だめになる　　　　　　　　irse al ＿＿＿＿＿＿
6. 調子がよくない　　　　　　no estar muy ＿＿＿＿＿＿
7. 内心穏やかではない　　　　llevar la ＿＿＿＿＿＿ por dentro
8. 貧乏に追い込まれる　　　　quedarse en ＿＿＿＿＿＿ y en cuadro
9. いとも簡単に手に入れる　　llegar y besar el ＿＿＿＿＿＿
10. 何でも知っている　　　　　saber más que la ＿＿＿＿＿＿
11. 挑発する　　　　　　　　　buscar ＿＿＿＿＿＿
12. 皆にわかるようにはっきり（スペイン語で）話す　hablar en ＿＿＿＿＿＿

biblia	católico	cristiano	cruz	diablo	época
guerra	imperio	misa	obispo	procesión	santo

1 1. conquista　2. civilización　3. independencia　4. invasión
5. creencia　6. rezo　　　7. confesión　　　8. pecado

2 1. prehistoria　　　　2. Edad Media　　3. Edad Moderna
4. Edad Contemporánea　5. escritura　　　6. Imperio romano
7. descubrimiento　　　8. Revolución

3 1.-g.　2.-d.　3.-f.　4.-b.　5.-e.　6.-a.　7.-h.　8.-c.

4 1. católico　2. protestante　3. judío　4. budista　5. sintoísta　6. ateo

5 cristianismo: cura, iglesia
islam: imán, mezquita
budismo: bonzo, pagoda
judaísmo: rabino, sinagoga

6 1. peregrinación　2. genocidio　3. auge　4. inquisición　5. Jesucristo

7 1. civilización egipcia　　2. señor feudal　　　3. época colonial
4. guerra civil　　　　5. santuario sintoísta　6. iglesia ortodoxa
7. pecado original　　　8. paraíso perdido　　9. castigo divino
10. ángel caído

8 1.-f. ペニシリンの発見　　　　　2.-c. ベルリンの壁崩壊
3.-b. ナポレオンによるスペイン侵攻　4.-e. 印刷術の発明
5.-h. ラテンアメリカ諸国の独立　　　6.-g. スペインからのユダヤ人追放
7.-a. イサベル2世の治世　　　　　8.-d. 黄金世紀

9 1. historia universal　　　　2. Edad de Piedra
3. Baja Edad Media　　　　4. dinastía borbónica
5. Siglo de las Luces　　　　6. Revolución Industrial
7. Tratado de Versalles　　　8. Segunda Guerra Mundial

10 1. imperio　2. misa　3. obispo　4. época　5. diablo
6. católico　7. procesión　8. cruz　9. santo　10. biblia
11. guerra　12. cristiano

27

28 数学・幾何学・化学

☐ matemáticas	数学		☐ ángulo	角（かく）
☐ número	数		☐ (línea) recta	直線
☐ cifra	数字、桁		☐ (línea) curva	曲線
☐ número par	偶数		☐ línea punteada	点線
☐ número impar	奇数		☐ línea quebrada	折れ線
☐ número primo	素数		☐ línea ondulada	波線
☐ número entero	整数		☐ línea continua	実線
☐ número decimal	小数		☐ (línea) paralela	平行線
☐ número quebrado	分数		☐ (línea) vertical	垂直線
☐ fracción	分数		☐ (línea) horizontal	水平線
☐ numerador	分子		☐ (línea) diagonal	対角線
☐ denominador	分母		☐ esfera	球
☐ cálculo	計算		☐ hemisferio	半球
☐ fórmula	公式、式		☐ cilindro	円柱
☐ ecuación	方程式		☐ cono	円錐
☐ suma	足し算		☐ cubo	立方体
☐ resta	引き算		☐ prisma cuadrangular	四角柱
☐ multiplicación	掛け算		☐ pirámide triangular	三角錐
☐ división	割り算		☐ química	化学
☐ máximo común divisor	最大公約数		☐ análisis	分析
☐ geometría	幾何学		☐ experimento	実験
☐ círculo	円		☐ laboratorio	実験室、研究所
☐ óvalo	楕円		☐ sólido	固体
☐ triángulo	三角形		☐ líquido	液体
☐ triángulo isósceles	二等辺三角形		☐ gas	気体
☐ cuadrado	正方形		☐ álcali	アルカリ
☐ rectángulo	長方形		☐ ácido	酸
☐ trapecio	台形		☐ oxígeno	酸素
☐ paralelogramo	平行四辺形		☐ hidrógeno	水素
☐ pentágono	五角形		☐ carbono	炭素
☐ hexágono	六角形		☐ calcio	カルシウム
☐ diámetro	直径		☐ cloro	塩素
☐ radio	半径		☐ nitrógeno	窒素

1 例にならって、次の図形の名称を書きましょう。

例　1.　2.　3.　4.　5.　6.

círculo

2 頭文字を参考にして、次の線の名称を書きましょう。

1.　2.　3.　4.　5.　6.

linea	linea	linea	linea	linea	linea
v	h	d	c	p	o

3 例にならって、次の立体の名称を書きましょう。

例　1.　2.　3.　4.

esfera

5.　6.　7.　8.

4 枠内の語句を形に従って分類して該当するところに書きましょう。

cuadrado	
rectángulo	
triángulo	
círculo	

28

bandera japonesa　　bandera suiza　　billete de mil yenes
cara de un dado　escuadra　luna llena　moneda de un euro
pista de tenis　　rueda　　tablero de ajedrez

5 次の名詞に対応する形容詞を書きましょう。

1. triángulo　　2. círculo　　3. óvalo　　4. rectángulo
5. esfera　　6. cubo　　7. cono　　8. línea

6 次の名詞に対応する動詞を書きましょう。

1. suma　　2. resta　　3. multiplicación　　4. división
5. cálculo　　6. número　　7. análisis　　8. experimento

7 枠内の語を分類して該当するところに書きましょう。

materias sólidas	
materias líquidas	
materias gaseosas	

| agua　hielo　hueso　piedra　sangre　vapor　vino |

8 次の計算式などをスペイン語で書きましょう。

1. $4 + 3 = 7$　　**2.** $10 \div 2 = 5$　　**3.** $a \geqq b$　　**4.** $2/3$　　**5.** 0.25

9 日本語に訳しましょう。

1. las líneas de Nazca　　2. círculo vicioso
3. triángulo amoroso　　4. laboratorio de ideas

10 スペイン語にしましょう。

1. 一次方程式　　2. 最小公倍数　　3. 直角三角形　　4. 一酸化炭素

1 1. óvalo   2. cuadrado   3. rectángulo   4. triángulo   5. trapecio   6. pentágono

2 1. vertical   2. horizontal   3. diagonal   4. curva   5. punteada   6. ondulada

3 1. hemisferio   2. cilindro   3. cono   4. cubo   5. prisma cuadrangular
6. prisma triangular   7. pirámide triangular   8. pirámide cuadrangular

4 cuadrado: bandera suiza, cara de un dado, tablero de ajedrez
rectángulo: bandera japonesa, billete de mil yenes, pista de tenis
triángulo: escuadra
círculo: luna llena, moneda de un euro, rueda

5 1. triangular   2. circular   3. oval   4. rectangular
5. esférico   6. cúbico   7. cónico   8. lineal

6 1. sumar   2. restar   3. multiplicar   4. dividir
5. calcular   6. numerar   7. analizar   8. experimentar

7 materias sólidas: hielo, hueso, piedra
materias líquidas: agua, sangre, vino
materias gaseosas: vapor

8 1. Cuatro más tres son siete.   2. Diez (dividido) entre dos son cinco.
3. a mayor o igual que b   4. dos tercios
5. cero con [coma] veinticinco [dos cinco]

9 1. ナスカの地上絵   2. 悪循環   3. 三角関係   4. シンクタンク

10 1. ecuación de primer grado   2. mínimo común múltiplo
3. triángulo rectángulo   4. monóxido de carbono

☐ deporte	スポーツ	
☐ atletismo	陸上競技	
☐ gimnasia	体操	
☐ carrera	競走、レース	
☐ maratón	マラソン	
☐ triatlón	トライアスロン	
☐ salto de altura	走り高跳び	
☐ lanzamiento	投てき	
☐ hípica	馬術競技	
☐ tiro con arco	アーチェリー	
☐ baloncesto	バスケットボール	
☐ balonmano	ハンドボール	
☐ voleibol	バレーボール	
☐ balonvolea	バレーボール	
☐ béisbol	野球	
☐ bádminton	バドミントン	
☐ bolos	ボウリング	
☐ fútbol	サッカー	
☐ fútbol sala	フットサル	
☐ golf	ゴルフ	
☐ hockey	ホッケー	
☐ lacrosse	ラクロス	
☐ rugby	ラグビー	
☐ tenis	テニス	
☐ tenis de mesa	卓球	
☐ pimpón	卓球	
☐ boxeo	ボクシング	
☐ lucha	レスリング	
☐ kárate/karate	空手	
☐ judo/yudo	柔道	
☐ esgrima	フェンシング	
☐ alpinismo	登山	
☐ escalada	クライミング	
☐ monopatinaje	スケートボード	

☐ caminata	ウォーキング
☐ footing	ジョギング
☐ equitación	馬術、乗馬
☐ yoga	ヨガ
☐ baile de salón	社交ダンス
☐ ciclismo	自転車競技
☐ motociclismo	オートバイレース
☐ Fórmula 1	F1
☐ buceo	ダイビング
☐ natación	水泳
☐ crol	クロール
☐ braza	平泳ぎ
☐ espalda	背泳ぎ
☐ mariposa	バタフライ
☐ natación artística	アーティスティックスイミング
☐ pesca	釣り
☐ piragüismo	カヌー
☐ remo	漕艇
☐ surf	サーフィン
☐ vela	ヨット
☐ esquí	スキー
☐ patinaje sobre hielo	アイススケート
☐ estadio	スタジアム
☐ campo	競技場、グラウンド
☐ cancha	コート、フィールド
☐ pista	トラック、コート、ゲレンデ
☐ cuadrilátero	(ボクシングの) リング
☐ piscina	プール
☐ hipódromo	競馬場
☐ velódromo	競輪場
☐ circuito	サーキット
☐ pelota	ボール、球
☐ bola	ボール、球

☐	balón	（大型の）ボール	☐	bateador	バッター
☐	bate	バット	☐	portero	ゴールキーパー
☐	guante	グラブ、グローブ	☐	centrocampista	ミッドフィールダー
☐	pala	ラケット	☐	delantero	フォワード
☐	palo	スティック、クラブ	☐	defensa	ディフェンス
☐	disco	円盤、パック	☐	golpe	打撃、衝突
☐	raqueta	ラケット	☐	velocidad	スピード
☐	volante	（バドミントンの）羽根	☐	equipo	チーム
☐	bastón	（スキーの）ストック	☐	selección	選抜チーム
☐	tabla	ボード	☐	Juegos Olímpicos	オリンピック
☐	bañador	水着	☐	Juegos Paralímpicos	パラリンピック
☐	botas	ブーツ、スポーツシューズ	☐	campeonato	選手権
☐	casco	ヘルメット	☐	competición	試合、競技会
☐	cinturón	ベルト、帯	☐	torneo	トーナメント
☐	cuerda	ロープ	☐	liga	リーグ
☐	gancho	鉤、フック	☐	partido	試合
☐	aletas	足ひれ	☐	encuentro	対抗試合
☐	botella de oxígeno	酸素ボンベ	☐	combate	（格闘技の）試合
☐	anzuelo	釣り針	☐	prórroga	延長戦
☐	caña	釣り竿	☐	final	決勝戦
☐	base	ベース、塁	☐	entrenamiento	トレーニング
☐	red	ネット	☐	victoria	勝利、優勝
☐	cesta	かご、バスケットボールのゴール	☐	triunfo	勝利、優勝
☐	puerta	サッカーのゴール	☐	vencimiento	勝利
☐	árbitro	審判	☐	derrota	敗北
☐	juez	審判	☐	empate	引き分け
☐	réferi/referi	レフリー	☐	punto	得点
☐	entrenador	監督、トレーナー	☐	tanto	得点
☐	patrocinador	スポンサー	☐	canasta	バスケットボールの得点
☐	seguidor	ファン	☐	gol	サッカーの得点
☐	jugador	選手	☐	medalla	メダル
☐	lanzador	ピッチャー	☐	trofeo	トロフィー
☐	receptor	キャッチャー	☐	récord	記録
☐	cácher	キャッチャー	☐	fichaje	入団契約
			☐	dopaje	ドーピング

29

練 習 問 題 （解答 p.173）

1 それぞれのカテゴリーに属するスポーツを全て選びましょう。

1. deportes de equipo（fútbol　surf　rugby　balonmano）
2. deportes individuales（béisbol　yoga　balonvolea　boxeo　maratón）
3. deportes acuáticos（natación　atletismo　hípica　vela　surf）
4. deportes de montaña（buceo　gimnasia　esquí　escalada　esgrima）
5. deportes de pelota（tenis　fútbol　béisbol　golf　yudo）

2 例にならって、次のスポーツをする人を書きましょう。

> **例**　esquí（スキー）→ esquiador, esquiadora（スキーヤー）
> gimnasia（体操）→ gimnasta（体操選手）

1. fútbol	2. natación	3. tenis	4. atletismo
5. patinaje	6. ciclismo	7. boxeo	8. kárate

3 左のスポーツと関連のある場所を右から選び、1対1で結び付けましょう。

1. tenis	・	・ **a.** campo, cancha
2. natación	・	・ **b.** cancha
3. fútbol	・	・ **c.** circuito
4. alpinismo	・	・ **d.** cuadrilátero
5. ciclismo	・	・ **e.** hipódromo
6. vela	・	・ **f.** mar
7. baloncesto	・	・ **g.** montaña
8. equitación	・	・ **h.** piscina
9. boxeo	・	・ **i.** pista, cancha
10. motociclismo	・	・ **j.** velódromo

4 例にならって、次の名詞に対応する動詞を書きましょう。

> **例**　esquí（スキー）→ esquiar（スキーをする）

1. natación	2. pesca	3. boxeo
4. remo	5. patinaje	6. escalada
7. buceo	8. caminata	9. salto

5 仲間外れの語句をひとつ選びましょう。

1. boxeo   yudo   esgrima   baloncesto
2. remo   tenis   voleibol de playa   bádminton
3. base   bate   cesta   guante
4. portero   centrocampista   patrocinador   delantero
5. tiempo extra   alargue   prórroga   triplete
6. mariposa   pierna   espalda   braza
7. árbitro   réferi   juez   fichaje
8. entrenamiento   victoria   triunfo   vencimiento
9. partido   combate   dopaje   encuentro
10. punto   trofeo   tanto   canasta

6 次の2つの語句と関連のあるスポーツを枠内から重複しないように選びましょう。

1. pala, pelota
2. balón, canasta
3. bañador, gorro
4. botas, bastones
5. palo, disco
6. cuerda, gancho
7. bicicleta, casco
8. aletas, botella de oxígeno
9. raqueta, volante
10. anzuelo, caña

| alpinismo | bádminton | baloncesto | buceo | ciclismo |
| esquí | hockey sobre hielo | natación | pesca | tenis de mesa |

7 次の語句に続けて使われる語句を（　）内から全て選びましょう。

29

1. el partido de (tenis   fútbol   golf   baloncesto   natación)
2. el campeonato de (baloncesto   golf   esquí   tenis   natación)
3. el combate de (natación   tenis   béisbol   boxeo   patinaje)
4. la carrera de (maratón   caballos   tenis   golf   Fórmula 1)
5. el jugador de (remo   tenis   golf   esquí   fútbol)

8 左のスポーツと最も関係のある語句を右から選び、1 対 1 で結び付けましょう。

1. baloncesto ・   ・ **a.** correr
2. béisbol ・   ・ **b.** marcar gol
3. fútbol ・   ・ **c.** noquear
4. tenis ・   ・ **d.** batear
5. footing ・   ・ **e.** montar olas
6. golf ・   ・ **f.** golpear una pelota
7. boxeo ・   ・ **g.** meter canasta
8. surf ・   ・ **h.** meter la bola en el hoyo

9 意味を成す表現にするために左右の語句を 1 回ずつ用いて結び付け、日本語に訳しましょう。

1. medalla ・   ・ **a.** de longitud
2. vuelta ・   ・ **b.** de surf
3. récord ・   ・ **c.** de oro
4. tabla ・   ・ **d.** de esquina
5. pista ・   ・ **e.** de disco
6. salto ・   ・ **f.** de hierba
7. saque ・   ・ **g.** mundial
8. lanzamiento ・   ・ **h.** ciclista

10 スペイン語にしましょう。

1. e スポーツ
2. 黒帯
3. 銅メダル
4. 最優秀選手（MVP）
5. スピードスケート
6. 2 対 2 の引き分け
7. 準々決勝
8. アディショナルタイム
9. サッカーの日本代表チーム
10. ビデオアシスタントレフリー（VAR）

1 1. fútbol, rugby, balonmano　　2. yoga, boxeo, maratón
3. natación, vela, surf　　4. esquí, escalada
5. tenis, fútbol, béisbol, golf

2 1. futbolista　　2. nadador, nadadora
3. tenista　　4. atleta
5. patinador, patinadora　　6. ciclista
7. boxeador, boxeadora　　8. karateca

3 1.-i.　2.-h.　3.-a.　4.-g.　5.-j.　6.-f.　7.-b.　8.-e.　9.-d.　10.-c.

4 1. nadar　2. pescar　3. boxear　4. remar　5. patinar　6. escalar
7. bucear　8. caminar　9. saltar

5 1. baloncesto　2. remo　3. cesta　4. patrocinador　5. triplete
6. pierna　7. fichaje　8. entrenamiento　9. dopaje　10. trofeo

6 1. tenis de mesa　2. baloncesto　3. natación　4. esquí
5. hockey sobre hielo　6. alpinismo　7. ciclismo　8. buceo
9. bádminton　10. pesca

7 1. tenis, fútbol, golf, baloncesto　2. baloncesto, golf, esquí, tenis, natación
3. boxeo　4. maratón, caballos, Fórmula 1　5. tenis, golf, fútbol

8 1.-g.　2.-d.　3.-b.　4.-f.　5.-a.　6.-h.　7.-c.　8.-e.

9 1.-c. 金メダル　　2.-h. 自転車ロードレース　　3.-g. 世界記録
4.-b. サーフボード　　5.-f. グラスコート　　6.-a. 走り幅跳び
7.-d. コーナーキック　　8.-e. 円盤投げ

10 1. deportes electrónicos　　2. cinturón negro
3. medalla de bronce　　4. jugador más valioso (JMV)
5. patinaje de velocidad　　6. empate a dos
7. cuartos de final　　8. tiempo añadido / tiempo de descuento
9. selección japonesa de fútbol　　10. videoarbitraje

29

30 余 暇

☐	ocio	余暇	☐	radio	ラジオ
☐	tiempo libre	余暇	☐	programa	番組
☐	pasatiempo	気晴らし、娯楽	☐	música	音楽
☐	diversión	楽しみ、娯楽	☐	foto(grafía)	写真
☐	entretenimiento	楽しみ、気晴らし	☐	cámara	カメラ
☐	afición	趣味	☐	lente	レンズ
☐	lectura	読書	☐	trípode	三脚
☐	novela	小説	☐	internet	インターネット
☐	revista	雑誌	☐	videojuego(s)	テレビゲーム
☐	tebeo	漫画雑誌	☐	juego de mesa	テーブルゲーム
☐	cómic	コミック、漫画	☐	ajedrez	チェス
☐	viaje	旅行	☐	tablero	(チェスなどの) 盤
☐	excursión	小旅行、ハイキング	☐	pieza	(チェスなどの) 駒
☐	senderismo	ハイキング	☐	rey	(チェスの) キング
☐	paseo	散歩	☐	dama	(チェスの) クイーン
☐	visita	訪問、見学	☐	peón	(チェスの) ポーン
☐	montañismo	登山	☐	jaque (al rey)	(チェスの) 王手
☐	observación de aves	バードウォッチング	☐	(jaque) mate	(チェスの) 王手
☐	deporte	スポーツ	☐	cartas	トランプ
☐	baile	ダンス、踊り	☐	baraja	トランプ
☐	danza	ダンス、踊り	☐	naipes	スペインのトランプ
☐	billar	ビリヤード	☐	corazón	ハートの札
☐	dardo	ダーツ	☐	picas	スペードの札
☐	actividad voluntaria	ボランティア活動	☐	trébol	クラブの札
☐	bricolaje	日曜大工	☐	diamante	ダイヤの札
☐	jardinería	園芸	☐	oca	すごろく遊び
☐	trabajo manual	手仕事	☐	dado	サイコロ
☐	artesanía	手工芸	☐	crucigrama	クロスワードパズル
☐	costura	裁縫	☐	rompecabezas	ジグソーパズル
☐	bordado	刺繍	☐	apuesta	賭け事、ギャンブル
☐	punto	編み物	☐	lotería	宝くじ
☐	colección	収集	☐	quiniela	サッカーなどの公営
☐	televisión	テレビ			のくじ

☐ carrera de caballos	競馬		☐ película	映画
☐ ruleta	ルーレット		☐ acción	アクション
☐ póquer/póker	ポーカー		☐ animación	アニメーション
☐ tragaperras	スロットマシン		☐ aventura	冒険
☐ escondite	かくれんぼ		☐ ciencia ficción	SF
☐ comba	縄跳び		☐ comedia	喜劇、コメディ
☐ columpio	ぶらんこ		☐ no ficción	ノンフィクション
☐ tobogán	滑り台		☐ drama	ドラマ
☐ balancín	シーソー		☐ fantasía	ファンタジー
☐ tiovivo	メリーゴーランド		☐ musical	ミュージカル
☐ montaña rusa	ローラーコースター		☐ suspense	サスペンス
☐ noria	観覧車		☐ terror	ホラー
☐ espectáculo	興行、ショー		☐ cortometraje	短編映画
☐ concierto	コンサート		☐ tres dimensiones	3D
☐ ópera	オペラ		☐ exposición	展覧会
☐ circo	サーカス		☐ fiesta	お祭り、パーティー
☐ teatro	演劇		☐ festival	フェスティバル
☐ cine	映画、映画館		☐ concurso	コンクール
☐ escena	舞台		☐ premio	賞、賞金
☐ telón	幕		☐ compra	買い物
☐ pantalla	スクリーン		☐ copa	グラス、酒
☐ butaca	客席、座席		☐ tapas	タパス、酒のつまみ
☐ cartelera	映画・演劇欄		☐ juerga	お祭り騒ぎ
☐ taquilla	チケット売り場		☐ tauromaquia	闘牛術
☐ entrada	チケット		☐ toros	闘牛
☐ sesión	上演、上映		☐ ruedo	闘牛場
☐ función de tarde	マチネ		☐ barrera	闘牛場の防壁、柵
☐ función de noche	ソワレ		☐ banderilla	バンデリーリャ
☐ estreno	初演、封切		☐ capote	カポーテ、マント
☐ reestreno	再演、再上映		☐ audiencia	聴衆、観客
☐ crítica	批評		☐ público	聴衆、観客、視聴者
☐ guion	シナリオ、台本		☐ espectador	観客
☐ versión original	オリジナル版		☐ oyente	聴衆
☐ subtítulo	字幕		☐ visitante	訪問者、見学客
☐ doblaje	吹替		☐ participante	参加者、出場者
☐ tráiler	予告編		☐ lector	読者

30

練 習 問 題 (解答 p.178)

1 余暇の活動の表現として、枠内の語句がどの動詞に続けて用いられるかを考え
て、該当するところに書きましょう。

hacer	
tocar	
jugar a*	
ir a*	
salir de	

* 男性単数の定冠詞（el）が付いている語が続く場合は al となります。

el ajedrez　bricolaje　el cine　copas　deporte　la discoteca　el escondite
la guitarra　jardinería　las muñecas　el piano　punto　tapas　el violín

2 意味を成す表現にするために左右の語句を 1 回ずつ用いて結び付け、日本語に
訳しましょう。

1. coleccionar ・　　　　　・ **a.** cómics
2. dar ・　　　　　　　　・ **b.** juerga
3. escuchar ・　　　　　・ **c.** crucigramas
4. hacer ・　　　　　　・ **d.** internet
5. ir de ・　　　　　　・ **e.** música
6. jugar a ・　　　　　・ **f.** sellos
7. leer ・　　　　　　・ **g.** el sol
8. navegar por ・　　　・ **h.** las cartas
9. tomar ・　　　　　・ **i.** un paseo
10. ver ・　　　　　　・ **j.** un partido de fútbol en la televisión

3 次の語と最も関連のある場所を枠内から選びましょう。

1. baile　　　　2. béisbol　　　　3. delfín　　　　4. escultura
5. lectura　　　6. ópera　　　　7. película　　　8. planta
9. ruleta　　　10. tauromaquia　11. tapas　　　12. tiovivo

acuario　bar　biblioteca　casino　cine　discoteca　estadio
jardín botánico　museo　parque de atracciones　plaza de toros　teatro

4 左の語と関連のある人を右から選び、1対1で結び付けましょう。

1. museo ・　　　　　　　　　　・ **a.** lector, lectora
2. cine ・　　　　　　　　　　　・ **b.** espectador, espectadora
3. fiesta ・　　　　　　　　　　・ **c.** invitado, invitada
4. revista ・　　　　　　　　　　・ **d.** oyente
5. tren ・　　　　　　　　　　　・ **e.** pasajero, pasajera
6. radio ・　　　　　　　　　　　・ **f.** visitante

5 仲間外れの語をひとつ選びましょう。

1. taquilla　cartelera　sesión　videojuegos
2. columpio　rompecabezas　tobogán　balancín
3. estreno　cámara　trípode　lente
4. ruedo　banderilla　billar　capote
5. jaque　butaca　dama　tablero
6. corazón　picas　lotería　trébol
7. pasatiempo　diversión　entretenimiento　espectáculo

6 スペイン語にしましょう。

1. アクション映画　　　2. 写真コンクール　　　3. サスペンス小説
4. 日本語字幕版　　　　5. 映画批評　　　　　　6. テーマパーク

7 日本語の意味になるように、正しい選択肢を選びましょう。

1. 高みの見物をきめこむ　ver (la televisión / el partido / los toros) desde la barrera
2. 手の内を明かす　　　　enseñar (las cartas / el guion / la entrada)
3. 救いの手をさしのべる　echar (una revista / un juguete / un capote)
4. (参加などを) 決意する　echarse al (ruedo / teatro / circo)
5. 二枚舌を使う　　　　　jugar con dos (dados / barajas / ruletas)
6. すばらしい家　　　　　una casa de (concierto / exposición / película)

30

1 hacer: bricolaje, deporte, jardinería, punto
tocar: la guitarra, el piano, el violín
jugar a: el ajedrez, el escondite, las muñecas
ir a: el cine, la discoteca
salir de: copas, tapas

2 1.-f. 切手を収集する　　　　　　　2.-i. 散歩する
3.-e. 音楽を聴く　　　　　　　　　　4.-c. クロスワードパズルをする
5.-b. 出かけて行って派手に騒ぐ　　　6.-h. トランプをする
7.-a. 漫画を読む　　　　　　　　　　8.-d. ネットサーフィンする
9.-g. 日光浴する　　　　　　　　　　10.-j. テレビでサッカーの試合を見る

3 1. discoteca　　2. estadio　　　　3. acuario　　4. museo
5. biblioteca　6. teatro　　　　　7. cine　　　8. jardín botánico
9. casino　　　10. plaza de toros　11. bar　　　12. parque de atracciones

4 1.-f.　2.-b.　3.-c.　4.-a.　5.-e.　6.-d.

5 1. videojuegos　　2. rompecabezas　　3. estreno　　4. billar
5. butaca　　　　6. lotería　　　　　7. espectáculo

6 1. película de acción　　　　2. concurso de fotografía
3. novela de suspense　　　　4. versión subtitulada en japonés
5. crítica cinematográfica　　6. parque temático

7 1. los toros　2. las cartas　3. un capote　4. ruedo　5. barajas　6. película

31 通 信

☐	información	情報	☐ dibujos animados	アニメ
☐	noticia	ニュース	☐ serie	連続もの、シリーズ
☐	periódico	新聞	☐ culebrón	長編メロドラマ
☐	prensa	出版物、新聞	☐ informativo	情報の
☐	cabecera	表題部分	☐ cultural	教養の
☐	titular	見出し	☐ educativo	教育の
☐	columna	（新聞などの）欄、コラム	☐ deportivo	スポーツの
☐	artículo	記事	☐ musical	音楽の
☐	editorial	社説	☐ gastronómico	料理の
☐	crónica	報道記事、ニュース	☐ infantil	子供の
☐	suceso	事件	☐ plató	（テレビの）セット
☐	anuncio	広告	☐ locutor	アナウンサー
☐	imprenta	印刷	☐ audiencia	聴衆、観客
☐	editor	編集長	☐ oyente	リスナー、聴衆
☐	redactor	編集者	☐ ordenador	コンピューター
☐	corrector	校正者	☐ tableta	タブレット
☐	cronista	報道記者	☐ (teléfono) móvil	携帯電話
☐	lector	読者	☐ teléfono inteligente	スマートフォン
☐	suscriptor	予約購読者	☐ impresora	プリンター
☐	televisión	テレビ	☐ teclado	キーボード
☐	radio	ラジオ	☐ tecla	キー
☐	antena	アンテナ	☐ monitor	モニター
☐	cable	ケーブル	☐ ratón	マウス
☐	pantalla	画面、スクリーン	☐ altavoz	スピーカー
☐	mando a distancia	リモコン	☐ micrófono	マイク
☐	transmisión	放送、中継	☐ ventana	ウィンドウ
☐	frecuencia	周波数	☐ barra	バー
☐	canal	チャンネル	☐ cursor	カーソル
☐	programa	番組	☐ pestaña	タブ
☐	variedades	バラエティショー	☐ batería	バッテリー
☐	debate	討論	☐ documento	ドキュメント
☐	concurso	クイズ（番組）	☐ dato	データ

31

☐	carpeta	フォルダー	☐	código QR	QR コード
☐	archivo	ファイル	☐	contraseña	パスワード
☐	buzón	メールボックス	☐	palabra clave	キーワード
☐	memoria	メモリ	☐	dirección	アドレス
☐	pantallazo	スクリーンショット	☐	código postal	郵便番号
☐	internet	インターネット	☐	informar	知らせる、情報を与える
☐	red	インターネット	☐	transmitir	放送する
☐	proveedor	プロバイダー	☐	emitir	放送する
☐	servidor	サーバー	☐	difundir	広める
☐	buscador	検索エンジン	☐	zapear	チャンネルを次々に変える
☐	enlace	リンク	☐	navegar	ネットサーフィンする
☐	seguridad	セキュリティ	☐	iniciar sesión	ログインする
☐	antivirus	ウィルス対策プログラム	☐	cerrar sesión	ログアウトする
☐	ciberataque	サイバー攻撃	☐	pulsar	キーを打つ、押す
☐	aplicación	アプリ	☐	pinchar	クリックする
☐	página web	ウェブページ	☐	tocar	タップする
☐	sitio web	ウェブサイト	☐	arrastrar	ドラッグする
☐	seminario web	ウェビナー	☐	desplazar	スクロールする
☐	correo electrónico	e メール	☐	copiar	コピーする
☐	mensaje	メッセージ	☐	pegar	ペーストする、貼る
☐	correo basura	スパムメール	☐	guardar	保存する
☐	videoconferencia	テレビ会議	☐	borrar	消す、デリートする
☐	emoticón	顔文字	☐	adjuntar	添付する
☐	arroba	アットマーク（@）	☐	enviar	送る
☐	medios sociales	ソーシャルメディア	☐	escanear	スキャンする
☐	redes sociales	ソーシャルネットワーク	☐	grabar	録音する、録画する
☐	algoritmo	アルゴリズム	☐	silenciar	音を消す、ミュートにする
☐	cronología	タイムライン	☐	subir	アップロードする
☐	tendencia	トレンド	☐	bajar	ダウンロードする
☐	etiqueta	ハッシュタグ	☐	descargar	ダウンロードする
☐	influente	インフルエンサー	☐	actualizar	アップデートする
☐	seguidor	フォロワー	☐	instalar	インストールする
☐	usuario	ユーザー	☐	desinstalar	アンインストールする
☐	bío / biografía	プロフィール	☐	desactivar	解除する
			☐	apagar	消す
			☐	cargar	チャージする

1 枠内の語を分類して該当するところに書きましょう。

periódico	
radio	
televisión	
redes sociales	

algoritmo	etiqueta	frecuencia	imprenta	oyente
lector	pantalla	plató	redactor	seguidor

2 左の語句に相当するものを右から選び、1 対 1 で結び付けましょう。

1. número de teléfono　　　　　・　　　　・ **a.** 113-0019
2. dirección de correo electrónico ・　　　・ **b.** ana torres
3. código postal　　　　　　　・　　　　・ **c.** YbE3xZ7qb52cD
4. contraseña　　　　　　　　・　　　　・ **d.** atorres@salnet.jp
5. nombre de usuario　　　　　・　　　　・ **e.** 03-1234-9876

3 日本語の意味になるように、枠内の語を全て用いて下線部と（　）を埋めましょう。

1. 生中継　　　　　　　　　＿＿＿＿＿ en （　　　　　）
2. ケーブルテレビ　　　　　＿＿＿＿＿ por （　　　　　）
3. 視聴率　　　　　　　　　＿＿＿＿＿ de （　　　　　）
4. バラエティ番組　　　　　＿＿＿＿＿ de （　　　　　）
5. 記者会見　　　　　　　　＿＿＿＿＿ de （　　　　　）
6. 情報源　　　　　　　　　＿＿＿＿＿ de （　　　　　）
7. (新聞などの) 社会欄　　　＿＿＿＿＿ de （　　　　　）
8. USB メモリ　　　　　　　＿＿＿＿＿ de （　　　　　）
9. バックアップ　　　　　　＿＿＿＿＿ de （　　　　　）
10. 連続ドラマのイッキ見　　＿＿＿＿＿ de （　　　　　）

下線部に入る語			
atracón	copia	crónica	fuentes
índice	lápiz	programa	
rueda	televisión	transmisión	

（　）に入る語			
audiencia		cable	directo
información		memoria	prensa
seguridad	series	sucesos	variedades

31

4 仲間外れの語句をひとつ選びましょう。

1. columna　pantalla　teclado　monitor
2. debates　usuarios　concursos　dibujos animados
3. etiqueta　cronología　tendencia　cursor
4. editor　redactor　suscriptor　cronista
5. informar　transmitir　zapear　difundir

5 左右で反対の意味になるように、枠内から適切な語を選んで下線部を埋めましょう。

1. enviar un mensaje　　　↔　_____ un mensaje
2. encender el ordenador　↔　_____ el ordenador
3. abrir una carpeta　　　↔　_____ una carpeta
4. subir un archivo　　　　↔　_____ un archivo
5. instalar un antivirus　　↔　_____ un antivirus

apagar	cerrar	descargar	desinstalar	recibir

6 意味を成す表現にするために左右の語句を1回ずつ用いて結び付け、日本語に訳しましょう。

1. adjuntar　•　　　　　　　•　**a.** la llamada
2. cargar　•　　　　　　　•　**b.** la batería
3. devolver　•　　　　　　•　**c.** la barra espaciadora
4. pulsar　•　　　　　　　•　**d.** el micrófono
5. silenciar　•　　　　　　•　**e.** un video [vídeo]
6. iniciar　•　　　　　　　•　**f.** un documento
7. grabar　•　　　　　　　•　**g.** sesión

7 スペイン語にしましょう。

1. 特派員
2. 地上デジタルテレビ
3. (新聞などの) スポーツ欄
4. スクロールバー
5. マウスパッド
6. コピペする
7. プログラムを再起動する
8. (SNS で) 「いいね」を押す

1 periódico: imprenta, lector, redactor
radio: frecuencia, oyente
televisión: pantalla, plató
redes sociales: algoritmo, etiqueta, seguidor

2 1.-e. 2.-d. 3.-a. 4.-c. 5.-b.

3 1. transmisión en directo 2. televisión por cable
3. índice de audiencia 4. programa de variedades
5. rueda de prensa 6. fuentes de información
7. crónica de sucesos 8. lápiz de memoria
9. copia de seguridad 10. atracón de series

4 1. columna 2. usuarios 3. cursor 4. suscriptor 5. zapear

5 1. recibir 2. apagar 3. cerrar 4. descargar 5. desinstalar

6 1.-f. ドキュメントを添付する 2.-b. バッテリーを充電する
3.-a. 電話を折り返す 4.-c. スペースキーを押す
5.-d. マイクをミュートにする 6.-g. ログインする
7.-e. ビデオを録画する

7 1. enviado especial 2. televisión digital terrestre
3. crónica deportiva 4. barra de desplazamiento
5. alfombrilla de ratón 6. copiar y pegar
7. reiniciar el programa 8. poner [dar a] me gusta

31

32 国家・政治・法律・犯罪

☐ Estado/estado	国家、州		☐ cámara	議院
☐ país	国		☐ consejo	会議、審議会
☐ nación	国、国家		☐ convocatoria	召集
☐ patria	祖国		☐ disolución	解散
☐ monarquía	君主制		☐ nombramiento	任命
☐ república	共和制		☐ dimisión	辞職、辞任
☐ democracia	民主主義		☐ partido	政党
☐ aristocracia	貴族政治		☐ oposición	反対、野党
☐ burocracia	官僚主義		☐ mayoría	大多数、過半数
☐ dictadura	独裁政治		☐ minoría	少数派
☐ oligarquía	寡頭政治		☐ unanimidad	満場一致
☐ soberanía	主権、統治権		☐ coalición	(政党などの) 連合
☐ autonomía	自治、自治権		☐ acuerdo	合意、協定
☐ conservadurismo	保守主義		☐ pacto	協定、条約
☐ progresismo	革新主義		☐ convenio	協定
☐ socialismo	社会主義		☐ presidente	大統領
☐ comunismo	共産主義		☐ primer ministro	総理大臣、首相
☐ liberalismo	自由主義		☐ canciller	(ドイツなどの) 首相
☐ fascismo	全体主義、ファシズム		☐ ministro	大臣
☐ nacionalismo	ナショナリズム		☐ diputado	(下院) 議員
☐ centrismo	中道主義		☐ senador	上院議員
☐ anarquismo	無政府主義		☐ congresista	議員
☐ federalismo	連邦主義		☐ concejal	市 (町・村) 議会議員
☐ centralismo	中央集権主義		☐ legislatura	立法議会の会期
☐ capitalismo	資本主義		☐ elecciones	選挙
☐ marxismo	マルクス主義		☐ sufragio	選挙制度
☐ poder legislativo	立法権		☐ escaño	議席
☐ poder ejecutivo	行政権		☐ candidato	候補者
☐ poder judicial	司法権		☐ campaña	宣伝活動
☐ gobierno	政府		☐ mitin	討論集会
☐ ministerio	省庁		☐ encuesta	調査、アンケート
☐ parlamento	国会		☐ urna	投票箱
☐ congreso	会議、国会		☐ papeleta	投票用紙

☐ voto	投票	☐ testigo	証人
☐ votación	投票	☐ delito	犯罪
☐ referéndum/ referendo	国民投票	☐ crimen	犯罪
		☐ delincuencia	犯罪（行為）
☐ ciudadanía	市民権	☐ robo	盗難
☐ derecho	権利、法、法律	☐ atraco	強盗
☐ impuesto	税金	☐ asesinato	殺人、暗殺
☐ seguridad	保障、安全性	☐ secuestro	誘拐、ハイジャック
☐ pensión	年金	☐ violencia	暴力
☐ ley	法、法律	☐ agresión	攻撃、侵害
☐ código	法典	☐ maltrato	虐待
☐ decreto	法令	☐ acoso	ハラスメント
☐ constitución	憲法	☐ estafa	詐欺
☐ tribunal	法廷、裁判所	☐ falsificación	偽造
☐ juzgado	裁判所	☐ contrabando	密輸
☐ acusación	告発、告訴	☐ corrupción	汚職
☐ juicio	裁判	☐ soborno	贈賄
☐ pleito	訴訟	☐ infracción	違反
☐ sentencia	判決	☐ autor	犯人、主犯
☐ inocente	無罪の	☐ delincuente	犯罪者
☐ culpable	有罪の	☐ ladrón	どろぼう
☐ condena	有罪判決、刑	☐ carterista	すり
☐ pena	罰、刑罰	☐ terrorista	テロリスト
☐ prisión	刑務所、禁固（刑）	☐ sospechoso	容疑者
☐ cárcel	刑務所	☐ comisaría (de policía)	警察署
☐ celda	独房	☐ comisario	警察署長
☐ multa	罰金	☐ inspector	警部
☐ sanción	処罰、制裁	☐ oficial	警部補
☐ indulto	恩赦	☐ patrulla	パトロール
☐ apelación	控訴、上告	☐ detención	逮捕
☐ libertad	解放、釈放	☐ interrogatorio	尋問、質問
☐ fianza	保釈金	☐ coartada	アリバイ
☐ juez	裁判官、判事	☐ sistema	制度
☐ fiscal	検察官、検事	☐ proyecto	計画
☐ abogado	弁護士	☐ idea	考え
☐ acusado	被告人	☐ proceso	過程

32

1 左の語句と関連する国を右から選び、1対1で結び付けましょう。

1. monarquía absoluta ・　　　　　・ **a.** Alemania
2. monarquía parlamentaria ・　　　・ **b.** Arabia Saudita
3. república parlamentaria ・　　　　・ **c.** Cuba
4. república socialista ・　　　　　・ **d.** España

2 日本語の意味になるように、estado, nación, país のいずれかを適切な形にして下線部を埋めましょう。

1. 先進国 .... desarrollado　　2. 国家元首　jefe de ....
3. 国際連合 .... Unidas　　4. アメリカ合衆国 .... Unidos
5. オランダ .... Bajos

3 次の名詞に対応する形容詞を書きましょう。

1. nación　　2. monarquía　　3. república　　4. parlamento
5. constitución　　6. gobierno　　7. elecciones　　8. sociedad
9. pena　　10. crimen

4 意味を成す表現にするために左右の語を1回ずつ用いて結び付け、日本語に訳しましょう。

1. campaña ・　　　　　・ **a.** absoluta
2. mayoría ・　　　　　・ **b.** civil
3. tribunal ・　　　　　・ **c.** electoral
4. cadena ・　　　　　・ **d.** laboral
5. partido ・　　　　　・ **e.** judicial
6. cámara ・　　　　　・ **f.** perpetua
7. acoso ・　　　　　・ **g.** político
8. poder ・　　　　　・ **h.** supremo
9. coche ・　　　　　・ **i.** baja
10. derecho ・　　　　・ **j.** patrulla

5 仲間外れの語をひとつ選びましょう。

1. carterista　ladrón　multa　contrabandista
2. comunista　socialista　demócrata　terrorista
3. soborno　acuerdo　pacto　convenio
4. urna　voto　comisaría　sufragio
5. delito　coartada　crimen　delincuencia

6 日本語の意味になるように、枠内の語を全て用いて下線部と（　）を埋めましょう。

1. 内閣　　　　..................................... de (　　　　　　　　)
2. 野党　　　　..................................... de (　　　　　　　　)
3. クーデター　..................................... de (　　　　　　　　)
4. 投票用紙　　..................................... de (　　　　　　　　)
5. 死刑　　　　..................................... de (　　　　　　　　)
6. 目撃者　　　..................................... de (　　　　　　　　)
7. 窃盗犯　　　..................................... del (　　　　　　　　)
8. 交通違反　　..................................... de (　　　　　　　　)

下線部に入る語	（　）に入る語
autor　consejo　golpe　infracción	Estado　ministros　muerte　la oposición
papeleta　partido　pena　testigo	robo　tráfico　vista　votación

7 例にならって、次の動詞に対応する名詞を書きましょう。

> 例　amenazar（脅す）→ amenaza（脅し）

1. atracar　　　　2. asesinar　　　　3. falsificar　　　　4. secuestrar
5. sobornar　　　6. estafar　　　　7. maltratar　　　　8. agredir
9. indultar　　　10. detener　　　11. acusar　　　　12. corromper

8 例にならって、次の語と関連のある人を書きましょう。

> 例　congreso（議会）→ congresista（議員）

1. senado　　　　2. pensión　　　　3. prisión　　　　4. crimen
5. delincuencia　6. contrabando　7. atraco　　　　8. sospecha

32

9 意味を成す表現にするために左右の語句を 1 回ずつ用いて結び付け、日本語に訳しましょう。

1. gobernar ・　　　　　・ a. una ley
2. cometer ・　　　　　・ b. un país
3. imponer ・　　　　　・ c. una sentencia
4. dictar ・　　　　　・ d. un pleito
5. entablar ・　　　　　・ e. una multa
6. promulgar ・　　　　　・ f. un referéndum
7. convocar ・　　　　　・ g. un cargo
8. dimitir (de) ・　　　　　・ h. un delito

10 スペイン語にしましょう。

1. 与党	2. 総辞職	3. 民法	4. 小選挙区制
5. 社会保障	6. 年金制度	7. 保釈	8. 禁固 3 年
9. ドメスティックバイオレンス		10. セクシャルハラスメント	

11 枠内の語句を全て用いて表を完成させましょう。

poderes del Estado	1. (　　　　　　　)	2. (　　　　　　　)	3. (　　　　　　　)
función	aprobar leyes y hacer que se cumplan	aplicar las leyes y gobernar el país	juzgar a los que incumplen las leyes
institución	parlamento	4. (　　　　　　　)	5. (　　　　　　　)
integrantes	6. (　　　　　　), (　　　　　　)	presidente, ministros	7. (　　　　　　), (　　　　　　)

> diputados　fiscales　gobierno　jueces　senadores　tribunal
> poder ejecutivo　　　poder judicial　　　poder legislativo

1 1.-b. 2.-d. 3.-a. 4.-c.

2 1. país 2. Estado 3. Naciones 4. Estados 5. Países

3 1. nacional 2. monárquico 3. republicano 4. parlamentario

5. constitucional 6. gubernamental 7. electoral 8. social

9. penal 10. criminal

4 1.-c. 選挙運動 2.-a. 絶対的過半数

3.-h. 最高裁判所 4.-f. 終身刑

5.-g. 政党 6.-i. 下院

7.-d. 職業上のハラスメント 8.-e. 司法権

9.-j. パトカー 10.-b. 民法

5 1. multa 2. terrorista 3. soborno 4. comisaría 5. coartada

6 1. consejo de ministros 2. partido de la oposición

3. golpe de Estado 4. papeleta de votación

5. pena de muerte 6. testigo de vista

7. autor del robo 8. infracción de tráfico

7 1. atraco 2. asesinato 3. falsificación 4. secuestro

5. soborno 6. estafa 7. maltrato 8. agresión

9. indulto 10. detención 11. acusación 12. corrupción

8 1. senador 2. pensionista 3. prisionero 4. criminal

5. delincuente 6. contrabandista 7. atracador 8. sospechoso

9 1.-b. 国を統治する 2.-h. 犯罪を犯す 3.-e. 罰金を課す

4.-c. 判決を下す 5.-d. 訴訟を起こす 6.-a. 法律を発布する

7.-f. 国民投票を行う 8.-g. 職を辞する

10 1. partido del gobierno 2. dimisión en pleno

3. código [derecho] civil 4. (sistema de) un escaño por distrito

5. seguridad social 6. sistema de pensiones

7. libertad bajo fianza 8. tres años de prisión

9. violencia doméstica 10. acoso sexual

11 1. poder legislativo 2. poder ejecutivo 3. poder judicial 4. gobierno

5. tribunal 6. diputados, senadores 7. fiscales, jueces

32

33 金融・経済

☐	sector	部門
☐	agricultura	農業
☐	comercio	商業、商売
☐	construcción	建設、建築
☐	educación	教育
☐	energía	エネルギー
☐	ganadería	畜産、牧畜
☐	industria	産業、工業
☐	medios de comunicación	マスコミュニケーション
☐	minería	鉱業
☐	pesca	漁業
☐	sanidad	保健、医療
☐	transporte	運送、運輸業
☐	turismo	観光
☐	banco	銀行
☐	banca	銀行、銀行業務
☐	caja rural	地方銀行
☐	cuenta	口座
☐	ahorro	貯蓄
☐	depósito	預け入れ、預金
☐	interés	利子、利益
☐	cotización	為替レート
☐	renta	利息、所得
☐	comisión	手数料
☐	crédito	信用、クレジット
☐	deuda	借金、負債
☐	préstamo	貸付、融資
☐	saldo	返済
☐	hacienda	財産、資産
☐	bienes	富、財産
☐	hipoteca	抵当 (権)
☐	bancarrota	破産、倒産

☐	quiebra	破産、倒産
☐	ruina	破産、倒産
☐	dinero	金 (かね)、通貨
☐	moneda	硬貨、貨幣
☐	billete	紙幣
☐	divisas	外貨
☐	devaluación	平価切下げ
☐	colón	コロン
☐	dólar	ドル
☐	euro	ユーロ
☐	franco	フラン
☐	libra	ポンド
☐	lira	リラ
☐	peso	ペソ
☐	rublo	ルーブル
☐	rupia	ルピア
☐	sol	ソル
☐	yen	円
☐	yuan	元
☐	won	ウォン
☐	mercado	市場、取引
☐	inflación	インフレーション
☐	deflación	デフレーション
☐	recesión	景気後退
☐	bolsa	株式市場
☐	acción	株式
☐	especulación	投機
☐	alza	上昇、高騰
☐	baja	下落
☐	aumento	増加
☐	reducción	減少
☐	inversión	投資
☐	fondos	資金

☐	capital	資本	☐	margen	マージン
☐	riesgo	リスク	☐	contabilidad	会計、経理
☐	negocio	ビジネス、利益	☐	libro	台帳
☐	compra	購入	☐	mercancía	商品
☐	venta	販売	☐	artículo	品物、商品
☐	subasta	競売、入札	☐	género	商品、品物
☐	liquidación	清算、決済、大安売り	☐	producto	製品、生産 (高)
☐	oferta	供給、特売	☐	catálogo	カタログ
☐	demanda	需要、注文	☐	muestra	見本、サンプル
☐	importación	輸入	☐	inventario	商品目録
☐	exportación	輸出	☐	publicidad	広告
☐	valor	価値、価格	☐	compañía	会社
☐	precio	値段	☐	sociedad	会社、社会
☐	tarifa	料金	☐	firma	会社
☐	coste	費用	☐	empresa	企業、会社、事業
☐	propina	チップ	☐	sede	本店、本部
☐	descuento	値引き	☐	sucursal	支店、支社
☐	presupuesto	予算	☐	filial	支店、支社
☐	factura	請求書	☐	agencia	代理店、支社
☐	acuerdo	合意、協定	☐	franquicia	フランチャイズ
☐	trato	協定、契約	☐	accionista	株主
☐	contrato	契約	☐	inversor	投資家
☐	aval	連帯保証人の裏書	☐	socio	共同経営者
☐	pago	支払い	☐	consumidor	消費者
☐	impago	未払い	☐	impuesto	税金
☐	ingresos	収入、所得	☐	privatización	民営化
☐	gastos	費用、出費	☐	fusión	合併
☐	déficit	赤字	☐	cooperación	協力
☐	superávit	黒字	☐	desarrollo	発展
☐	beneficio	利益	☐	investigación	調査、研究
☐	ganancia(s)	利益、収入	☐	análisis	分析
☐	provecho	利益	☐	índice	指数、率
☐	pérdida(s)	損失	☐	tasa	レート、率

33

練 習 問 題 （解答 p.194）

1 枠内の語句を分類して該当するところに書きましょう。

sector primario	
sector secundario	
sector terciario	

| agricultura　comercio　construcción　educación　energía　ganadería |
| industria　medios de comunicación　pesca　sanidad　ransporte |

2 次の国の通貨を枠内から選んで書きましょう。

1. Japón　　　　　 2. España　　　　 3. México　　　　 4. Perú
5. Estados Unidos　6. Corea del Sur　7. China　　　　 8. India
9. Turquía　　　　 10. Suiza　　　　 11. Gran Bretaña　12. Rusia

| dólar　 euro　 franco　 libra　 lira　 peso |
| rublo　 rupia　 sol　 yen　 yuan　 won |

3 例にならって、次の動詞に対応する名詞を書きましょう。

例　acreditar（信用に足るものとして保証する）→ crédito（信用、クレジット）

1. vender　　　 2. invertir　　　 3. ahorrar　　　 4. cotizar
5. adeudar　　 6. perder　　　 7. saldar　　　 8. hipotecar

4 仲間外れの語をひとつ選びましょう。

1. hacienda　coste　precio　tarifa
2. beneficio　devaluación　ganancia　provecho
3. bancarrota　quiebra　ruina　privatización
4. agencia　sucursal　hipoteca　filial
5. género　socio　artículo　mercancía
6. sol　peso　colón　euro

5 次の語と対の意味になる語を枠内から選んで書きましょう。

1. importación　　2. déficit　　3. inflación　　4. oferta
5. baja　　6. aumento　　7. pérdida　　8. ingresos

alza	deflación	demanda	exportación
ganancia	gastos	reducción	superávit

6 日本語の意味になるように下線部を埋めましょう。

1. 株式会社 (SA)　　　　　........................ Anónima
2. 国民総生産 (PNB)　　　........................ Nacional ....
3. 付加価値税 (IVA)　　　........................ sobre el .... Añadido
4. 国際通貨基金 (FMI)　　........................ Monetario ....
5. 消費者物価指数 (IPC)　........................ de .... al Consumidor
6. 自由貿易協定 (ALC)　　........................ de Libre ....
7. 欧州中央銀行 (BCE)　　........................ Central ....
8. 経済協力開発機構 (OCDE) .... para la .... y
　　el .... Económicos

7 枠内の日本語を参考にして、左右を 1 対 1 で結び付けましょう。

1. impuesto　　・　　　　・ **a.** de mercados
2. investigación　・　　　・ **b.** de beneficios
3. especulación　・　　　・ **c.** riesgo
4. capital　　　・　　　　・ **d.** de contabilidad
5. libros　　　　・　　　　・ **e.** en la bolsa
6. margen　　　・　　　　・ **f.** sobre la renta

利幅	会計帳簿	株式投機	市場調査	所得税	ベンチャーキャピタル

8 スペイン語にしましょう。

1. 外国為替市場　　　2. ドル建て当座預金　　3. 長期金利
4. 仮想通貨　　　　　5. 株主総会　　　　　　6. 吸収合併
7. フェアトレード　　8. ベーシックインカム

33

1 sector primario: agricultura, ganadería, pesca
sector secundario: construcción, energía, industria
sector terciario: comercio, educación, medios de comunicación, sanidad,
transporte

2 1. yen　　　　2. euro　　　　3. peso　　　　4. sol
5. dólar　　　6. won　　　　7. yuan　　　　8. rupia
9. lira　　　10. franco　　11. libra　　　12. rublo

3 1. venta　　　2. inversión　　3. ahorro　　　4. cotización
5. deuda　　　6. pérdida　　　7. saldo　　　8. hipoteca

4 1. hacienda　2. devaluación　3. privatización　4. hipoteca
5. socio　　　6. euro

5 1. exportación　2. superávit　　3. deflación　　4. demanda
5. alza　　　6. reducción　　7. ganancia　　8. gastos

6 1. Sociedad　　　　　2. Producto, Bruto　　3. Impuesto, Valor
4. Fondo, Internacional　5. Índice, Precios　　6. Acuerdo, Comercio
7. Banco, Europeo　　　8. Organización, Cooperación, Desarrollo

7 1.-f. 所得税　　　　　　　2.-a. 市場調査　　3.-e. 株式投機
4.-c. ベンチャーキャピタル　5.-d. 会計帳簿　6.-b. 利幅

8 1. mercado de divisas　　　　2. cuenta corriente en dólares
3. interés a largo plazo　　　4. moneda virtual
5. junta general de accionistas　6. fusión por absorción
7. comercio justo　　　　　　8. renta básica

34 人 名

nombres de hombre		nombres de mujer		apellidos	
Abel	Ignacio	Adela	Julia	Aguilar	Medina
Agustín	Iván	Alba	Laura	Alonso	Méndez
Aitor	Jaime	Alicia	Leticia	Álvarez	Mendoza
Alberto	Javier	Ana	Lucía	Blanco	Molina
Alejandro	Jesús	Andrea	Luisa	Cabrera	Mora
Alfonso	Joaquín	Ángela	Luz	Carrasco	Morales
Alfredo	Jorge	Aurora	Manuela	Castillo	Moreno
Álvaro	José	Beatriz	Margarita	Castro	Muñoz
Andrés	Juan	Begoña	María	Chávez	Navarro
Ángel	Julio	Belén	Marta	Contreras	Núñez
Antonio	Luis	Blanca	Mercedes	Cruz	Ortiz
Arturo	Manuel	Carla	Mónica	Delgado	Pérez
Bernardo	Marcelo	Carmen	Nieves	Díaz	Quispe
Bruno	Marcos	Carolina	Noemí	Domínguez	Ramírez
Carlos	Mario	Catalina	Nuria	Espinosa	Ramos
César	Martín	Cecilia	Olga	Fernández	Reyes
Cristóbal	Miguel	Celia	Paloma	Flores	Ríos
Daniel	Óscar	Clara	Patricia	Fuentes	Rivera
David	Pablo	Concepción	Paula	García	Rojas
Diego	Pedro	Consuelo	Pilar	Gil	Romero
Eduardo	Rafael	Cristina	Raquel	Gómez	Ruiz
Emilio	Ramón	Diana	Rocío	González	Sánchez
Enrique	Raúl	Dolores	Rosa	Gutiérrez	Santos
Ernesto	Roberto	Elena	Rosario	Guzmán	Serrano
Esteban	Rodrigo	Elisa	Sara	Hernández	Silva
Federico	Rubén	Ester	Silvia	Herrera	Soto
Felipe	Santiago	Estrella	Sofía	Jara	Suárez
Fernando	Sebastián	Eva	Sonia	Jiménez	Torres
Francisco	Sergio	Gloria	Susana	Juárez	Vargas
Gabriel	Tomás	Inés	Teresa	López	Vázquez
Guillermo	Vicente	Isabel	Victoria	Martín	Vera
Héctor	Víctor	Juana	Yolanda	Martínez	Zambrano

34

練 習 問 題（解答 p.198）

1 枠内の名前を分類して該当するところに書きましょう。

nombres de hombre	
nombres de mujer	

Carmen	Celia	Felipe	Jaime	Juan	Julia	Luis
Nuria	Nieves	Rocío	Sergio	Tomás	Víctor	Yolanda

2 次の英語名に相当するスペイン語名を枠内から選んで書きましょう。

1. John	2. Henry	3. Thomas	4. Edward
5. Paul	6. Michael	7. William	8. Joseph
9. Robert	10. Peter	11. Frederick	12. Mary
13. Elizabeth	14. Ann	15. Margaret	16. Susan

Ana	Eduardo	Enrique	Federico	Guillermo
Isabel	José	Juan	Margarita	María	Miguel
Pablo	Pedro	Roberto	Susana	Tomás

3 次の名前の愛称を枠内から選んで書きましょう。

1. José	2. Antonio	3. Pilar	4. Ignacio
5. Santiago	6. Dolores	7. Francisco	8. Manuel
9. Concepción	10. Enrique	11. Alejandro	12. Rosario
13. Fernando	14. Consuelo	15. Juan José	16. María Teresa

Álex	Charo	Chelo	Concha	Juanjo
Lola	Maite	Manolo	Nacho	Nando	Paco
Pepe	Pili	Quique	Santi	Toni

4 例にならって、次の人名の形容詞を適切な形にして下線部を埋めましょう。

> **例** Picasso　ピカソ風の線　un trazo picassiano

1. Quijote 　　　ドン・キホーテの精神　　espíritu ⎯⎯⎯⎯
2. Cervantes 　　セルバンテスの小説　　　novela ⎯⎯⎯⎯
3. Velázquez 　　ベラスケスの肖像画　　　retratos ⎯⎯⎯⎯
4. Gaudí 　　　　ガウディ風のモザイク　　mosaicos ⎯⎯⎯⎯

5 スペイン語にしましょう。

1. 孔子　　　　　　　　　　　　　2. キケロ
3. ユリウス・カエサル　　　　　　4. イエス・キリスト
5. コロンブス　　　　　　　　　　6. マゼラン（マガリャンイス）
7. カール 5 世　　　　　　　　　　8. ヘンリー 8 世
9. ルイ 14 世　　　　　　　　　　10. エカチェリーナ 2 世
11. マリー・アントワネット　　　　12. フランシスコ・ザビエル
13. マルティン・ルター　　　　　　14. アレキサンダー大王
15. ピョートル大帝

6 日本語の意味になるように、枠内の語を全て用いて下線部を埋めましょう。

1. わがもの顔で　　　　　　　　　　　como ⎯⎯⎯ por su casa
2. 大昔に　　　　　　　　　　　　　　en tiempos de ⎯⎯⎯
3. 各人が勝手なことをする無秩序な場所　casa de tócame ⎯⎯⎯
4. とても醜い　　　　　　　　　　　　ser más feo que ⎯⎯⎯
5. とても頭が悪い　　　　　　　　　　ser más tonto que ⎯⎯⎯
6. （妻子が休暇に行った後、仕事のために）ひとりで残っている
　　　　　　　　　　　　　　　　　　estar de ⎯⎯⎯
7. 話が大げさである　　　　　　　　　tener más cuento que ⎯⎯⎯
8. 全然言うことを聞かない　　　　　　¡Que si quieres arroz, ⎯⎯⎯!
9. みんなと同じことをする　　¿Dónde va ⎯⎯⎯? Donde va la gente.
10. 誰がそんなことをするものか　　　　¡Que lo haga ⎯⎯⎯!

> Abundio　Calleja　Catalina　Maricastaña　Pedro
> Picio　Rita　rodríguez　Roque　Vicente

1 nombres de hombre: Felipe, Jaime, Juan, Luis, Sergio, Tomás, Víctor
nombres de mujer: Carmen, Celia, Julia, Nuria, Nieves, Rocío, Yolanda

2

1. Juan	2. Enrique	3. Tomás	4. Eduardo
5. Pablo	6. Miguel	7. Guillermo	8. José
9. Roberto	10. Pedro	11. Federico	12. María
13. Isabel	14. Ana	15. Margarita	16. Susana

3

1. Pepe	2. Toni	3. Pili	4. Nacho
5. Santi	6. Lola	7. Paco	8. Manolo
9. Concha	10. Quique	11. Álex	12. Charo
13. Nando	14. Chelo	15. Juanjo	16. Maite

4 1. quijotesco   2. cervantina   3. velazqueños   4. gaudinianos

5

1. Confucio
2. Cicerón
3. Julio César
4. Jesucristo
5. Colón
6. Magallanes
7. Carlos V (quinto)
8. Enrique VIII (octavo)
9. Luis XIV (catorce)
10. Catalina II (segunda)
11. María Antonieta
12. Francisco Javier
13. Martín Lutero
14. Alejandro Magno
15. Pedro el Grande

6

1. Pedro	2. Maricastaña	3. Roque	4. Picio	5. Abundio
6. rodríguez	7. Calleja	8. Catalina	9. Vicente	10. Rita

35 知っておきたい語彙・表現

1 例にならって表を完成させましょう。

（解答 p.202）

例	cumpleaños	cumplir …歳になる	años 年	誕生日
1.	cortaúñas			
2.	abrelatas			
3.	lavaplatos			
4.	paracaídas			
5.	guardaespaldas			
6.	matasanos			
7.	sacapuntas			
8.	bocallave			

2 例にならって、「英語に似ているスペイン語の意味」の欄を埋め、「英語と同じ意味のスペイン語」の欄には枠内から選んだ語を書きましょう。

	英語	英語と似ている スペイン語	英語と似ている スペイン語の意味	英語と同じ意味の スペイン語
例	actual	actual	現在の	real
1.	embarrased	embarazada		
2.	sensible	sensible		
3.	constipated	constipado		
4.	large	largo		
5.	exit	éxito		
6.	success	suceso		
7.	fabric	fábrica		
8.	library	librería		
9.	carpet	carpeta		
10.	lecture	lectura		
11.	introduce	introducir		
12.	support	soportar		

alfombra apoyar avergonzado biblioteca conferencia estreñido
éxito grande presentar ~~real~~ salida sensato tela

1. bla bla   ・   ・ **a.** チクタク（時計などの音）
2. cataplum   ・   ・ **b.** さらさら（衣擦れの音）
3. frufrú   ・   ・ **c.** むしゃむしゃ（食べる音）
4. ñam ñam   ・   ・ **d.** ぴーひゃらり（笛の音）
5. tantán   ・   ・ **e.** ガチャン、ドスン（物の落下・衝突音）
6. tictac   ・   ・ **f.** ぺちゃくちゃ（おしゃべり）
7. tintín   ・   ・ **g.** コップなどが触れ合う音
8. tiroriro   ・   ・ **h.** 太鼓や戸をたたく音

4 日本語の意味になるように、枠内の語を全て用いて下線部を埋めましょう。

1. 鈴がリンリン鳴る音   de un cascabel
2. 心臓がドキドキする音   del corazón
3. 蜂がブンブンいう音   de una abeja
4. 爆弾の爆発音   de una bomba
5. ドアがギーギーいう音   de una puerta
6. 鐘が鳴る音   de una campana
7. 小川のせせらぎ   de un arroyo
8. 銃の炸裂音   de un disparo

chirrido	estallido	latido	murmullo
tañido	tintineo	traquido	zumbido

5 日本語に訳しましょう。

1. Aquel chico me hizo tilín.
2. Corre el runrún sobre una inminente paralización de la reforma educativa.
3. Mi hijo siempre hace las cosas al tuntún.
4. Antonio no dijo ni pío.
5. Que (si) patatín, que (si) patatán, Elena siempre encuentra el modo de irse sin fregar los platos.

6 例にならって省略される前の語句を書きましょう。

> **例** tele → televisión

1. peli 2. poli 3. boli 4. bici 5. uni
6. insti 7. profe 8. cumple 9. compi 10. pelu
11. frigo 12. súper 13. bus 14. finde 15. porfa

7 次の語と同じ意味の語句を枠内から選んで書きましょう。

1. computadora 2. celular 3. camión 4. carro
5. jugo 6. frijol 7. tinto 8. saco
9. boleto 10. estacionamiento 11. alberca 12. municipalidad

aparcamiento	autobús	ayuntamiento	billete
café solo	chaqueta	coche	judía
móvil	ordenador	piscina	zumo

8 ラテンの表現、日本語、スペイン語を1対1で結び付けましょう。

1. *ad libitum* ・ ・人民の声、世論・ ・aproximadamente
2. *vox populi* ・ ・2度、アンコール・ ・inmediatamente
3. *idem* ・ ・見返り、代償 (物)・ ・el mismo, lo mismo
4. *ipso facto* ・ ・仕事のやり方・ ・a gusto
5. *quid pro quo* ・ ・誤り・ ・por iniciativa propia
6. *grosso modo* ・ ・またの名を・ ・sin plazo fijo
7. *lapsus* ・ ・ただちに・ ・por otro nombre
8. *motu proprio* ・ ・自発的に・ ・algo a cambio de algo
9. *modus operandi* ・ ・無期限に・ ・modo de obrar
10. *sine die* ・ ・同上・ ・dos veces
11. *alias* ・ ・思うままに・ ・voz del pueblo
12. *bis* ・ ・ほぼ、おおよそ・ ・despiste

1 1. cortar 切る；uñas 爪；爪切り　　2. abrir 開ける；latas 缶詰；缶切り
3. lavar 洗う；platos 皿；食洗機　　4. parar 止める；caídas 落下；落下傘
5. guardar 守る；espaldas 背中；ボディーガード
6. matar 殺す；sanos 健康な人；やぶ医者
7. sacar 引き出す；puntas とがった先；鉛筆削り　8. boca 口；llave 鍵；鍵穴

2 1. 妊娠している；avergonzado　　2. 敏感な；sensato
3. 風邪をひいた；estreñido　　4. 長い；grande
5. 成功；salida　　6. できごと、事件；éxito
7. 工場；tela　　8. 書店；biblioteca
9. フォルダー、紙ばさみ；alfombra　　10. 読書；conferencia
11. 導入する；presentar　　12.（重みを）支える、耐える；apoyar

3 1.-f.　2.-e.　3.-b.　4.-c.　5.-h.　6.-a.　7.-g.　8.-d.

4 1. tintineo　　2. latido　　3. zumbido　　4. estallido　　5. chirrido
6. tañido　　7. murmullo　　8. traquido

5 1. 私はあの子が好きになった。
2. 教育改革の停止が差し迫っているとのうわさが流れている。
3. 私の息子はいつも物事をあてずっぽうに行う。
4. アントニオはひと言もしゃべらなかった。
5. エレナはあれやこれや言って、皿洗いをせずに立ち去る方法をいつも見つける。

6 1. película　　2. policía　　3. bolígrafo　　4. bicicleta
5. universidad　　6. instituto　　7. profesor／profesora　　8. cumpleaños
9. compañero／compañera　　10. peluquería　　11. frigorífico
12. supermercado　　13. autobús　　14. fin de semana　　15. por favor

7 1. ordenador　　2. móvil　　3. autobús　　4. coche
5. zumo　　6. judía　　7. café solo　　8. chaqueta
9. billete　　10. aparcamiento　　11. piscina　　12. ayuntamiento

8 1. 思うままに；a gusto　　2. 人民の声、世論；voz del pueblo
3. 同上；el mismo, lo mismo　　4. ただちに；inmediatamente
5. 見返り、代償（物）；algo a cambio de algo
6. ほぼ、おおよそ；aproximadamente　　7. 誤り；despiste
8. 自発的に；por iniciativa propia　　9. 仕事のやり方；modo de obrar
10. 無期限に；sin plazo fijo　　11. またの名を；por otro nombre
12. 2度、アンコール；dos veces

アルファベット順　語彙と表現リスト

- 行末のイタリックの数字は、出現する課を示しています。　男 男性名詞　女 女性名詞　複 複数形
- 22 課に出現する表現のうち、置換可能な語（数字、曜日など）の多くは「…」にしてあります。

a continuación	引き続いて 22
a diario	毎日、日ごと 22
a eso de la(s) ...	…時ごろに 22
a finales de ...	…の終わりに 22
a fines de ...	…の終わりに 22
a la derecha (de ...)	（…の）右に 23
a la izquierda (de ...)	（…の）左に 23
a la(s) ... en punto	…時丁度に 22
a la(s) ... y cuarto	…時 15 分に 22
a la(s) ... y media	…時半に 22
a la(s) ... y pico	…時ちょっとすぎに 22
a más tardar	遅くとも 22
a mediados de ...	…の中旬に 22
a menudo	しばしば 22
a plazos	分割で 10
a principios de ...	…の初めに 22
a veces	ときどき 22
abadía	女 大修道院 27
abajo	下に 23
abandonar los estudios	退学する 18
abdomen	男 腹 7
abecedario	男 アルファベット 25
abeja	女 ハチ 5
abeto	男 モミ 6
abierto	率直な、あけっぴろげな、開いた 8, 15
abogado, da	弁護士 3, 32
abonar	肥料を施す 6
abono	男 肥料 6
aborto	男 流産、中絶 20
abrelatas	男 缶切り 14
abreviatura	女 略語、省略形 25
abrigarse	着込む 11
abrigo	男 コート、オーバー 11
abril	男 4 月 22
abrir una botella	瓶を開ける 17
abrocharse	ベルトを締める、ボタンを掛ける 11
abuelo, la	祖父 / 祖母 4
acá	こちらへ / に 23
academia	女 専門学校 9, 24

accesorios	男 複 アクセサリー 11
acción	女 アクション、株式 30, 33
accionista	株主 33
aceite	男 油 14
acelerador	男 アクセル 19
acento	男 アクセント（記号）25
acera	女 歩道 9
ácido	酸っぱい、男 酸 14, 28
acné	男 にきび 20
acompañar a los niños	子供と一緒に行く 17
acondicionador	男 リンス 13
acordeón	男 アコーディオン 26
acoso	男 ハラスメント 32
acostarse	寝る 17
actividad	女 活動 24
actividad voluntaria	女 ボランティア活動 30
activo	活動的な 8
acto seguido	すぐに 22
actor, triz	俳優 3
actualidad	女 現在 → en la actualidad
actualizar	アップデートする 31
actualmente	今、現在 22
acuarela	女 水彩画 26
acuario	男 水族館 9
acueducto	男 水道橋 19
acuerdo	男 合意、協定 32, 33
acupuntura	女 鍼 20
acusación	女 告発、告訴 32
acusado, da	被告人 32
adelante	前に 23
adentro	中へ 23
adicción	女 中毒 20
adjetivo	男 形容詞 25
adjuntar	添付する 31
adolescencia	女 思春期 18
aduana	女 税関 19
aduanero, ra	税関の職員 3, 19
adverbio	男 副詞 25
advertir	警告する 25
aeropuerto	男 空港 9, 19

afeitarse	ひげを剃る 17
afición	囡 趣味 30
afirmativo	肯定的な、賛成の 15, 25
África	アフリカ 1
africano, na	アフリカの、アフリカ人の、アフリカ人 1
afuera	外へ 23
afueras	囡 複 郊外 → en las afueras (de ...)
agencia	囡 代理店、支社 9, 33
agosto	男 8月 22
agotado	疲れ果てた 20
agradable	感じのいい、心地よい 8, 15
agresión	囡 攻撃、侵害 32
agresivo	攻撃的な 8
agricultor, ra	農業従事者 3
agricultura	囡 農業 33
agridulce	甘酸っぱい 14
agrio	酸っぱい 14
agua	囡 水 14
agua mineral	囡 ミネラルウォーター 14
aguacate	男 アボカド 14
aguacero	男 にわか雨 21
aguanieve	囡 みぞれ 21
águila	囡 ワシ 5
aguja	囡 針 13
agujetas	囡 複 筋肉痛 20
ahí	そこに / で、へ 23
ahora	今 → por ahora, de ahora en adelante 22
ahora mismo	今すぐ 22
ahorrar	貯金する 18
ahorro	男 貯蓄 33
ahumar	燻製にする 14
aire	男 空気、風 21
aire acondicionado	男 エアコン 12
aislamiento	男 隔離 20
ajedrez	男 チェス 30
ajeno	他人の 15
ajo	男 ニンニク 14
ajustado	ぴったりした 11
al fondo (de ...)	(…の) 突き当りに 23
al gusto	お好みで 14
al lado (de ...)	(…の) 横に 23
al sur (de ...)	(…の) 南側に 23
ala	囡 翼、羽 5
álamo	男 ポプラ 6

alarma	囡 警報装置 12
albañil	左官 3
albaricoque	男 アンズ、アンズの木 6, 14
albaricoquero	男 アンズの木 6
albergue	男 宿 19
alcalde, desa	市 (町・村) 長 3
álcali	男 アルカリ 28
alcázar	男 王宮 19
alcohol	男 アルコール 13
aldea	囡 村 2
alegrarse	喜ぶ 17
alegre	陽気な、喜んでいる 8, 20
alemán, na	ドイツの、ドイツ人の、ドイツ人、男 ドイツ語 1, 25
Alemania	ドイツ 1
alergia	囡 アレルギー 20
aletas	囡 複 足ひれ 29
alfabeto	男 アルファベット 25
alfiler	男 ピン 13
alfombra	囡 じゅうたん 12
alfombrilla	囡 マット 12
alfombrilla de baño	囡 バスマット 13
alga	囡 海藻 14
algodón	男 綿、コットン 11, 13
algoritmo	男 アルゴリズム 31
algún día	いつの日か 22
algunas veces	何度か 22
alianza	囡 結婚指輪 11
alicate	男 ペンチ 13
alimentar	食べものを与える 14
aliñar	味付けをする 14
allá	あちらへ / に 23
allí	あそこに / で、へ 23
alma	囡 魂 27
almeja	囡 アサリ 14
almendra	囡 アーモンド 14
almendro	男 アーモンドの木 6
almohada	囡 枕 12
almorzar	昼食をとる 14, 17
alojamiento	男 宿泊 19
alpinismo	男 登山 29
alquiler	男 賃貸 12
alrededor de	…の周りに 23
alta	囡 退院 20
altavoz	男 スピーカー 31

alto	背の高い、（高さが）高い、男 アルト 8, 15, 26
alud	男 雪崩 21
aluminio	男 アルミニウム 13
alumno, na	生徒 3, 24
alza	女 上昇、高騰 33
ama de casa	女 主婦 3
amable	親切な 8
amanecer	夜が明ける 21
amapola	女 ヒナゲシ、ケシ 6
amargo	苦い 14
amarillear	黄色くなる 16
amarillento	黄色みを帯びた 16
amarillo	黄色い 16
amarillo dorado	山吹色の 16
amarillo verdoso	黄緑色の 16
amasar	こねる、練る 14
ámbar	男 琥珀 11
ambicioso	野心的な 8
ambientador	男 芳香剤 13
ambulancia	女 救急車 20
americana	女 ブレザー 11
amplio	広い 15
ampolla	女 まめ、水膨れ 20
Ámsterdam	アムステルダム 1
análisis	男 分析、検査 20, 28, 33
anaranjado	オレンジ色の 16
anarquismo	男 無政府主義 32
ancho	幅の広い 11, 15
ancla	女 錨 19
andar	歩く 17
andén	男 プラットホーム 19
anemia	女 貧血 20
anestesia	女 麻酔 20
anfibio	男 両生類 5
ángel	男 天使 27
anguila	女 ウナギ 5
ángulo	男 角（かく） 28
anillo	男 指輪 11
animación	女 アニメーション 30
animado	活気がある 20
animal	男 動物 5
aniversario	男 記念日 22
ano	男 肛門 7
anoche	昨夜 22

anochecer	夜になる 21
anónimo	男 作者不詳 26
ante	…の前に 23
anteanoche	一昨日の夜 22
anteayer	一昨日 22
antebrazo	男 前腕 7
antena	女 アンテナ 31
antepasado, da	祖先、先祖 4
antes	以前、前に → lo antes posible 22
antes de ayer	一昨日 22
antibiótico	男 抗生物質 13
anticipo	男 前払金 10
anticuado	時代遅れの 15
antiguo	古い 15
Antiguo Testamento	男 旧約聖書 27
antipático	感じの悪い 8
antiséptico	男 消毒薬 13
antivirus	男 ウィルス対策プログラム 31
antónimo	男 反義語 25
anual	毎年の、1年の 22
anunciar	知らせる、宣伝する 25
anuncio	男 広告 31
anzuelo	男 釣り針 29
añadir	加える 14
añil	藍色の 16
año	男 年 22
año bisiesto	男 うるう年 22
apagar	消す 31
apagar el despertador	目覚まし時計を止める 17
apagar la luz	電気を消す 17
aparcamiento	男 駐車場 9
aparcar el coche	駐車する 17
apartamento	男 アパート 12
apasionado	情熱的な、熱心な 8
apelación	女 控訴、上告 32
apenas	ほとんど…ない 22
apéndice	男 盲腸 7
apendicitis	女 虫垂炎 20
apio	男 セロリ 14
aplicación	女 アプリ 31
aplicado	勤勉な 8
apósito	男 傷の手当用品 13
apóstol	男 使徒 27
aprender inglés	英語を学ぶ 17
aprendizaje	男 習得、学習 24

aumentativo	男 増大辞	25
aumento	男 増加	33
aún	まだ	22
aurora	女 オーロラ	21
austero	厳格な	8
Australia	オーストラリア	1
australiano, na	オーストラリアの、オーストラリア人の、オーストラリア人	1
Austria	オーストリア	1
austriaco, ca / austríaco, ca	オーストリアの、オーストリア人の、オーストリア人	1
austro	男 南	23
auténtico	本物の	15
autismo	男 自閉症	20
autobús	男 (路線) バス	19
autocar	男 長距離バス	19
autografía	女 自伝	26
automático	自動の	15
autonomía	女 自治、自治権	32
autopista	女 高速道路	9
autor, ra	作者、犯人、主犯	26, 32
autovía	女 高速道路	9
aval	男 連帯保証人の裏書	33
avalancha	女 雪崩	21
ave	女 鳥	5
avenida	女 大通り	9
aventura	女 冒険	30
avestruz	男 ダチョウ	5
avión	男 飛行機	19
avisar	知らせる	25
avispa	女 スズメバチ	5
axila	女 わきの下	7
ayer	昨日	22
ayer por la mañana	昨日の午前中、朝	22
ayudar a un amigo	友人を手伝う	17
ayuntamiento	男 市役所	9
azafato, ta	客室乗務員	3
azalea	女 ツツジ	6
azotea	女 屋上	12
azúcar	男 砂糖	14
azucena	女 白百合	6
azul	青い	16
azul celeste	空色の	16
azul marino	ネービーブルーの	16
azul violáceo	青紫の	16

azulado	青みを帯びた	16
azular	青くなる	16
azulejo	男 タイル	13
bacalao	男 タラ	5, 14
bachiller, ra	中等教育修了者	24
bachillerato	男 中等教育課程	24
bádminton	男 バドミントン	29
bahía	女 湾、入江	2
bailar	踊る	17
bailarín, na	ダンサー	3
baile	男 ダンス、踊り	30
baile de salón	男 社交ダンス	29
baja	女 下落	33
bajar	ダウンロードする	31
bajar del tren	電車を降りる	17
bajo	背の低い、…の下に、男 ベースギター、(声域の) バス	8, 23, 26
balancín	男 シーソー	30
balanza	女 秤	13, 14
balar	羊・ヤギ・鹿などが鳴く	5
balcón	男 バルコニー	12
ballena	女 クジラ	5
balón	男 (大型の) ボール	29
baloncesto	男 バスケットボール	29
balonmano	男 ハンドボール	29
balonvolea	男 バレーボール	29
bambú	男 竹	6
banca	女 銀行、銀行業務	33
bancarrota	女 破産、倒産	33
banco	男 銀行	9, 33
banda	女 バンド、音楽隊	26
bandeja	女 盆、トレイ	14
bandera	女 旗	9
banderilla	女 バンデリーリャ	30
banquero, ra	銀行家	3
bañador	男 水着	11, 29
bañarse	入浴する	17
bañera	女 浴槽	12
bar	男 バル	9
baraja	女 トランプ	30
barato	値段の安い	15
barba	女 ひげ、あごひげ	7
barbilla	女 あご	7
barca	女 小舟	19
barco	男 船	19

barra	女 棒状のもの、スラッシュ（/）、（キーボードの）バー 14, 25, 31	
barrer el suelo	床を掃く 17	
barrera	女 闘牛場の防壁、柵 30	
barriga	女 腹 7	
barrio	男 地区 9	
barritar	象・サイが鳴く 5	
base	女 （野球の）ベース、塁 29	
base de maquillaje	女 ファンデーション 13	
básico	基本的な 15	
bastón	男 杖、（スキーの）ストック 11	
bastoncillo	男 綿棒 13	
bata	女 ガウン 11	
batalla	女 戦い 27	
bate	男 バット 29	
bateador, ra	バッター 29	
batería	女 ドラム、バッテリー 26, 31	
batir	泡立てる 14	
batuta	女 指揮棒 26	
bazo	男 脾臓 7	
beato, ta	祝福を受けた人 27	
beber	飲む 14	
beber agua	水を飲む 17	
bebida	女 飲みもの 14	
beca	女 奨学金 24	
becario, ria	奨学生 24	
begonia	女 ベゴニア 6	
beis / beige	ベージュの 16	
béisbol	男 野球 29	
belga	ベルギーの、ベルギー人の、ベルギー人 1	
Bélgica	ベルギー 1	
bello	美しい 15	
beneficio	男 利益 33	
beneficioso	利益となる 15	
bengalí	男 ベンガル語 25	
berenjena	女 ナス 14	
Berlín	ベルリン 1	
Berna	ベルン 1	
besugo	男 マダイ 5	
bianual	年に2回の 22	
biberón	男 哺乳瓶 13	
Biblia	女 聖書 27	
biblioteca	女 図書館 9, 24	
bibliotecario, ria	司書 3	

bici(cleta)	女 自転車 19	
bidé	男 ビデ 12	
bienes	男複 富、財産 33	
bigote	男 口ひげ 7	
bilingüe	バイリンガルの（人）25	
billar	男 ビリヤード 30	
billete	男 切符、紙幣 19, 33	
bimestral	2か月間の、2か月毎の 22	
bimestre	男 2か月間 22	
bío	女 プロフィール 31	
biografía	女 伝記、プロフィール 26, 31	
biógrafo, fa	伝記作家 3	
biología	女 生物学 24	
bisabuelo, la	曾祖父 / 曾祖母 4	
bisnieto, ta	曾孫 4	
blanco	白い 15, 16	
blanco lechoso	乳白色の 16	
blando	やわらかい 15	
blanquear	白くなる 16	
blusa	女 ブラウス 11	
bobo	愚かな 8	
boca	女 口 7	
boca de metro	女 地下鉄の入り口 9	
bocadillo	男 ボカディージョ 14	
boceto	男 下絵、スケッチ 26	
bochorno	男 うだるような暑さ 21	
boda	女 結婚式 18	
bodega	女 酒屋 10	
bodegón	男 静物画 26	
Bogotá	ボゴタ 1	
boina	女 ベレー帽 11	
bola	女 ボール、球 29	
bolígrafo	男 ボールペン 24	
Bolivia	ボリビア 1	
boliviano, na	ボリビアの、ボリビア人の、ボリビア人 1	
bollo	男 菓子パン 14	
bolos	男複 ボウリング 29	
bolsa	女 袋、手提げ、株式市場 11, 14, 33	
bolsa de basura	女 ゴミ袋 13	
bolsa de hielo	女 氷のう 13	
bolsillo	男 ポケット 11	
bolso	男 ハンドバッグ 11	
bombero, ra	消防士 3	
bombilla	女 電球 13	

bombo	男 大太鼓 26	
bombón	男 チョコレート菓子 14	
bondadoso	親切な、温厚な 8	
bonito	きれいな、男 カツオ 5, 8, 15	
bono	男 回数券 19	
bonzo, za	(仏教の) 僧 27	
boquerón	男 カタクチイワシ 14	
bordado	男 刺繍 30	
borracho	酔っぱらった 20	
borrar	消す、デリートする 31	
borrasca	女 (海上の) あらし 21	
bosque	男 森 2, 6	
bostezo	男 あくび 20	
botas	女 複 ブーツ、スポーツシューズ 11, 29	
bote	男 広口瓶、缶 14	
bote salvavidas	男 救命ボート 19	
botella	女 瓶 14	
botella de oxígeno	女 酸素ボンベ 29	
botellín	男 小瓶 14	
botón	男 ボタン 11, 13	
botón de oro	男 キンポウゲ 6	
boxeo	男 ボクシング 29	
bragas	女 複 パンティー 11	
Brasil	ブラジル 1	
brasileño, ña	ブラジルの、ブラジル人の、ブラジル人 1	
Brasilia	ブラジリア 1	
braza	女 平泳ぎ 29	
brazo	男 腕 7	
breve	短い 15	
bricolaje	男 日曜大工 13, 30	
brillante	光り輝く 15	
brindar	乾杯する 14	
brisa	女 微風、そよ風 21	
broche	男 ブローチ 11	
bromear	冗談を言う 25	
bronce	男 ブロンズ 11, 26	
bronceador	男 サンオイル 13	
bronquitis	女 気管支炎 20	
brotar	芽を出す 6	
brote	男 芽、発芽 6	
bruma	女 霧、もや 21	
Bruselas	ブリュッセル 1	
buceo	男 ダイビング 29	
budismo	男 仏教 27	

bueno	善良な、よい、おいしい 8, 15	
Buenos Aires	ブエノスアイレス 1	
búfalo, la	バッファロー 5	
bufanda	女 マフラー 11	
bufete	男 弁護士事務所 9	
búho	男 フクロウ 5	
buitre	男 ハゲタカ、ハゲワシ 5	
bulbo	男 球根 6	
burocracia	女 官僚主義 32	
burro, rra	ロバ 5	
bus	男 (路線) バス 19	
buscador	男 検索エンジン 31	
buscar a los niños	子供を迎えに行く 17	
buscar trabajo	仕事を探す 18	
busto	男 胸像 26	
butaca	女 客席、座席 30	
buzón	男 郵便受け、メールボックス 12, 31	
caballa	女 サバ 5	
caballo	男 馬、雄馬 5	
cabecera	女 表題部分 31	
cabello	男 毛髪 7	
cabeza	女 頭 7	
cable	男 ケーブル 31	
cabo	男 岬 2	
cabra	女 ヤギ 5	
cacahuete	男 ピーナッツ 14	
cacarear	鶏が鳴く 5	
cácher	キャッチャー 29	
cactus	男 サボテン 6	
cada ... días	…日毎に 22	
cada día	毎日 22	
cada dos por tres	たびたび 22	
cadena	女 鎖、チェーン、チェーン店 10, 13	
cadera	女 腰 7	
caducidad	女 期限切れ 10	
caer enfermo	病気になる 18	
café	男 カフェ、コーヒー 9, 14	
cafetera	女 コーヒーメーカー 12	
cafetería	女 カフェテリア 9	
caída	女 崩壊、陥落 27	
caja	女 レジ、箱 10, 14	
caja rural	女 地方銀行 9, 33	
cajero, ra	会計係 3	
cajón	男 引き出し 12	
calabacín	男 ズッキーニ 14	

caro	値段の高い 15
carpa	囡 (魚の) コイ 5
carpeta	囡 紙ばさみ、フォルダー 24, 31
carpintero, ra	大工 3
carrera	囡 (大学の) 課程、競走、レース 24, 29
carrera de caballos	囡 競馬 30
carretera	囡 幹線道路 9
carril	男 レール、車線 19
cartas	囡 覆 トランプ 30
cartel	男 ポスター 9
cartelera	囡 映画・演劇欄 30
carterista	すり 32
cartero, ra	郵便配達員 3
casa	囡 家 12
casado	既婚の 4
casado en segundas nupcias	再婚した 4
casarse	結婚する 18
cascada	囡 滝 2
casco	男 ヘルメット 11, 19, 29
casco antiguo	男 旧市街 9
casi siempre	ほとんどいつも 22
casino	男 カジノ 9
caspa	囡 ふけ 20
castaña	囡 栗 14
castaño	栗色の、男 栗の木 6, 16
castañuelas	囡 覆 カスタネット 26
castellano	男 スペイン語 25
castigo	男 罰 27
castillo	男 城 19
castor, ra	ビーバー 5
catalán	男 カタルーニャ語 25
catálogo	男 カタログ 33
catarata	囡 滝 2
catarata(s)	囡 (覆) 白内障 20
catástrofe	囡 大惨事、大災害 21
catedral	囡 大聖堂 19
catedrático, ca	専任教授 24
categoría gramatical	囡 品詞 25
catolicismo	男 カトリックの教義 27
cavar	耕す、鋤き返す 6
cazadora	囡 ジャンパー 11
cazuela	囡 浅い土鍋 14
cebolla	囡 タマネギ 14
cebra	囡 シマウマ 5

cedro	男 杉 6
ceja	囡 まゆげ 7
celda	囡 独房 32
celoso	嫉妬した 20
cemento	男 セメント 13
cena	囡 夕食 14
cenar	夕食をとる 14, 17
centenario	100 年の、男 100 年 22
central	中央の 23
centralismo	男 中央集権主義 32
centrismo	男 中道主義 32
centro	男 中心地、中心 → en el centro (de ...) 9
centro comercial	男 ショッピングセンター 9
centro de acogida	男 保護施設 9
centro de día	男 デイセンター 9
centro de internamiento	男 収容施設 9
centro de salud	男 保健センター 9
(centro de) urgencias	男 救急センター 9
Centroamérica	中米 1
centroamericano, na	中米の、中米人の、中米人 1
centrocampista	ミッドフィールダー 29
cepillo de dientes	男 歯ブラシ 13
cepillo de pelo	男 ヘアブラシ 13
cera	囡 ワックス 13
cerámica	囡 陶器 26
cerca (de ...)	(…の) 近くに 23
cercano	近くの 23
cerdo, da	豚、男 豚肉 5, 14
cereal	男 シリアル 14
cerebro	男 脳 7
cereza	囡 サクランボ 14
cerezo	男 サクランボの木、桜 6
cerilla	囡 マッチ 13
cerrado	閉じた 15
cerradura	囡 かんぬき、錠 12
cerrar sesión	ログアウトする 31
cerrar una ventana	窓を閉める 17
cerveza	囡 ビール 14
césped	男 芝生 6
cesta	囡 かご、バスケットボールのゴール 29
chalé	男 別荘 12
chaleco	男 ベスト、チョッキ 11
champán	男 シャンパン 14
champiñón	男 マッシュルーム 14

champú	男 シャンプー 13
chándal	男 ジャージ（上下）11
chaparrón	男 にわか雨 21
chaqueta	女 上着 11
charcutería	女 豚肉加工品店 9
charlar	おしゃべりする 17, 25
charlatán	おしゃべりな 8
chequeo	男 健康診断 20
chicle	男 チューインガム 14
chile	男 トウガラシ 14
Chile	チリ 1
chileno, na	チリの、チリ人の、チリ人 1
chillar	金切り声をあげる 25
chimenea	女 暖炉、煙突 12
chimpancé	男 チンパンジー 5
China	中国 1
chino, na	中国の、中国人の、中国人、男 中国語 1, 25
chiste	男 笑い話 26
chocolate	男 チョコレート 14
chorizo	男 チョリソ 14
chubasco	男 にわか雨 21
chupar	しゃぶる、なめる 14
chupete	男 おしゃぶり 13
ciberataque	男 サイバー攻撃 31
cicatriz	女 傷跡 20
ciclamen	男 シクラメン 6
ciclismo	男 自転車競技 29
ciclón	男 サイクロン 21
ciego	目の見えない 20
cielo	男 空、天 21
ciempiés	男 ムカデ 5
ciencia ficción	女 SF 30
ciencias	女 複 学問 24
científico, ca	科学者 3
cierto	確かな 15
ciervo, va	鹿 5
cifra	女 数字、桁 28
cigarra	女 セミ 5
cigüeña	女 コウノトリ 5
cilindro	男 円柱 28
cine	男 映画、映画館 9, 30
cinta	女 リボン、テープ 13
cinta adhesiva	女 粘着テープ 24
cintura	女 ウエスト 7

cinturón	男 ベルト、帯 11, 29
cinturón de seguridad	男 シートベルト 19
ciprés	男 糸杉 6
circo	男 サーカス 30
circuito	男 サーキット 29
círculo	男 (図形の）円 28
ciruela	女 プラム 14
ciruelo	男 プラムの木 6
cirugía	女 外科 20
cirujano, na	外科医 3, 20
cisne	男 白鳥 5
ciudad	女 都市 2
Ciudad de Guatemala	グアテマラシティ 1
Ciudad de México	メキシコシティ 1
Ciudad de Panamá	パナマシティ 1
ciudadanía	女 市民権 32
civilización	女 文明 27
clan	男 一族 4
clara	女 (卵の）白身 14
clarinete	男 クラリネット 26
claro	明らかな 15
clase	女 授業、教室 24
(clase) preferente	女 ビジネスクラス 19
(clase) turista	女 エコノミークラス 19
cláusula	女 節（せつ）25
clave	女 音部記号 26
clavel	男 カーネーション 6
clavícula	女 鎖骨 7
clavo	男 釘 13
clérigo	男 聖職者 27
cliente, ta	顧客 10
clima	男 気候 21
clínica	女 診療所 9
cloro	男 塩素 28
coalición	女 (政党などの）連合 32
coartada	女 アリバイ 32
cobarde	臆病な 8
cobrizo	銅色の 16
cocer	煮る、ゆでる 14
coche	男 自動車 19
cocina	女 台所、料理 12, 14
cocinar	料理する 14, 17
cocinero, ra	コック 3
cocodrilo	男 ワニ 5
cocotero	男 ココヤシの木 6

código	男 法典 *32*	
código postal	男 郵便番号 *31*	
código QR	男 QRコード *31*	
codo	男 肘 *7*	
cojín	男 クッション *12*	
cojo	片足の不自由な *20*	
col	女 キャベツ *14*	
cola	女 尾、しっぽ *5*	
colar	濾す、水を切る *14*	
colcha	女 ベッドカバー *12*	
colchón	男 マットレス *12*	
colección	女 収集 *30*	
colegio	男 (小・中) 学校 *9, 24*	
colegio mayor	男 (大学の) 学生寮 *24*	
colgante	男 ペンダント *11*	
coliflor	女 カリフラワー *14*	
colina	女 丘 *2*	
collar	男 ネックレス *11*	
Colombia	コロンビア *1*	
colombiano, na	コロンビアの、コロンビア人の、	
	コロンビア人 *1*	
colón	男 (通貨) コロン *33*	
colonia	女 (化粧) コロン *13*	
colonización	女 植民地化 *27*	
coloquial	口語 (体) の *25*	
color	男 色 *16*	
color cálido	男 暖色 *16*	
color frío	男 寒色 *16*	
colorado	赤い *16*	
colorete	男 チーク *13*	
columna	女 柱、(新聞などの) 欄、コラム *12, 31*	
columna vertical	女 背骨 *7*	
columpio	男 ぶらんこ *30*	
coma	男 昏睡 / 女 コンマ (,) *20, 25*	
comba	女 縄跳び *30*	
combate	男 (格闘技の) 試合 *29*	
comedia	女 喜劇、コメディ *30*	
comedor	男 食堂 *9, 12, 24*	
comentar	論評する *25*	
comer	食べる、昼食をとる *14, 17*	
comerciante	商人 *3*	
comercio	男 商業、商売 *33*	
cometa	男 彗星 *21*	
cómic	男 コミック、漫画 *30*	
cómico, ca	喜劇俳優 *3*	

comida	女 食べもの、食事、昼食 *14*	
comillas	女複 引用符 («», " ") *25*	
comilón	食いしん坊の *8*	
comisaría (de policía)	女 警察署 *9, 32*	
comisario, ria	警察署長 *32*	
comisión	女 手数料 *33*	
cómodo	快適な *15*	
compañero de clase / compañera de clase		
	クラスメート *24*	
compañía	女 会社 *3, 33*	
comparativo	男 比較級 *25*	
compás	男 小節、拍子 *26*	
competición	女 試合、競技会 *29*	
complemento	男 補語 *25*	
complementos	男複 付属品、小物 *11*	
completo	完全な *15*	
complicado	複雑な *15*	
composición	女 作曲、構成 *26*	
compositor, ra	作曲家 *3*	
compra	女 買い物、購入 *10, 30, 33*	
comprar pan	パンを買う *17*	
comprensión	女 理解 *25*	
compresa	女 生理用ナプキン *13*	
común	共通の *15*	
comunicar	知らせる、伝える *25*	
comunismo	男 共産主義 *32*	
con frecuencia	しばしば *22*	
concejal, la	市 (町・村) 議会議員 *3, 32*	
concentrado	集中した *20*	
concierto	男 コンサート *26, 30*	
concordancia	女 一致 *25*	
concurso	男 コンクール、クイズ (番組) *30, 31*	
condena	女 有罪判決、刑 *32*	
condicional	男 過去未来 *25*	
condimentar	味付けをする *14*	
condimento	男 調味料 *14*	
conducir	運転する *17*	
conductor, ra	運転手 *3, 19*	
conejo, ja	ウサギ *5*	
confesar	告白する *25*	
confesión	女 告解、懺悔、信仰 *27*	
confitería	女 菓子店 *10*	
conflicto	男 紛争、衝突 *27*	
confortable	快適な *15*	
congelador	男 冷凍庫 *12*	

214

cráneo	男 頭蓋骨 7	cuco	男 カッコウ 5
crecer	成長する 18	cuello	男 首、ネック、衣服の首回り 7, 11
crédito	男 単位、信用、クレジット 24, 33	cuenca	女 流域、盆地 2
creencia	女 信じること 27	cuenco	男 ボウル 14
crema	女 クリーム、分音符 13, 25	cuenta	女 口座 33
cremallera	女 ファスナー 11, 13	cuento	男 物語、短編小説 26
crimen	男 犯罪 32	cuerda	女 ロープ 29
crisantemo	男 菊 6	cuerno	男 角（つの） 5
crisis	女 危機 27	cuero	男 なめし革 11
cristal	男 ガラス 13	cuerpo	男 身体 7
cristianismo	男 キリスト教 27	cuervo	男 カラス 5
crítica	女 評論、批評 26, 30	cuesta	女 坂 9
croar	カエルが鳴く 5	cuidados intensivos	男 複 集中治療 20
crol	男 クロール 29	cuidados paliativos	男 複 緩和治療 20
crónica	女 年代記、報道記事、ニュース 27, 31	culebrón	男 長編メロドラマ 31
cronista	報道記者 31	culo	男 尻 7
cronología	女 年表、タイムライン 27, 31	culpable	有罪の 32
croqueta	女 コロッケ 14	cultivar	耕す、栽培する 6
crucigrama	男 クロスワードパズル 30	cultivo	男 耕作、栽培 6
crudo	生の 15	culto	教養のある 8, 25
cruel	残酷な 8	cultura	女 文化 27
cruz	女 十字架 27	cultural	教養の 31
cruzar una calle	通りを渡る 17	cumbre	女 山頂 2
cuaderno	男 ノート 24	cumpleaños	男 誕生日 22
cuadrado	男 正方形 28	cumplir ... años	…歳になる 18
cuadrilátero	男 （ボクシングの）リング 29	cuna	女 揺りかご 12
cuadro	男 絵、四角 → de cuadros 12, 26	cuñado, da	義兄（弟）/ 義姉（妹） 4
cuanto antes	できるだけ早く 22	cura	女 治療 / 男 司祭 20, 27
cuarteto	男 四重奏、四重唱 26	curarse	回復する 18
cuarto	男 部屋、15分 → a la(s) ... y cuarto 12	curioso	好奇心の強い 8
		curso	男 講座、学年 24
cuarto de baño	男 浴室、トイレ 12	cursor	男 カーソル 31
cuarto de estar	男 居間 12	curvo	曲がった 15
Cuba	キューバ 1	dado	男 サイコロ 30
cubano, na	キューバの、キューバ人の、キューバ人 1	dalia	女 ダリア 6
		dama	女 （チェスの）クイーン 30
cubierto	覆われた、曇った 21	danés, sa	デンマークの、デンマーク人の、デンマーク人、男 デンマーク語 1
cubo	男 バケツ、立方体 13, 28		
cucaracha	女 ゴキブリ 5	danza	女 ダンス、踊り 30
cuchara	女 スプーン 14	dar a luz	出産する 18
cucharada	女 大さじ 14	dardo	男 ダーツ 30
cucharadita	女 小さじ 14	dársena	女 船着き場、（バスターミナルの）乗り場 19
cucharón	男 おたま 14		
cuchilla	女 カミソリの刃 13	dato	男 データ 31
cuchillo	男 ナイフ 14	de ... a ...	…から…まで 22

descubrimiento	男 発見 27	
descuento	男 値引き 10, 33	
desempleo	男 失業 3	
deshielo	男 雪解け 21	
desierto	男 砂漠 2	
desinstalar	アンインストールする 31	
desmaquillador	男 クレンジング 13	
desmayo	男 失神 20	
desnudarse	服を脱ぐ 17	
desnutrición	女 栄養失調 20	
desodorante	男 脱臭剤、制汗剤 13	
despacho	男 事務室 3	
despegue	男 離陸 19	
despejado	晴れた 21	
despejarse	晴れる 21	
despensa	女 食料貯蔵室 12	
despertador	男 目覚まし時計 12	
despertarse	目覚める 17	
despierto	頭のきれる 8	
despistado	うっかりした 8	
desplazar	スクロールする 31	
después	後で 22	
destino	男 行先 19	
destornillador	男 （工具）ドライバー 13	
desvestirse	服を脱ぐ 11	
detallista	よく気がつく 8	
detective	探偵 3	
detención	女 逮捕 32	
detergente	男 洗剤 13	
determinante	男 限定詞 25	
detrás (de ...)	（…の）後ろに 23	
deuda	女 借金、負債 33	
devaluación	女 平価切下げ 33	
devolución	女 返却、返品、払戻 10	
devorar	むさぼる 14	
día	男 日 22	
día feriado	男 休日 22	
día festivo	男 祝日 22	
día laborable	男 平日 22	
día lectivo	男 授業のある日 22, 24	
día libre	男 非番の日、休日 22	
diabetes	女 糖尿病 20	
diablo	男 悪魔 27	
diafragma	男 横隔膜 7	
diagnóstico	男 診断 20	

dialecto	男 方言 25	
dialogar	対話する 25	
diamante	男 ダイヤモンド、ダイヤの札 11, 30	
diámetro	男 直径 28	
diario	毎日の、日々の、男 日記 → a diario 22, 26	
diarrea	女 下痢 20	
dibujar	絵を描く 17	
dibujo	男 線画、デッサン 26	
dibujos animados	男 複 アニメ 31	
diccionario	男 辞書 24	
dicho	男 言葉、格言 25	
diciembre	男 12 月 22	
dictadura	女 独裁政治 32	
diente	男 歯、ニンニクのかけら 7, 14	
diente de león	男 タンポポ 6	
diéresis	女 分音符 25	
dieta	女 食餌療法、ダイエット 20	
difícil	難しい 15	
difundir	広める 31	
digerir	消化する 14	
diluvio	男 大洪水、豪雨 21	
diminutivo	男 縮小辞 25	
dimisión	女 辞職、辞任 32	
Dinamarca	デンマーク 1	
dinámico	活動的な 8	
dinastía	女 王朝 27	
dinero	男 金（かね）、通貨 33	
Dios	男 神 27	
dióxido de carbono	男 CO$_2$、二酸化炭素 21	
diploma	男 （学位、資格の）免状 24	
diplomático	外交的な 8	
diplomático, ca	外交官 3	
diptongo	男 二重母音 25	
diputado, da	（下院）議員 32	
dique	男 堤防、ドック 19	
dirección	女 アドレス 31	
directo	直接の 25	
discapacitado	障害を抱えた 20	
disciplina	女 しつけ 24	
disco	男 円盤、パック 29	
discoteca	女 ディスコ 9	
discreto	慎み深い 8	
discutir con la familia	家族と言い争う 17	
diseñador, ra	デザイナー 3	

estomatología	囡 口腔外科 20	
estomatólogo, ga	口腔外科医 20	
estornudo	男 くしゃみ 20	
estos días	ここのところ 22	
estrecho	幅の狭い、男 海峡 2, 11, 15	
estrella	囡 星 21	
estreno	男 初演、封切 30	
estreñimiento	男 便秘 20	
estropajo	男 たわし、スポンジ 13	
estuche (de plumas)	男 ペンケース 24	
estudiante	学生 3, 24	
estudiar	勉強する 17	
estudiar en el extranjero	留学する 18	
estudio	男 勉強、研究、書斎 12, 24	
estudioso	勉強家の 8	
estufa	囡 ストーブ 12	
estupendo	すばらしい 15	
etapa	囡 段階、時期 27	
eterno	永遠の 15	
etiqueta	囡 ハッシュタグ 31	
eufemismo	男 婉曲語法 25	
euro	男 ユーロ 33	
Europa	ヨーロッパ 1	
europeo, a	ヨーロッパの、ヨーロッパ人の、ヨーロッパ人 1	
eutanasia	囡 安楽死 20	
evaluación	囡 評価 24	
Evangelio	男 福音、福音書 27	
evolución	囡 発展 27	
examen	男 試験 24	
excelente	優れた 15	
exclamar	感嘆の声を上げる 25	
excursión	囡 小旅行、ハイキング 30	
exigente	要求の多い 8	
exilio	男 追放、亡命 27	
expansión	囡 拡大、拡張 27	
expedición	囡 遠征 27	
experimento	男 実験 28	
explicar	説明する 25	
exportación	囡 輸出 33	
exposición	囡 展覧会 26, 30	
expresar	表現する 25	
expresión	囡 表現 25	
exprimidor	男 レモンなどの搾り器 14	
exprimir	搾る 14	

expulsión	囡 追放 27	
exterior	外部の、外側の 23	
extinción	囡 絶滅 21	
extranjero	外国の 15	
extraño	奇妙な 15	
extrovertido	外向的な 8	
fábrica	囡 工場 9	
fábula	囡 寓話 26	
fácil	易しい 15	
factura	囡 請求書 10, 33	
facultad	囡 学部 24	
faena	囡 仕事、労働 3	
faisán, na	キジ 5	
falda	囡 スカート 11	
fallecer	亡くなる 18	
falsificación	囡 偽造 32	
falso	不誠実な、偽りの 8, 15	
falta	囡 欠席 24	
falta de aire	囡 息切れ 20	
familia	囡 家族 4	
familiar	家族、親戚 4	
famoso	有名な 8, 15	
fantasía	囡 ファンタジー 30	
faringe	囡 咽頭 7	
faringitis	囡 咽頭炎 20	
farmacéutico, ca	薬剤師 3	
farmacia	囡 薬局、薬学 9, 10, 24	
farol	男 街灯 9	
farola	囡 (大型の) 街路灯 9	
fascismo	男 全体主義、ファシズム 32	
fase	囡 段階、時期 27	
fatal	すごく調子が悪い 20	
fatiga	囡 疲労 20	
fe	囡 信仰 27	
febrero	男 2月 22	
fecha	囡 日付 22	
federalismo	男 連邦主義 32	
feliz	幸せな 8	
femenino	男 (文法) 女性 25	
fenomenal	すごい、すてきな 15	
fenómeno	男 現象 21	
feo	醜い 8	
ferretería	囡 金物屋 10	
ferri / ferry	男 フェリー 19	
ferrocarril	男 鉄道 19	

fusión	囡 合併 *33*	
fútbol	男 サッカー *29*	
fútbol sala	男 フットサル *29*	
futbolista	サッカー選手 *3*	
futuro	男 未来、将来 → en el futuro *25*	
futuro perfecto	男 未来完了 *25*	
gabardina	囡 (衣服の) コート *11*	
gafas	囡複 めがね *11*	
galería	囡 ギャラリー *9, 26*	
gallego	男 ガリシア語 *25*	
galleta	囡 ビスケット *14*	
gallina	囡 雌鶏 *5*	
gallo	男 雄鶏 *5*	
gamba	囡 エビ *14*	
ganadería	囡 畜産、牧畜 *33*	
ganadero, ra	畜産業者 *3*	
ganancia(s)	囡 (複) 利益、収入 *33*	
gancho	男 鉤、フック *29*	
ganso, sa	ガチョウ *5*	
garaje	男 ガレージ *12*	
garantía	囡 保証 *10*	
garbanzo	男 ヒヨコ豆 *14*	
garganta	囡 喉 *7*	
gas	男 気体 *28*	
gasa	囡 ガーゼ *13*	
gaseosa	囡 炭酸水 *14*	
gasolinera	囡 ガソリンスタンド *9*	
gastos	男複 費用、出費 *10, 33*	
gastritis	囡 胃炎 *20*	
gastronomía	囡 料理法 *14*	
gastronómico	料理の *31*	
gato, ta	猫 *5*	
gaviota	囡 カモメ *5*	
gemelo, la	双生児 *4*	
gemelos	男複 カフスボタン *11*	
general	全体的な、一般的な → por lo general *15*	
generalmente	普通は *22*	
género	男 商品、品物、(文法) 性 *25, 33*	
generoso	寛大な、気前のよい *8*	
genial	天才的な、すばらしい *15*	
genocidio	男 大量殺戮 *27*	
geografía	囡 地理 *24*	
geometría	囡 幾何学 *28*	
geranio	男 ゼラニウム *6*	

gerbera	囡 ガーベラ *6*	
gerente, ta	支配人、経営者 *3*	
germinación	囡 発芽 *6*	
germinar	芽を出す *6*	
gerundio	男 現在分詞 *25*	
gestor, ra	行政書士 *3*	
gigante	巨大な *15*	
gimnasia	囡 体操 *29*	
gimnasio	男 体育館、ジム *9*	
ginebra	囡 ジン *14*	
ginecología	囡 婦人科 *20*	
ginecólogo, ga	婦人科医 *20*	
girasol	男 ヒマワリ *6*	
glaucoma	男 緑内障 *20*	
glicina	囡 フジ *6*	
globo	男 球、地球 *19, 21*	
glorieta	囡 ロータリー *9*	
glúteo	男 臀部 *7*	
gobierno	男 政府 *32*	
gol	男 サッカーの得点 *29*	
golf	男 ゴルフ *29*	
golfo	男 湾 *2*	
golondrina	囡 ツバメ *5*	
golpe	男 打撃、衝突 *29*	
goma	囡 消しゴム *24*	
gordo	太い、分厚い、太った *8, 15*	
gorila	男 ゴリラ *5*	
gorra	囡 ふちのある帽子 *11*	
gorrión, na	スズメ *5*	
gorro	男 ふちなし帽子 *11*	
gorro de ducha	男 シャワーキャップ *13*	
gota	囡 滴 *21*	
gotas para los ojos	囡複 目薬 *13*	
goteo	男 点滴 *20*	
grabado	男 版画 *26*	
grabar	録音する、録画する *31*	
gracioso	面白い、愛嬌のある *8*	
grado	男 度 *21*	
graduación	囡 卒業 *24*	
graduarse	卒業する *18*	
gramática	囡 文法 *25*	
gramo	男 グラム *14*	
granado	男 ザクロ *6*	
granate	暗赤色の *16*	
grande	大きい *15*	

grandes almacenes 男複 デパート 9
granizar ひょうが降る 21
granizo 男 ひょう、あられ 21
grano 男 吹き出物、にきび 20
grapadora 女 ホッチキス 24
gratis ただで 10
grave 重大な 15
Grecia ギリシャ 1
griego, ga ギリシャの、ギリシャ人の、ギリシャ人、男 ギリシャ語 1, 25
grifo 男 蛇口 12
grillo, lla コオロギ 5
gripe 女 インフルエンザ 20
gris 灰色の 16
gris perla パールグレーの 16
grisear 灰色になる 16
gritar 叫ぶ 25
grueso 厚い、太い 15
grulla 女 ツル 5
gualdo 黄色い 16
guante 男 グラブ、グローブ 29
guantes 男複 手袋 11
guapo （人が）きれいな 8
guardar 保存する 31
guardar la ropa 服をしまう 17
guardería 女 保育園 9
guardia 警備員 3
Guatemala グアテマラ 1
guatemalteco, ca グアテマラの、グアテマラ人の、グアテマラ人 1
guerra 女 戦争 27
guía ガイド、女 ガイドブック 3, 19
Guinea Ecuatorial 赤道ギニア 1
guineano, na 赤道ギニアの、赤道ギニア人の、赤道ギニア人 1
guion 男 シナリオ、台本、ハイフン（-） 25, 30
guion bajo 男 アンダーバー（ _ ）25
guisante 男 グリーンピース 14
guisar 料理する 14
guitarra 女 ギター 26
guitarrista ギタリスト 3
gusano 男 虫 5
gusto 男 味覚、好み → a gusto 7
habitación 女 部屋 12

habitación doble 女 ダブルルーム 19
habitación individual 女 シングルルーム 19
habitante 男 住民 2
habitual ふだんの 15
habla 女 話すこと、言葉 25
hablador おしゃべりな 8
hablar 話す 25
hablar con los amigos 友人と話す 17
hace ... días …日前 22
hacer ejercicio físico 運動をする 17
hacer la cama ベッドメイクする 17
hacer la compra 買い物をする 17
hacer (la) sobremesa 食後のひとときを過ごす 17
hacer los deberes 宿題をする 17
hacer un viaje 旅行をする 18
hacer una lista de compras 買い物リストを作る 17
hacienda 女 財産、資産 33
halcón 男 タカ、ハヤブサ 5
hamburguesa 女 ハンバーガー 14
hamburguesería 女 ハンバーガー屋 9
Hanói ハノイ 1
harina 女 小麦粉 14
harto 飽き飽きした 20
haya 女 ブナ 6
hayal / hayedo 男 ブナの林 6
hegemonía 女 覇権、主導権 27
helada 女 凍結、霜 21
heladería 女 アイスクリーム屋 10
helado 男 アイスクリーム 14
helicóptero 男 ヘリコプター 19
hembra 女 雌 5
hemisferio 男 半球 2, 28
hemorragia 女 出血 20
hepatitis 女 肝炎 20
heredar 相続する 18
heredero, ra 相続人 4
hereje 異教徒 27
herida 女 傷 20
hermana mayor 女 姉 4
hermana menor 女 妹 4
hermano, na 兄弟 / 姉妹 4
hermano mayor 男 兄 4
hermano menor 男 弟 4

hermoso	美しい 8, 15		hornillo de gas	男 コンロ 12
hervir	沸騰させる、沸かす 14		horno	男 オーブン 12
hexágono	男 六角形 28		horquilla	女 ヘアピン 13
hidrógeno	男 水素 28		hortensia	女 アジサイ 6
hielo	男 氷、霜 21		hospital	男 病院 9
hierba	女 草 6		hospitalario	親切な 8
hígado	男 肝臓 7		hospitalización	女 入院 20
higiene	女 衛生 13		hostal	男 小規模ホテル 19
higo	男 イチジク 14		hotel	男 ホテル 9, 19
higuera	女 イチジクの木 6		hoy	今日 22
hija adoptiva	女 養女 4		hoy (en) día	今日 22
hijastro, tra	継子 4		huelga	女 ストライキ 3
hijo, ja	息子 / 娘 4		hueso	男 骨 7
hijo adoptivo	男 養子 4		huevo	男 卵 14
hilo	男 糸 13		humedad	女 湿気 21
hilo dental	男 デンタルフロス 13		húmedo	湿った 15, 21
himno	男 賛歌 26		humilde	謙虚な 8
hindi	男 ヒンディー語 25		humo	男 煙 21
hinduismo	男 ヒンドゥー教 27		huracán	男 ハリケーン 21
hipermercado	男 郊外型スーパー 9		ida y vuelta	女 往復 19
hipertensión	女 高血圧 20		idea	女 考え 33
hípica	女 馬術競技 29		ideal	理想的な 15
hipódromo	男 競馬場 29		idioma	男 言語 25
hipopótamo, ma	カバ 5		iglesia	女 教会 9, 27
hipoteca	女 抵当（権）33		ignorante	無知な 8
hipotensión	女 低血圧 20		igual	等しい 15
historia	女 歴史、歴史学 24, 27		iluso	騙されやすい 8
hocico	男 （哺乳動物の）鼻口部 5		imán	男 （イスラム教の）イマーム 27
hockey	男 ホッケー 29		impago	男 未払い 33
hogar	男 家庭 12		impecable	欠点のない 15
hoja	女 葉 6		imperativo	男 命令法 25
holgado	ゆったりとした 15		imperdible	男 安全ピン 13
holgazán	怠惰な 8		imperio	男 帝国 27
hombro	男 肩 7		impermeable	男 レインコート 11
hondo	深い 15		impersonal	無人称の 25
Honduras	ホンジュラス 1		impertinente	無礼な 8
hondureño, ña	ホンジュラスの、ホンジュラス人 の、ホンジュラス人 1		impetuoso	衝動的な 8
			importación	女 輸入 33
hongo	男 キノコ 14		importante	重要な、かなりの 15
honrado	正直な、誠実な 8		imprenta	女 印刷 31
hora	女 時間 22		impresionante	印象的な 15
hora punta	女 ラッシュアワー 19		impresora	女 プリンター 31
horario	男 時刻表、時間割 19, 24		impuesto	男 税金 32, 33
hormiga	女 蟻 5		incendio	男 火事 21
hormigón	男 コンクリート 13		incoloro	無色の 16

inútil	役に立たない 15	jardín botánico	男 植物園 9
invasión	女 侵入 27	jardín de infancia	男 幼稚園 24
invención	女 発明 27	jardinería	女 園芸 30
inventario	男 商品目録 33	jardinero, ra	庭師 3
invernal	冬の 22	jarra	女 水差し、ピッチャー 14
inversión	女 投資 33	jarrón	男 壺、花瓶 12
inversor, ra	投資家 33	jazz	男 ジャズ 26
investigación	女 調査、研究 33	jefe, fa	上司 3
invierno	男 冬 22	jengibre	男 ショウガ 14
inyección	女 注射 20	jerga	女 仲間内の言葉、隠語 25
ir a la cama	就寝する 17	jersey	男 セーター 11
ir al cine	映画に行く 17	Jerusalén	エルサレム 1
ir al gimnasio	ジムに行く 17	Jesucristo	イエス・キリスト 27
ir al supermercado	スーパーへ行く 17	jirafa	女 キリン 5
ir al trabajo	仕事に行く 17	jornada	女 労働時間 3
ir de compras	買い物に行く 17	joven	若い 8
ir de tapas	飲みに行く 17	joya	女 宝石 11
Irán	イラン 1	joyería	女 宝石店 10
iraní	イランの、イラン人の、イラン人 1	jubilación	女 退職 3
irregular	不規則な 25	jubilarse	退職する 18
irresponsable	無責任な 8	judaísmo	男 ユダヤ教 27
irse de casa	家を出る 18	judía	女 インゲン豆 14
isla	女 島 2	judo	男 柔道 29
islam	男 イスラム教 27	juego de mesa	男 テーブルゲーム 30
Israel	イスラエル 1	Juegos Olímpicos	男 複 オリンピック 29
israelí	イスラエルの、イスラエル人の、イスラエル人 1	Juegos Paralímpicos	男 複 パラリンピック 29
Italia	イタリア 1	juerga	女 お祭り騒ぎ 30
italiano, na	イタリアの、イタリア人の、イタリア人、男 イタリア語 1, 25	jueves	男 木曜日 22
		juez, za	裁判官、判事、審判 3, 29, 32
itinerario	男 旅程 19	jugador, ra	選手 29
izquierda	女 左 → a la izquierda (de ...)	jugar al tenis	テニスをする 17
jabalí, lina	イノシシ 5	juguete	男 おもちゃ 12
jabón	男 石鹸 13	juguetería	女 玩具店 10
jacinto	男 ヒヤシンス 6	juicio	男 裁判 32
jamás	決して…ない 22	julio	男 7月 22
jamón	男 ハム 14	junio	男 6月 22
Japón	日本 1	junto a	…のそばに 23
japonés, sa	日本の、日本人の、日本人、男 日本語 1, 25	Júpiter	男 木星 21
		justificado	正当と認められた 15
jaque (al rey)	男 (チェスの) 王手 30	justo	公正な 15
(jaque) mate	男 (チェスの) 王手 30	juventud	女 青年時代 18
jaqueca	女 頭痛、偏頭痛 20	juzgado	男 裁判所 9, 32
jarabe	男 シロップ 13	kárate / karate	男 空手 29
jardín	男 庭 12	kilo	男 キログラム 14
		kiosco	男 キオスク 9

koala　　　　男 コアラ 5
(la década de) los ...　　女 …年代 22
La Habana　　ハバナ 1
La Paz　　ラパス 1
la próxima semana　来週 22
la semana pasada　先週 22
la semana que viene　来週 22
labio　　　　男 唇 7
labor　　　　女 労働 3
laboratorio　　男 実験室、研究所 9, 28
lacrosse　　　男 ラクロス 29
lado　　　　男 側（がわ）→ al lado (de ...)
ladrar　　　犬が吠える 5
ladrillo　　　男 レンガ 13
ladrón, na　　どろぼう 32
lagarto, ta　　トカゲ 5
lago　　　　男 湖 2
lágrima　　　女 涙 20
laguna　　　女 小さな湖、潟湖 2
laico, ca　　平信徒 27
lámpara　　　女 電灯、電気スタンド 12
lana　　　　女 羊毛、ウール 11
langosta　　　女 ロブスター 14
langostino　　男 車海老 14
lanzador, ra　　ピッチャー 29
lanzamiento　　男 投てき 29
lapicero　　　男 シャープペンシル 24
lápiz　　　　男 鉛筆 24
lápiz de labios　男 リップスティック 13
largo　　　　長い 11, 15
lata　　　　女 缶詰 14
latín　　　　男 ラテン語 25
latitud　　　女 緯度 23
laurel　　　　男 月桂樹 6
lava　　　　女 溶岩 21
lavabo　　　男 洗面台、洗面所 12
lavadora　　　女 洗濯機 12
lavaplatos　　男 食器洗浄機 12
lavar　　　　洗う 14
lavar la ropa　洗濯をする 17
lavarse los dientes　歯磨きする 17
lavavajillas　　男 食器洗浄機、食器用洗剤 12, 13
leal　　　　忠実な、誠実な 8
lección　　　女 課、レッスン 24
leche　　　　女 牛乳 14

lechuga　　　女 レタス 14
lector　　　　読み取りの 25
lector, ra　　読者 30, 31
lectura　　　女 読書 30
leer el periódico　新聞を読む 17
legación　　　女 公使館 9
legislatura　　女 立法議会の会期 32
legumbre　　　女 豆類 14
lejano　　　　遠くの 23
lejía　　　　女 漂白剤 13
lejos (de ...)　（…から）遠くに 23
lencería　　　女 ランジェリーショップ 10
lengua　　　女 舌、言語 7, 25
lengua materna　女 母語 25
lengua oficial　女 公用語 25
lenguado　　　男 シタビラメ 5
lenguaje　　　男 言葉遣い 25
lente　　　　女 レンズ 30
lenteja　　　女 レンズ豆 14
lentes de contacto　女複 コンタクトレンズ 11
lentillas　　　女複 コンタクトレンズ 11
lento　　　　遅い、ゆっくりした 15
leña　　　　女 薪 6
león, na　　　ライオン 5
letra　　　　女 文字、歌詞 25, 26
levantamiento　男 反乱、蜂起 27
levantarse　　起きる 17
levante　　　男 東 2
leve　　　　軽微な、軽量の 15
léxico　　　　男 語彙 25
ley　　　　女 法、法律 32
leyenda　　　女 伝説 26
libélula　　　女 トンボ 5
liberalismo　　男 自由主義 32
libertad　　　女 解放、釈放 32
libra　　　　女 ポンド 33
libre　　　　自由な、空いた 15
librería　　　女 書店 10
librero, ra　　書店員 3
libro　　　　男 本、台帳 24, 33
libro de referencia　男 参考書 24
libro de texto　男 教科書 24
licenciado, da　学士 24
licenciarse　　学士号を取得する 18
licuadora　　　女 ジューサー 14

maduro	経験を積んだ 8		marco	男 枠、額縁 12
maestro, tra	先生、教諭、師匠 3, 24		marea	女 潮（の満ち干）21
magnífico	すばらしい 15		mareado	気分が悪い 20
mahonesa	女 マヨネーズ 14		maremoto	男 海底地震 21
maíz	男 トウモロコシ 14		margarita	女 マーガレット 6
Malabo	マラボ 1		margen	男 マージン 33
maleducado	行儀の悪い 8		marido	男 夫 4
maleta	女 スーツケース 11, 19		mariposa	女 蝶、バタフライ 5, 29
maletero	男 （車の）トランク 19		marisco	男 海産物 14
maletín	男 アタッシェケース 11		mármol	男 大理石 26
malo	悪い、意地悪な 8, 15		marrón	茶色い 16
maltrato	男 虐待 32		marroquí	モロッコの、モロッコ人の、モロッコ人 1
mama	女 乳房 7			
mamá	女 お母さん、ママ 4		Marruecos	モロッコ 1
mamífero	男 哺乳類 5		Marte	男 火星 21
Managua	マナグア 1		martes	男 火曜日 22
mancha	女 しみ 7		martillo	男 ハンマー 13
mandíbula	女 あご 7		marxismo	男 マルクス主義 32
mando a distancia 男 リモコン 31			marzo	男 3月 22
manga	女 袖 11		más tarde	後で 22
manguera	女 ホース 6		masaje	男 マッサージ 20
manifestar	表明する 25		mascarilla	女 マスク 13
mano	女 手 7		masculino	男 （文法）男性 25
manojo	男 束、ひとつかみ 14		máster	男 修士課程 24
manta	女 毛布 12		masticar	かむ、かみ砕く 14
mantel	男 テーブルクロス 14		matemáticas	女複 数学 24, 28
mantequilla	女 バター 14		materno	母親の、母方の 4
manzana	女 リンゴ、ブロック（街路）9, 14		matinal	朝の 22
manzanal	男 リンゴ畑（園）6		matrícula	女 履修 24
manzanilla	女 カモミールティー 14		matrimonio	男 結婚、夫婦 4
manzano	男 リンゴの木 6		matutino	朝の 22
mañana	明日、女 午前、朝 22		maullar	猫がニャーニャー鳴く 5
mañana por la noche 明日の夜 22			máximo	最大の、最高の 15
mapa	男 地図 19		máximo común divisor 男 最大公約数 28
maquillarse	化粧をする 17		mayo	男 5月 22
máquina de afeitar 女 電気カミソリ 13			mayonesa	女 マヨネーズ 14
maquinilla (de afeitar)			mayor	年上の、年配の 8
	女 安全カミソリ、電気カミソリ 13		mayoría	女 大多数、過半数 32
mar	男 / 女 海 2		mayúscula	女 大文字 25
maracas	女複 マラカス 26		mecánico, ca	機械工、整備士 3
maratón	男 マラソン 29		mecedora	女 ロッキングチェア 12
maravilloso	驚くべき 15		medalla	女 メダル 29
marca	女 ブランド 11		media	女 30分 → a la(s) ... y media
marchitamiento 男 草花がしおれること 6			media pensión	女 朝食＋1食の宿泊 19
marchitarse	枯れる 6		mediados	男複 中ごろ → a mediados de ...

medianoche	囡 真夜中 22
medias	囡 復 ストッキング 11
medicamento	男 薬 13
medicina	囡 医学 24
médico, ca	医者 3
medio	男 中央 → en (el) medio (de ...)
medio año	半年 22
Medio Oriente	中東 1
medioambiente	男 環境 21
mediodía	男 正午 22
medioriental / mediooriental	
	中東の、中東人の、中東人 1
medios de comunicación	
	男 復 マスコミュニケーション 33
medios de transporte	男 復 交通手段 19
medios sociales	男 復 ソーシャルメディア 31
mejilla	囡 頬 7
mejillón	男 ムール貝 14
mejor	よりよい 15
mellizo, za	双子 4
melocotón	男 桃、桃の木 6, 14
melocotonero	男 桃の木 6
melodía	囡 メロディー 26
melón	男 メロン 14
memoria	囡 メモリ 31
mencionar	言及する 25
mensaje	男 メッセージ 31
mensual	毎月の、1か月の 22
mentir	嘘をつく 17
mentiroso	嘘つきの 8
mentón	男 あご先 7
menú	男 メニュー 14
menudo	非常に小さい → a menudo
mercado	男 市場、取引 9, 33
mercancía	囡 商品 33
mercería	囡 手芸品店 10
Mercurio	男 水星 21
merendar	おやつを食べる 14, 17
meridional	南の 23
merienda	囡 おやつ 14
merluza	囡 メルルーサ 5
mermelada	囡 ジャム 14
mes	男 (暦の) 月 22
mesa	囡 机 12, 24
meseta	囡 台地 2

mesilla	囡 サイドテーブル 12
mesón	男 居酒屋 9
metáfora	囡 隠喩 26
metal	男 金属 13
meteorología	囡 気象学 21
metro	男 巻き尺、ものさし、地下鉄 13, 19
mexicano, na	メキシコの、メキシコ人の、メキシコ人 1
México	メキシコ 1
mezclar	混ぜ合わせる 14
mezquita	囡 モスク 9, 27
micrófono	男 マイク 31
microondas	男 電子レンジ 12
miedoso	怖がりの 8
miel	囡 ハチミツ 14
miércoles	男 水曜日 22
milagro	男 奇跡 27
milenario	1000年の 22
milenio	男 1000年 22
minería	囡 鉱業 33
minero, ra	鉱山労働者 3
mínimo	最小の、最低の 15
ministerio	男 省庁 32
ministro, tra	大臣 32
minoría	囡 少数派 32
minúscula	囡 小文字 25
minuto	男 分 22
miopía	囡 近視 20
mirarse en el espejo	鏡で自分を見る 17
mirilla	囡 のぞき穴 (窓) 12
misa	囡 ミサ 27
miserable	哀れな 8
misionero, ra	宣教師 27
mismo	同じ 15
mitin	男 討論集会 32
mitología	囡 神話 26
mochila	囡 リュックサック 11
moco	男 鼻水 20
moda	囡 流行、ファッション 11
modelo	モデル 3
moderno	近代の、最新の 15
modesto	謙虚な 8
modismo	男 熟語、慣用句 25
modista	婦人服デザイナー 3
modo	男 (文法) 法、叙法 25

moho	男 かび 6
mojar	湿らす、浸す 14
moler	砕く、粉にする 14
molesto	不機嫌な 20
momento	男 瞬間 → en este momento, de momento 22
monarquía	女 君主制 32
monasterio	男 修道院 27
moneda	女 硬貨、貨幣 33
monitor	男 モニター 31
monje, ja	修道士、僧侶、修道女 27
mono	男 つなぎ 11
mono, na	サル 5
monocolor	単色の 16
monopatinaje	男 スケートボード 29
monorraíl	男 モノレール 19
monoteísmo	男 一神教 27
montaña	女 山 2
montaña rusa	女 ローラーコースター 30
montañismo	男 登山 30
montar un negocio	事業を始める 18
monte	男 山 2
Montevideo	モンテビデオ 1
morado	紫の 16
morder	かみつく 14
morir	死ぬ 18
mosca	女 ハエ 5
Moscú	モスクワ 1
mosquito	男 蚊 5
mostaza	女 マスタード 14
mostrador	男 カウンター 10
mostrador de facturación	男 チェックインカウンター 19
motín	男 暴動、反乱 27
moto(cicleta)	女 オートバイ 19
motociclismo	男 オートバイレース 29
motor	男 エンジン 19
mudarse	引っ越す 18
mudo	口のきけない 20
mueble	男 家具 12
muela	女 奥歯 7
muerte	女 死 20
muerto	死んでいる 20
muestra	女 見本、サンプル 33
mugir	牛が鳴く 5

mujer	女 妻 4
mulo, la	ラバ 5
multa	女 罰金 32
multicolor	多色の 16
multiplicación	女 掛け算 28
mundo	男 世界 2
municipio	男 市、町、村 2
muñeca	女 手首 7
muralla	女 城壁 19
murciélago, ga	コウモリ 5
murmurar	つぶやく 25
músculo	男 筋肉 7
museo	男 博物館 9
museo de bellas artes	男 美術館 26
musgo	男 こけ 6
música	女 音楽 24, 26, 30
música clásica	女 クラシック音楽 26
música folclórica	女 民族音楽 26
música latina	女 ラテン音楽 26
musical	音楽の、男 ミュージカル 30, 31
músico, ca	音楽家 3
muslo	男 もも（体の部位）7
nacer	生まれる 18
nación	女 国、国家 32
nacional	国の 15
nacionalismo	男 ナショナリズム 32
naftalina	女 ナフタリン 13
nailon	男 ナイロン 11
naipes	男複 スペインのトランプ 30
naranja	オレンジ色の、女 オレンジ 14, 16
naranjo	男 オレンジの木 6
narciso	男 スイセン 6
nariz	女 鼻 7
narrar	語る 25
natación	女 水泳 29
natación artística	女 アーティスティックスイミング 29
natural	自然の、当然の 15
náuseas	女複 吐き気 20
navegador	男 ナビゲーター 19
navegar	ネットサーフィンする 31
Navidad	女 クリスマス 27
necesario	必要な 15
necesitado	困窮した 8
neerlandés, sa	オランダの、オランダ人の、オラ

	ンダ人、男 オランダ語 1
negativo	否定的な 15, 25
negocio	男 ビジネス、利益 33
negro	黒い 16
neozelandés, sa	ニュージーランドの、ニュージーランド人の、ニュージーランド人 1
Neptuno	男 海王星 21
nervio	男 神経 7
nervioso	神経質な、緊張している 8, 20
neumático	男 タイヤ 19
neumología	女 呼吸器科 20
neumólogo, ga	呼吸器科医 20
neurología	女 神経科 20
neurólogo, ga	神経科医 20
neutro	男 (文法) 中性 25
nevada	女 降雪 21
nevar	雪が降る 21
nevera	女 冷蔵庫 12
Nicaragua	ニカラグア 1
nicaragüense	ニカラグアの、ニカラグア人の、ニカラグア人 1
niebla	女 霧 21
nieto, ta	孫 4
nieve	女 雪 21
niñez	女 少年 (少女) 時代 18
nitrógeno	男 窒素 28
nivel	男 レベル 24
no ficción	女 ノンフィクション 30
noble	気高い 8
noche	女 夜 → de noche, de la noche a la mañana 22
nocturno	夜の 22
nogal	男 クルミの木 6
nombramiento	男 任命 32
nombre	男 名詞 25
nomeolvides	男/女 ワスレナグサ 6
noreste	男 北東 2
noria	女 観覧車 30
norma	女 規則 25
normal	普通の 15
normalmente	通常は 22
noroeste	男 北西 2
norte	男 北 2
Norteamérica	北米 1
norteamericano, na	北米の、北米人の、北米人 1

norteño	北部の 23
Noruega	ノルウェー 1
noruego, ga	ノルウェーの、ノルウェー人の、ノルウェー人、男 ノルウェー語 1
nota	女 音符 26
notable	男 (成績の) 良 24
notas	女 覆 成績 24
noticia	女 ニュース 31
novela	女 小説 26, 30
novela de ficción	女 フィクション小説 26
novela policíaca [policiaca]	女 探偵小説 26
novela rosa	女 恋愛小説 26
novelista	小説家 3
noviembre	男 11 月 22
novio, via	恋人 4
nube	女 雲 21
nublado	曇った 21
nublarse	曇る 21
nuca	女 うなじ 7
nuera	女 嫁 4
Nueva Delhi	ニューデリー 1
Nueva Zelanda	ニュージーランド 1
nuevo	新しい 15
Nuevo Testamento	男 新約聖書 27
nuez	女 クルミ 14
numerador	男 分子 28
numeral	男 数詞 25
número	男 数、サイズ 11, 25, 28
número decimal	男 小数 28
número entero	男 整数 28
número impar	男 奇数 28
número par	男 偶数 28
número primo	男 素数 28
número quebrado	男 分数 28
nunca	決して…ない 22
nutrición	女 栄養 14
nylon	男 ナイロン 11
obedecer a los padres	両親に従う 17
obesidad	女 肥満 20
obispo	男 司教 27
obligatorio	義務的な 15
obra	女 作品、仕事、工事 3, 26
obrero, ra	労働者 3
observación de aves	女 バードウォッチング 30
obtener una beca	奨学金を得る 18

Pascua	女 復活祭、イースター 27
pasear al perro	犬の散歩をする 17
paseo	男 通り、遊歩道、散歩 9, 30
pasillo	男 廊下 12
paso a nivel	男 踏切 9
paso de cebra	男 横断歩道 9
pasta de dientes	女 練り歯磨き 13
pastelería	女 ケーキ屋 9, 10
pastilla	女 錠剤 13
pata	女 (動物の) 脚 5
patata	女 ジャガイモ 14
paterno	父親の、父方の 4
patinaje sobre hielo	男 アイススケート 29
patio	男 中庭 12, 24
pato, ta	アヒル 5
patria	女 祖国 32
patrimonio de la humanidad	男 世界遺産 19
patrocinador, ra	スポンサー 29
patrulla	女 パトロール 32
pavo, va	シチメンチョウ 5
paz	女 講和 (条約) 27
pecado	男 罪 27
pecho	男 胸 7
pediatra	小児科医 20
pediatría	女 小児科 20
pedido	男 注文 10
pedir un libro por internet	
	ネットで本を注文する 17
pegamento	男 糊、接着剤 24
pegar	ペーストする、貼る 31
peinarse	髪をとかす 17
peine	男 くし 13
Pekín	北京 1
pelar	皮をむく 14
peletería	女 毛皮製品店 10
película	女 映画 30
peligroso	危険な 15
pelo	男 毛 7
pelota	女 ボール、球 29
peluche	男 ぬいぐるみ 12
peluquería	女 美容院 9
peluquero, ra	美容師 3
pena	女 罰、刑罰 32
pendientes	男 複 イヤリング、ピアス 11
pene	男 陰茎 7

península	女 半島 2
pensamiento	男 パンジー 6
pensión	女 民宿、年金 19, 32
pensión completa	女 3食付きの宿泊 19
pentágono	男 五角形 28
pentagrama	男 五線譜 26
peón	男 (チェスの) ポーン 30
peor	さらに悪い 15
pepino	男 キュウリ 14
pequeño	小さい 15
pera	女 梨 14
peral	男 梨の木 6
percha	女 ハンガー 12
perchero	男 洋服掛け、コート掛け 12
perder el metro	地下鉄に乗り遅れる 17
pérdida(s)	女 (複) 損失 33
perdiz	女 ヤマウズラ 5
peregrinación	女 巡礼 27
perejil	男 パセリ 14
perezoso	怠惰な 8
perfecto	完璧な 15
perfume	男 香水 13
perfumería	女 化粧品店 10
perífrasis	女 迂言法 25
periódico	男 新聞 31
periodismo	男 新聞学 24
periodista	ジャーナリスト 3
período / periodo	男 時間、期間 22
perla	女 真珠 11
perro, rra	犬 5
persiana	女 ブラインド 12
persona	女 (文法) 人称 25
personal	男 スタッフ 3
Perú	ペルー 1
peruano, na	ペルーの、ペルー人の、ペルー人 1
pesado	重たい、しつこい 8, 15
pesar	計る 14
pesca	女 釣り、漁業 29, 33
pescadería	女 鮮魚店 10
pescado	男 魚 14
pescador, ra	漁師 3
pesimista	悲観的な 8
pésimo	最悪の 15
peso	男 ペソ 33
pestaña	女 まつげ、タブ 7, 31

pétalo	男 花弁、花びら 6	
pez	男 魚 5	
pezón	男 乳首 7	
pianista	ピアニスト 3	
piano	男 ピアノ 26	
piar	小鳥がピーピー鳴く 5	
picante	辛（から）い 14	
picar	細かく刻む 14	
picas	女 複 スペードの札 30	
pico	男 （鳥の）くちばし、つるはし、少し → a la(s) ... y pico 5, 13	
picor	男 むずがゆさ 20	
pie	男 足 7	
piedra	女 石 13	
piel	女 皮膚、肌、皮、毛皮 7, 11	
pierna	女 脚 7	
pieza	女 （チェスなどの）駒 30	
pijama	男 パジャマ 11	
pila	女 電池 13	
piloto	パイロット 3, 19	
pimienta	女 コショウ 14	
pimiento	男 ピーマン 14	
pimpón	男 卓球 29	
pin	男 ピン 13	
pinar	男 松林 6	
pincel	男 筆 26	
pinchar	クリックする 31	
pingüino	男 ペンギン 5	
pino	男 松 6	
pintalabios	男 口紅 13	
pintarse los labios	口紅を塗る 17	
pintor, ra	画家 3	
pintura	女 絵画 26	
pinza	女 毛抜き、洗濯挟み 13	
piña	女 パイナップル 14	
piragüismo	男 カヌー 29	
pirámide	女 ピラミッド 19	
pirámide triangular	女 三角錐 28	
piscina	女 プール 9, 29	
piso	男 マンション、階 12	
pista	女 （陸上の）トラック、コート、ゲレンデ 29	
pistilo	男 雌しべ 6	
pizarra	女 黒板 24	
pizca	女 少量 14	

pizza	女 ピザ 14	
placa solar	女 ソーラーパネル 12	
plancha	女 アイロン 12	
planchar la ropa	服にアイロンをかける 17	
planeta	男 惑星 21	
planetario	男 プラネタリウム 9	
plano	男 市街図、路線図 19	
planta	女 （鉢植えの）植物、草木、階、足の裏 6, 7, 12	
plantar	植える 6	
plástico	男 プラスチック 21	
plata	女 銀 11	
plátano	男 バナナ 14	
plateado	銀色の 16	
platillos	男 複 シンバル 26	
platino	男 プラチナ 11	
plato	男 皿、料理 14	
plató	男 （テレビの）セット 31	
playa	女 浜辺 2	
plaza	女 広場、地位、職、ポスト 3, 9	
plaza de toros	女 闘牛場 9	
plazo	男 分割払い → a plazos	
plegable	折り畳める 11	
pleito	男 訴訟 32	
plisado	ひだのついた 11	
pluma	女 万年筆 24	
plumero	男 はたき 13	
plural	男 複数 25	
población	女 人口 2	
pobre	貧乏な 8	
poda	女 剪定 6	
podar	剪定する 6	
poder ejecutivo	男 行政権 32	
poder judicial	男 司法権 32	
poder legislativo	男 立法権 32	
podología	女 足病科 20	
podólogo, ga	足病科医 20	
poema	男 （作品としての）詩 26	
poesía	女 詩 26	
poeta, tisa	詩人 3	
polaco, ca	ポーランドの、ポーランド人の、ポーランド人、男 ポーランド語 1	
polen	男 花粉 6	
policía	警察官 3	
polideportivo	男 総合スポーツセンター 9	

procesión	女	宗教上の行列 27
proceso	男	過程 33
producto	男	製品、生産（高）10, 33
(producto) lácteo	男	乳製品 14
profesión	女	職業 3
profesor, ra		教師、先生 3, 24
profeta, tisa		預言者 27
profundo		深い 15
programa	男	番組 30, 31
progresismo	男	革新主義 32
prohibido		禁止された 15
prólogo	男	序章 26
prometido, da		婚約者 4
pronombre	男	代名詞 25
pronóstico	男	予測 21
pronto		すぐに、早く → de pronto 22
pronunciación	女	発音 25
pronunciar		発音する 25
propina	女	チップ 33
propio		固有の 15
prórroga	女	延長戦 29
prosa	女	散文 26
protegido		保護された 15
protestantismo	男	プロテスタントの教義 27
protestar		抗議する 25
provecho	男	利益 33
proveedor	男	プロバイダー 31
provincia	女	県 2
proyecto	男	計画 33
prudente		慎重な 8
prueba	女	検査、試験 20, 24
psicología	女	心理学 24
psicólogo, ga		心理学者 3
psiquiatra		精神科医 20
psiquiatría	女	精神科 20
púa	女	（弦楽器用の）ピック 26
publicidad	女	広告 33
público	男	聴衆、観客、視聴者 30
pueblo	男	村 2
puente	男	橋 9
puerro	男	ネギ 14
puerta	女	ドア、サッカーのゴール 12, 29
puerta de embarque	女	搭乗ゲート 19
puerto	男	港 9, 19
Puerto Rico		プエルトリコ 1

puertorriqueño, ña		プエルトリコの、プエルトリコ人の、プエルトリコ人 1
puesto	男	ポスト、職 3
pulga	女	ノミ（蚤）5
pulmón	男	肺 7
pulmonía	女	肺炎 20
pulpo	男	（魚介類の）タコ 14
pulsar		キーを打つ、押す 31
pulsera	女	ブレスレット 11
punto	男	点、時点、ピリオド（.）、得点、編み物 → a la(s) ... en punto 25, 29, 30
punto y coma	男	セミコロン（;）25
puntos suspensivos	男複	省略符号（...）25
puntual		時間厳守の 8
puño	男	こぶし 7
pupila	女	瞳 7
pupitre	男	教室机 24
puro		純粋な 15
quejarse		不平を言う 17
quemadura	女	火傷 20
queso	男	チーズ 14
quiebra	女	破産、倒産 33
quieto		静かな、おとなしい 8
química	女	化学 24, 28
quincena	女	15 日間、半月 22
quincenal		15 日間の、15 日毎の 22
quiniela	女	サッカーなどの公営のくじ 30
quiosco	男	キオスク 9
quirófano	男	手術室 20
quitaesmaltes	男	除光液 13
quitar el polvo		ほこりを払う 17
quitarse		…を脱ぐ 11
Quito		キト 1
rabino	男	ラビ 27
racimo	男	果実の房 14
ración	女	ひと皿分 14
radiación nuclear	女	核放射線 21
radio	女	ラジオ / 男 半径 28, 30, 31
radiografía	女	レントゲン 20
radiología	女	放射線科 20
radiólogo, ga		放射線科医 20
raíz	女	根 6
raja	女	くし形に切ったひと切れ 14
rallar		（おろし金で）すりおろす 14

rama	女 枝 6	
rana	女 カエル 5	
rancio	古い 15	
rap	男 (音楽の) ラップ 26	
rape	男 アンコウ 5	
rápido	速い 15	
raqueta	女 ラケット 29	
raro	まれな、奇妙な 15	
rata	女 ネズミ 5	
rato	男 短い時間 22	
ratón, na	ハツカネズミ、男 (コンピュータ) マウス 5, 31	
raya	女 筋、ダッシュ (—)、ストライプ → de rayas 25	
rayo	男 稲妻、雷光 21	
razonable	理にかなった 15	
real	現実の、王の 15	
rebajas	女 複 バーゲンセール 10	
rebanada	女 パンなどの1枚 14	
rebelde	反抗的な 8	
rebelión	女 反乱、蜂起 27	
rebozar	(料理) 衣をつける 14	
recepción	女 フロント 19	
recepcionista	受付 3, 19	
receptor, ra	キャッチャー 29	
recesión	女 景気後退 33	
receta	女 レシピ、処方箋 14, 20	
recibidor	男 玄関ホール 12	
recibir un paquete	小包を受け取る 17	
recibo	男 領収 (書) 10	
reciclaje	男 リサイクル 21	
recientemente	最近 22	
recital	男 リサイタル 26	
recogedor	男 ちりとり 13	
recoger a los niños	子供を迎えに行く 17	
recoger la ropa	服を取り込む 17	
reconquista	女 国土回復運動 27	
récord	男 記録 29	
recorrido	男 巡り歩き 19	
rectángulo	男 長方形 28	
recto	まっすぐな 15	
rector, ra	学長 24	
recuerdo	男 土産 19	
red	女 (スポーツの) ネット、インターネット 29, 31	

redacción	女 作文 25	
redactor, ra	編集者 31	
redes sociales	女 複 ソーシャルネットワーク 31	
reducción	女 減少 33	
reestreno	男 再演、再上映 30	
referéndum / referendo	男 国民投票 32	
réferi / referi	レフリー 29	
reflexivo	再帰の 25	
reforma	女 改革 27	
reformatorio	男 少年院 9	
refresco	男 清涼飲料水 14	
regadera	女 じょうろ、スプリンクラー 6	
regar	水をやる、灌漑する 6	
regar las plantas	植物に水をやる 17	
regencia	女 摂政政治 27	
régimen	男 統治体制 27	
región	女 地方 2	
regla	女 定規、規則 24, 25	
regresar a casa	家に帰る 17	
regular	規則的な 25	
rehabilitación	女 リハビリテーション 20	
reinado	男 治世、統治期間 27	
reino	男 王国 27	
reír	笑う 17	
relámpago	男 稲妻 21	
relatar	語る 25	
relativo	男 関係詞 25	
relato	男 物語、話 26	
religión	女 宗教 27	
religioso, sa	修道士、修道女 27	
relinchar	馬がいななく 5	
reloj	男 時計 11, 12	
relojería	女 時計店 10	
remo	男 漕艇 29	
remojar	水などに浸す 14	
remover	かき回す 14	
reno, na	トナカイ 5	
renovación	女 刷新 27	
renta	女 利息、所得 33	
rentable	利益になる 15	
repasar	復習する 17	
repaso	男 復習 24	
repente	男 衝動、突然の動作 → de repente	
repetidor, ra	再履修生 24	
repetir	繰り返して言う 25	

reposo absoluto	男 絶対安静 20	
reptil	男 爬虫類 5	
república	女 共和制 32	
República Dominicana	ドミニカ共和国 1	
reserva	女 予約 19	
resfriado	風邪をひいた、男 風邪 20	
residencia de ancianos	女 老人ホーム 9	
residencia universitaria	女 大学の寮 9, 24	
residuos tóxicos	男 複 有害廃棄物 21	
respiración	女 呼吸、息 20	
responder	答える 25	
responsable	責任感のある 8	
resta	女 引き算 28	
restauración	女 復興、復帰 27	
restaurante	男 レストラン 9	
retraso	男 遅延 19	
retrato	男 肖像画 26	
retrete	男 便器 12	
reuma / réuma	男 / 女 リューマチ 20	
reunión	女 会議、集会 3	
revelar	(秘密などを) 明らかにする 25	
reversible	リバーシブルの 11	
revisión	女 検査、検診 20	
revisor, ra	車掌 19	
revista	女 雑誌 30	
revolución	女 革命 27	
revolver	かき混ぜる 14	
rey	男 (チェスの) キング 30	
rezo	男 祈り 27	
Riad	リヤド 1	
rico	おいしい、豊かな、金持ちの 8, 15	
ridículo	こっけいな 15	
riego	男 水まき、灌漑 6	
riesgo	男 リスク 33	
rígido	硬い、厳しい 15	
rímel	男 マスカラ 13	
rinoceronte, ta	サイ 5	
riñón	男 腎臓 7	
riñones	男 複 腰部 7	
río	男 川 2	
ritmo	男 リズム 26	
roble	男 オーク、樫 6	
robledal / robledo	男 オーク (樫) の林 6	
robo	男 盗難 32	
roca	女 岩 2	

rocío	男 露、水滴 21	
rock	男 ロック 26	
rodaja	女 レモンなどの輪切り 14	
rodilla	女 膝 7	
rodillo	男 ローラー 13	
rojizo	赤みを帯びた 16	
rojo	赤い 15, 16	
rojo anaranjado	オレンジみを帯びた赤の 16	
Roma	ローマ 1	
romántico	ロマンチックな 8	
rompecabezas	男 ジグソーパズル 30	
ronquido	男 いびき 20	
ropa	女 衣服 11	
ropa interior	女 下着 11	
rosa	ピンクの、女 バラ 6, 16	
rosado	バラ色の 16	
rotulador	男 マーカー 24	
rubéola / rubeola	女 風疹 20	
rubí	男 ルビー 11	
rublo	男 ルーブル 33	
rueda	女 車輪 19	
ruedo	男 闘牛場 30	
rugby	男 ラグビー 29	
rugir	猛獣が吠える 5	
ruidoso	騒がしい 15	
ruina	女 破産、倒産 33	
ruiseñor	男 ウグイス 5	
ruleta	女 ルーレット 30	
rumba	女 ルンバ 26	
rupia	女 ルピア 33	
Rusia	ロシア 1	
ruso, sa	ロシアの、ロシア人の、ロシア人、男 ロシア語 1, 25	
ruta	女 ルート、経路 19	
sábado	男 土曜日 22	
sábana	女 シーツ 12	
sabio	学識のある 8	
sabor	男 味 14	
saborear	味わう 14	
sacacorchos	男 コルク抜き、栓抜き 14	
sacapuntas	男 鉛筆削り 24	
sacar la basura	ゴミを出す 17	
sacerdote	男 司祭 27	
saco de dormir	男 寝袋 19	
sal	女 塩 14	

sala	安 居間 12	
salado	しょっぱい 14	
salario	男 給料、賃金 3	
salchicha	安 ソーセージ 14	
saldo	男 返済 33	
salida	安 出発 19	
salir de casa	家を出る 17	
saliva	安 つば（唾液） 20	
salmón	男 鮭、サーモン 5, 14	
salón	男 居間 12	
salón de belleza	男 美容院 9	
salsa	安 サルサ 26	
salsa de soja [soya]	安 醤油 14	
saltamontes	男 バッタ 5	
saltear	軽く炒める 14	
salto de altura	男 走り高跳び 29	
salud	安 健康 20	
saludar a los vecinos	隣人に挨拶する 17	
salvadoreño, ña	エルサルバドルの、エルサルバドル人の、エルサルバドル人 1	
San José	サンホセ 1	
San Juan	サンフアン 1	
San Salvador	サンサルバドル 1	
sanatorio	男 療養所 9	
sanción	安 処罰、制裁 32	
sandalias	安[複] サンダル 11	
sandía	安 スイカ 14	
sangre	安 血 20	
sangría	安 サングリア 14	
sanidad	安 保健、医療 33	
sano	健康な 8	
Santiago	サンティアゴ 1	
santo, ta	聖人、聖女 27	
Santo Domingo	サントドミンゴ 1	
santuario	男 聖地、神殿 27	
sapo	男 ヒキガエル 5	
sarampión	男 麻疹、はしか 20	
sardina	安 イワシ 14	
sartén	安 フライパン 14	
satélite	男 衛星 21	
satisfecho	満足している 20	
Saturno	男 土星 21	
sauce	男 柳 6	
saucedal	男 柳林 6	
saudita / saudí	サウジアラビアの、サウジアラビア人の、サウジアラビア人 1	

saxofón	男 サックス 26	
secador	男 ドライヤー 13	
secarse las manos	手をふく 17	
sección de venta	安 売り場 10	
seco	乾いた、乾燥した 15, 21	
secretaría	安 事務局 24	
secretario, ria	秘書 3	
sector	男 部門 33	
secuestro	男 誘拐、ハイジャック 32	
sed	安 （喉の）渇き 20	
seda	安 絹、シルク 11	
sede	安 本店、本部 3, 33	
seguidor, ra	（チームなどの）ファン、フォロワー 29, 31	
segundo	男 秒 22	
segundo plato	男 主菜 14	
seguridad	安 保障、安全性、セキュリティ 31, 32	
seguro	確かな、男 保険 15, 19	
seísmo	男 地震 21	
selección	安 選抜チーム 29	
sello	男 切手 13	
selva	安 密林、ジャングル 6	
semáforo	男 信号（機） 9	
semana	安 週 22	
Semana Santa	安 聖週間 27	
semanal	毎週の、1週間の 22	
sembrar	種をまく 6	
semejante	似た 15	
semestral	半年間の、半年毎の 22	
semestre	男 6か月間、半年 22	
semilla	安 種 6	
seminario	男 セミナー 24	
seminario web	男 ウェビナー 31	
senador, ra	上院議員 32	
sencillo	簡単な、簡素な 15	
senderismo	男 ハイキング 30	
seno	男 乳房 7	
sensato	良識のある 8	
sensible	感受性豊かな 8	
sentencia	安 判決 32	
sentido	男 感覚 7	
separado	別居した 4	
separarse	別れる 18	
septentrión	男 北、北部 23	

septentrional	北の *23*	soberanía	囡 主権、統治権 *32*
septiembre	團 9月 *22*	soborno	團 贈賄 *32*
sequía	囡 干ばつ *21*	sobre	…の上に *23*
serie	囡 連続もの、シリーズ *31*	sobredosis	囡 服用過多 *20*
serio	真面目な *8*	sobresaliente	團 (成績の) 優 *24*
serpiente	囡 ヘビ *5*	sobreventa	囡 オーバーブッキング *19*
servicio	團 サービス *10*	sociable	社交的な *8*
servidor	團 サーバー *31*	socialismo	團 社会主義 *32*
servilleta	囡 ナプキン *14*	sociedad	囡 会社、社会 *33*
servir	食べものを取り分ける *14*	socio, cia	共同経営者 *33*
servir la comida	食事を出す *17*	sociología	囡 社会学 *24*
sesión	囡 上演、上映 *30*	sofá	團 ソファー *12*
seta	囡 キノコ *14*	sofreír	軽く炒める、さっと揚げる *14*
seudónimo	團 ペンネーム *26*	sol	團 (通貨) ソル *33*
Seúl	ソウル (韓国の首都) *1*	Sol / sol	團 太陽 *21*
sidra	囡 シードル *14*	soleado	晴れ渡った *21*
siembra	囡 種まき *6*	sólido	團 固体 *28*
siempre	いつも *22*	solitario	孤独な *8*
sien	囡 こめかみ *7*	solo	團 独奏、独唱 *26*
sierra	囡 のこぎり、山脈 *2, 13*	solsticio	團 至点 *22*
siglo	團 世紀、時代 *22, 27*	soltero	独身の *4*
significado	團 意味 *25*	solución	囡 溶液 *13*
signo	團 記号 *25*	sombra	囡 陰 *21*
sílaba	囡 音節 *25*	sombra de ojos	囡 アイシャドウ *13*
silenciar	音を消す、ミュートにする *31*	sombrero	團 (つばのある) 帽子 *11*
silla	囡 椅子 *12*	somnífero	團 睡眠薬 *13*
sillín	團 サドル *19*	sonido	團 音 *25*
sillón	團 肘掛け椅子 *12*	sonreír	微笑む *17*
similar	類似した *15*	soñar	夢を見る *18*
simpático	感じのよい *8*	sopa	囡 スープ *14*
simple	単純な *15*	soprano	團 ソプラノ *26*
simultáneo	同時の *15*	sorber	口で吸う、吸い込む *14*
sinagoga	囡 シナゴーグ *9, 27*	sorbete	團 シャーベット *14*
sincero	誠実な *8*	sordo	耳の不自由な *20*
Singapur	シンガポール *1*	sorprendido	驚いた *20*
singapurense	シンガポールの、シンガポール人の、	sortija	囡 指輪 *11*
	シンガポール人 *1*	soso	風味がない *14*
singular	並外れた、奇妙な、團 単数 *15, 25*	sospechoso, sa	容疑者 *32*
sinónimo	團 同義語 *25*	sostén	團 ブラジャー *11*
sintoísmo	團 神道 *27*	sótano	團 地下室 *12*
síntoma	團 症状 *20*	suave	柔らかな、穏やかな *15*
sismo	團 地震 *21*	suavizante	團 柔軟剤 *13*
sistema	團 制度 *33*	subasta	囡 競売、入札 *33*
sitio web	團 ウェブサイト *31*	subir	アップロードする *31*
sobaco	團 わきの下 *7*	subir al tren	電車に乗る *17*

subjuntivo	男 接続法 25
subtítulo	男 字幕 30
suceso	男 事件 31
sucio	汚れた 15
Sucre	スクレ 1
sucursal	女 支店、支社 3, 33
sudadera	女 スウェットシャツ 11
Sudáfrica	南アフリカ 1
sudafricano, na	南アフリカの、南アフリカ人の、南アフリカ人 1
Sudamérica	南米 1
sudamericano, na	南米の、南米人の、南米人 1
sudor	男 汗 20
Suecia	スウェーデン 1
sueco, ca	スウェーデンの、スウェーデン人の、スウェーデン人、男 スウェーデン語 1, 25
suegro, gra	義父 / 義母 4
sueldo	男 給料 3
suelo	男 床（ゆか）12
suelto	固定されていない 15
sueño	男 眠気 20
sufijo	男 接尾辞 25
sufragio	男 選挙制度 32
sufrir un accidente	事故にあう 18
sugerir	それとなく言う 25
Suiza	スイス 1
suizo, za	スイスの、スイス人の、スイス人 1
sujetador	男 ブラジャー 11
sujeto	男 主語 25
suma	女 足し算 28
superávit	男 黒字 33
superficie	女 面積 2
superior	上の 23
superlativo	男 最上級 25
supermercado	男 スーパーマーケット 9
supositorio	男 座薬 13
sur	男 南 → en el sur (de ...), al sur (de ...) 2
surcoreano, na	韓国の、韓国人の、韓国人 1
sureño	南部の 23
sureste	男 南東 2
surf	男 サーフィン 29
suroeste	男 南西 2
suscripción	女 サブスクリプション 10

suscriptor, ra	予約購読者 31
suspense	男 サスペンス 30
suspenso	男 不合格、落第 24
sustancia(s) química(s)	女 (複) 化学物質 21
sustantivo	男 名詞 25
susurrar	つぶやく 25
taberna	女 居酒屋 9
tabla	女 ボード 29
tablao	男 タブラオ 9
tablero	男 (チェスなどの) 盤 30
tableta	女 タブレット 31
tablón	男 掲示板 24
taburete	男 スツール 12
tacaño	けちな 8
tacón	男 ヒール 11
tacto	男 触覚 7
tailandés, sa	タイの、タイ人の、タイ人、男 タイ語 1
Tailandia	タイ 1
tala	女 伐採 6
taladro	男 (工具) ドリル 13
talar	伐採する 6
talla	女 サイズ 11
taller	男 工房、アトリエ、修理工場 9, 26
tallo	男 茎 6
talón	男 かかと 7
tamaño	男 サイズ、大きさ 11
tambor	男 太鼓 26
tanatorio	男 葬儀場 9
tanto	男 得点 29
tapa	女 表紙 26
tapas	女 (複) タパス、酒のつまみ 14, 30
taquilla	女 切符・チケット売り場 19, 30
tardar	時間がかかる → a más tardar
tarde	遅く、女 午後、夕方 → de tarde en tarde 22
tarea	女 宿題 24
tarifa	女 料金 19, 33
tarima	女 教壇 24
tarjeta de crédito	女 クレジットカード 10
tarjeta de embarque	女 搭乗券 19
tarro	男 広口瓶 14
tarta	女 ケーキ 14
tasa	女 レート、率 33
tatarabuelo, la	高祖父 / 高祖母 4
tataranieto, ta	玄孫 4

tauromaquia	囡 闘牛術 30	
taxi	男 タクシー 19	
taxista	タクシー運転手 3, 19	
taza	囡 カップ 14	
té	男 紅茶 14	
teatro	男 劇場、演劇 9, 30	
tebeo	男 漫画雑誌 30	
techo	男 天井 12	
tecla	囡 （コンピュータ）キー 31	
teclado	男 キーボード 31	
Tegucigalpa	テグシガルパ 1	
Teherán	テヘラン 1	
tejado	男 屋根 12	
tela	囡 布 13	
teleférico	男 ロープウェイ 19	
teléfono inteligente	男 スマートフォン 31	
(teléfono) móvil	男 携帯電話 31	
teletrabajo	男 テレワーク 3	
televisión	囡 テレビ 12, 30, 31	
televisor	男 テレビ 12	
telón	男 幕 30	
temperatura	囡 温度、気温 21	
templado	暖かい 21	
templo	男 寺院 9, 27	
temporada	囡 時期 22	
temporal	男 あらし 21	
temprano	早く 22	
tendencia	囡 トレンド 31	
tender la ropa	服を干す 17	
tenedor	男 フォーク 14	
tener éxito	成功する 18	
tener un hijo	子供を持つ 18	
tenis	男 テニス 29	
tenis de mesa	男 卓球 29	
tenor	男 テノール 26	
teología	囡 神学 24	
teórico	理論的な 15	
terapia	囡 治療（法）20	
terco	頑固な 8	
terminal	囡 ターミナル 9, 19	
terminar de trabajar	働き終える 17	
terminar la carrera	大学を卒業する 18	
termómetro	男 温度計、体温計 13	
ternera	囡 子牛の肉 14	
terraza	囡 ベランダ 12	

terremoto	男 地震 21	
terrible	恐ろしい、ひどい 15	
territorio	男 領土 2	
terrón	男 砂糖などの塊 14	
terror	男 ホラー 30	
terrorista	テロリスト 32	
tesina	囡 卒業論文 24	
tesis	囡 学位論文 24	
testarudo	頑固な 8	
testículo	男 睾丸 7	
testigo	証人 32	
teta	囡 乳房 7	
texto	男 原文、本文 25	
tiburón	男 サメ 5	
tiempo	男 時間、時制、天気、時 → en aquel tiempo 21, 22, 25	
tiempo libre	男 余暇 30	
tienda	囡 店 9, 10	
tienda de conveniencia	囡 コンビニエンスストア 9	
tienda de muebles	囡 家具屋 10	
(tienda de) todo a cien	囡 100円ショップ 9	
tienda libre de impuestos	囡 免税店 19	
Tierra	囡 地球 21	
tieso	硬直した 15	
tiesto	男 植木鉢 6	
tifón	男 台風 21	
tigre, gresa	トラ 5	
tijeras	囡 複 はさみ 13	
tilde	囡 アクセント、波形記号 25	
timbre	男 呼び鈴 12	
tímido	内気な 8	
tímpano	男 鼓膜 7	
tinto	（ワインが）赤の 16	
tintorería	囡 クリーニング店 9	
tío abuelo, tía abuela	大おじ / 大おば 4	
tío, a	おじ / おば 4	
tiovivo	男 メリーゴーランド 30	
típico	典型的な、特有の 15	
tique [ticket] de compra	男 （買い物の）レシート 10	
tirada	囡 発行部数 26	
tirantes	男 複 肩ひも 11	
tirita	囡 絆創膏 13	
tiro con arco	男 アーチェリー 29	

trigo	男 小麦 6	urólogo, ga	泌尿器科医 20
trillizo, za	三つ子 4	urraca	女 カササギ 5
trimestral	3か月間の、3か月毎の 22	Uruguay	ウルグアイ 1
trimestre	男 3か月間 22	uruguayo, ya	ウルグアイの、ウルグアイ人の、ウ
trío	男 三重奏、三重唱 26		ルグアイ人 1
tripa	女 腹、腸 7	usar microondas	電子レンジを使う 17
trípode	男 三脚 30	usuario, ria	ユーザー 31
triptongo	男 三重母音 25	útero	男 子宮 7
tripulante	乗務員 19	útil	役に立つ 15
triste	悲しい、陰気な 8, 15, 20	uva	女 ブドウ 14
triunfo	男 勝利、優勝 29	vaca	女 雌牛、牛肉 5, 14
trofeo	男 トロフィー 29	vacaciones	女 複 休暇 3
trombón	男 トロンボーン 26	vacío	空の 15
trompeta	女 トランペット 26	vacuna	女 ワクチン 20
tronar	雷が鳴る 21	vagina	女 膣 7
tronco	男 幹、胴 6, 7	vago	怠惰な 8
trozo	男 ひとかけら 14	vagón	男 車両 19
trucha	女 (魚の) マス 5	vainilla	女 バニラ 14
trueno	男 雷、雷鳴 21	válido	有効な 15
(tubo de) desagüe	男 排水管 12	valiente	勇敢な 8
tulipán	男 チューリップ 6	valioso	貴重な 15
tumor	男 腫瘍 20	valle	男 谷 2
túnel	男 トンネル、地下道 9	valor	男 価値、価格 33
turco, ca	トルコの、トルコ人の、トルコ人、	vapor	男 蒸気 21
	男 トルコ語 1	vaqueros	男 複 ジーンズ 11
turismo	男 観光 33	varicela	女 みずぼうそう 20
turista	観光客 19	variedades	女 複 バラエティショー 31
Turquía	トルコ 1	variopinto	色とりどりの 16
tutor, ra	指導教師 24	Varsovia	ワルシャワ 1
últimamente	最近 22	vasco	男 バスク語 25
último	最後の 15	vaso	男 グラス、コップ 14
un día de estos	近日中に 22	vaso sanguíneo	男 血管 7
un día sí y otro no	1日おきに 22	vega	女 沃野 2
una vez al día	1日1回 22	vehículo	男 乗り物 19
unanimidad	女 満場一致 32	vejez	女 老齢期 18
único	唯一の、独自の 15	vejiga	女 膀胱 7
uniforme	男 制服 11	vela	女 ロウソク、ヨット 13, 29
universidad	女 大学 9, 24	velocidad	女 スピード 29
uno de estos días	近日中に 22	velódromo	男 競輪場 29
untar	塗る 14	vena	女 静脈 7
uña	女 爪 7	vencimiento	男 勝利 29
Urano	男 天王星 21	venda	女 包帯 13
uretra	女 尿道 7	vendaval	男 強風 21
urna	女 投票箱 32	vendedor, ra	販売員 3
urología	女 泌尿器科 20	venezolano, na	ベネズエラの、ベネズエラ人の、

ベネズエラ人 *1*

Venezuela	ベネズエラ *1*
venta	女 販売 *10, 33*
ventana	女 窓、（コンピュータ）ウィンドウ *12, 31*
ventilador	男 扇風機、換気扇 *12*
Venus	男 金星 *21*
ver la televisión	テレビを見る *17*
veraniego	夏の *22*
verano	男 夏 *22*
verbo	男 動詞 *25*
verdadero	本当の *15*
verde	緑の *16*
verde azulado	青緑の *16*
verde (de) musgo	モスグリーンの *16*
verde esmeralda	エメラルドグリーンの *16*
verde menta	ミントグリーンの *16*
verde oliva	オリーブグリーンの *16*
verdear	緑色になる *16*
verdoso	緑みを帯びた *16*
verdulería	女 青果店 *10*
verdulero, ra	青果商人 *3*
verdura	女 野菜 *14*
versión original	女 オリジナル版 *30*
verso	男 韻文 *26*
vértebra	女 脊髄 *7*
verter	注ぐ *14*
vértigo	男 めまい *20*
vespertino	夕方の *22*
vestido	男 衣類、ドレス *11*
vestirse	服を着る、身支度する *11, 17*
veterinaria	女 獣医学 *24*
veterinario, ria	獣医 *3*
vez	女 回、度→una vez al día, a veces, de vez en cuando
vía	女 線路、道 *19*
viaje	男 旅行 *19, 30*
viajero, ra	旅人、旅行者 *19*
vicioso	悪習の、欠陥のある *15*
victoria	女 勝利、優勝 *29*
vid	女 ブドウの木 *6*
vida	女 一生、人生 *18*
vídeo / video	男 ビデオ *12*
videoconferencia	女 テレビ会議 *31*
videojuego(s)	男 複 テレビゲーム *30*

videoportero	男 モニター付きインターホン *12*
vidrio	男 ガラス *13*
vieira	女 ホタテ *14*
viejo	古い、年を取った *8, 15*
Viena	ウィーン *1*
viento	男 風 *21*
vientre	男 腹 *7*
viernes	男 金曜日 *22*
Vietnam	ベトナム *1*
vietnamita	ベトナムの、ベトナム人の、ベトナム人、男 ベトナム語 *1*
vigilante	監視員、警備員 *3*
villancico	男 クリスマスキャロル *26*
vinagre	男 酢 *14*
vino	男 ワイン *14*
viola	女 ビオラ *26*
violáceo	すみれ色の *16*
violencia	女 暴力 *32*
violento	乱暴な *8*
violeta	すみれ色の、女 スミレ *6, 16*
violeta rojizo	赤紫の *16*
violín	男 バイオリン *26*
violinista	バイオリニスト *3*
violonchelo	男 チェロ *26*
virus	男 ウィルス *20*
visado	男 ビザ *19*
visita	女 訪問、見学 *30*
visitante	訪問者、見学客 *30*
visitar un museo	博物館を訪れる *17*
vista	女 視覚 *7*
vista cansada	女 疲れ目、老眼 *20*
vital	バイタリティのある *8*
vitamina	女 ビタミン *13*
viudo	配偶者に死なれた *4*
vivienda	女 住居 *12*
vivo	生きている *20*
vocabulario	男 語彙 *25*
vocal	女 母音 *25*
volante	男 ハンドル、（バドミントンの）羽根 *19, 29*
volcán	男 火山 *2*
voleibol	男 バレーボール *29*
volumen	男 （書物の）巻 *26*
volver a casa	家に戻る *17*
volver a trabajar	再び働く *18*

vómito	男 嘔吐 20		yerno	男 婿 4
votación	女 投票 32		yeso	男 石膏 26
voto	男 投票 32		yoga	男 ヨガ 29
voz	女 声、音声 25		yogur	男 ヨーグルト 14
voz activa	女 能動態 25		yuan	男 元（中国の通貨）33
voz pasiva	女 受動態 25		yudo	男 柔道 29
vuelo	男 フライト 19		zanahoria	女 ニンジン 14
vuelta	女 おつり 10		zapatería	女 靴屋 10
vulgar	俗悪な、並みの、民衆の、俗語の 15, 25		zapatero, ra	靴の製造（修理・販売）人 3
won	男 ウォン 33		zapatillas	女 複 スニーカー、スリッパ 11
xilófono	男 木琴 26		zapatos	男 複 靴 11
ya	もう 22		zapear	チャンネルを次々に変える 31
Yakarta	ジャカルタ 1		zona	女 地域、地帯 2, 9
yate	男 ヨット 19		zona peatonal	女 歩行者天国 9
yegua	女 雌馬 5		zoo	男 動物園 9
yema	女 （卵の）黄身 14		zorro, rra	キツネ 5
yen	男 円（日本の通貨）33		zumo	男 ジュース 14

著者紹介
菅原昭江（すがはら あきえ）
　慶應義塾大学、上智大学非常勤講師　明治大学兼任講師
　スペインサラマンカ大学修士課程修了
　専門はスペイン語教授法
　NHK ラジオ まいにちスペイン語入門編「¡Paso a paso! めざせ
　96 番地」、「スペイン語のジムにようこそ！」講師
　主要著書
　『本気で学ぶスペイン語　基本問題 430』（同学社）
　『España: De todo un poco　スペイン 社会と文化を巡る』（白水社、
　共著）
　『極める！ スペイン語の基本文法ドリル』（白水社）
　『極める！ スペイン語の動詞ドリル』（白水社）
　『極める！ スペイン語の接続法ドリル』（白水社）

極める！ スペイン語の語彙・表現ドリル

2023 年　9 月 10 日印刷
2023 年 10 月　5 日発行

著　者 © 菅　原　昭　江
発行者　　岩　堀　雅　己
印刷所　　開成印刷株式会社

発行所　101-0052 東京都千代田区神田小川町 3 の 24
　　　　電話 03-3291-7811（営業部），7821（編集部）　株式会社　白水社
　　　　www.hakusuisha.co.jp
　　　　乱丁・落丁本は送料小社負担にてお取り替えいたします。

振替 00190-5-33228　　　Printed in Japan　　　加瀬製本

ISBN978-4-560-08989-7